暨南大学
本科教材资助项目

高等院校
**市场
营销**
系列教材

U0742347

零售管理

陈海权 / 编著

MARKETING
MANAGEMENT

人民邮电出版社
北 京

图书在版编目（ＣＩＰ）数据

零售管理 / 陈海权编著. -- 北京 : 人民邮电出版
社，2024.3
高等院校市场营销系列教材
ISBN 978-7-115-63082-7

Ⅰ. ①零… Ⅱ. ①陈… Ⅲ. ①零售商店－商业管理－
高等学校－教材 Ⅳ. ①F713.32

中国国家版本馆CIP数据核字(2023)第209018号

内 容 提 要

本书紧跟我国零售业发展的步伐，详细阐述了在线上与线下融合发展的大趋势下，零售管理的理论和经典案例。

全书分为 12 章，主要包括商业发展与零售业态、新零售、新技术与新消费、顾客满意与用户体验管理、商品管理和采购技巧、定价策略与促销管理、商圈与店铺选址、店铺设计与商品陈列、零售业信息化与数据应用、连锁经营及管理策略、零售战略与管理创新、零售组织与企业文化建设等内容。

本书提供教学课件等丰富的教学资源，用书教师可登录人邮教育社区（www.ryjiaoyu.com）免费下载。

本书可作为高职高专、本科院校相关专业的教材，也可供零售业等领域的管理人员学习使用。

◆ 编 著 陈海权
责任编辑 刘向荣
责任印制 李 东 胡 南

◆ 人民邮电出版社出版发行 北京市丰台区成寿寺路 11 号
邮编 100164 电子邮件 315@ptpress.com.cn
网址 https://www.ptpress.com.cn
三河市君旺印务有限公司印刷

◆ 开本：700×1000 1/16
印张：12.25 2024 年 3 月第 1 版
字数：264 千字 2025 年 6 月河北第 3 次印刷

定价：49.80 元

读者服务热线：(010)81055256 印装质量热线：(010)81055316
反盗版热线：(010)81055315

前　言
PREFACE

　　2022 年，我国社会消费品零售总额实现 44 万亿元，零售业在国民经济中的地位和作用大大提高和增强，消费正在成为我国经济增长的内生动力源泉。党的二十大报告指出，必须完整、准确、全面贯彻新发展理念，坚持社会主义市场经济改革方向，坚持高水平对外开放，加快构建以国内大循环为主体、国内国际双循环相互促进的新发展格局。

　　零售业作为扩大内需和促进消费的重要载体和引擎，在国民经济中占有重要地位。零售业又是一个变化非常快的领域。1999 年，电子商务在中国的大地上落地。经过 20 多年的发展，我国零售业发生了天翻地覆的变化，诞生了一批像阿里巴巴、京东、拼多多等新零售平台。同时，中国的大消费市场经过近 10 年的蓬勃发展，已经积累了大量的商业实践案例和创新思想。

　　当前，我国已经进入网络零售新时代，相较于传统电商模式，网络零售新时代行业竞争格局、销售模式均发生了巨大变化，移动电商、跨境电商、农村电商、社群电商、直播电商等蓬勃发展，开启了中国商业的新篇章。消费升级与技术变革促进了零售业发展，一方面，传统零售业利用新兴技术解锁商机，探索新模式；另一方面，消费者对购物体验升级、场景本地化的诉求，使强势的电商企业探索线上线下融合模式。如果说在过去的 20 年里，线上零售和线下零售是两个平行共存的世界，那么，近年来这一分界线正在消失。实体店、网店、移动商店和社交媒体的线上线下、全渠道融合是当今的发展趋势。全渠道时代的到来，让消费端倒逼供给端，促进产业融合，重塑零售场景。

　　零售管理创新成为新时期的重要课题。本书是在 2019 年出版的《新零售学》的基础上进行修订的，作者重新搭建了全书的框架结构。本书重点结合商业变迁，介绍商业的发展与零售业态的发展，解读新零售变革的底层逻辑，解密新技术和新消费的变化及影响，深入洞察顾客满意以及用户体验管理的逻辑，从商品管理、定价策略、店铺选址、店铺设计与商品陈列等角度系统地介绍零售管理及相关策略，探索零售战略与组织创新之道。

本书提供丰富的教学资源，用书教师可登录人邮教育社区（www.ryjiaoyu.com）免费下载。

本书紧跟我国零售业发展的步伐，结合线上线下融合发展的趋势，通过理论和案例展现零售管理的创新之道。本书是作者从事零售业教学、研究与实践工作 20 年的提炼和总结。本书的前身《零售学》《新零售学》的出版先后得到国务院侨务办公室和暨南大学的资助。本书属于 2022 年度暨南大学本科教材资助项目。在此，谨对所有帮助本书出版的人士表示衷心的感谢。

由于作者的水平有限，书中难免存在疏漏和不当之处，恳请广大读者不吝赐教，作者将及时加以改正。

陈海权

于暨南大学明湖苑

2024 年 1 月

目 录
CONTENTS

第 1 章

商业发展与零售业态

电子商务正在改写中国的商业史。

——陈海权

【主要内容】

（1）商品交换和商业
（2）零售业内涵与主要零售业态
（3）我国零售业的发展轨迹及特征
（4）网络零售的发展

案例导读

超市的诞生

1930 年 8 月，美国人迈克尔·库仑（Michael Cullen）在美国纽约州开办了第一家超市——金库仑联合商店。当时，美国正处于经济大萧条时期，迈克尔·库仑根据他几十年的食品经营经验制定了低价策略，并首创了商品品种分类定价方法。金库仑联合商店平均毛利率只有 9%，和当时美国一般商店 25%～40%的毛利率相比低得惊人。为了保证售价低，其必须做到进货价格低。在当时，只有大量进货才能压低进价，迈克尔·库仑就以连锁经营的方式，建立了保证大量进货的销售系统。同时，他首创了自助式销售方式，一次性集中结算。超市这一业态的诞生和发展，被称为零售业的第三次革命。

20 世纪 30 年代中期以后，超市这种零售业态从美国逐渐传到了欧洲各国和日本。1990 年 12 月，我国第一家连锁超市在虎门诞生。

思考题：超市为什么会诞生？超市的特征有哪些？

1.1 商品交换和商业

1.1.1 商品生产和商品交换

人类发展史就是社会分工的历史。迄今为止，人类共经历了三次社会分工：畜牧业与农业的分离，手工业与农业、畜牧业的分离，商业与农业、畜牧业、手工业的分离。在现代社会，社会分工表现为一个庞大、复杂的分类体系，国民经济分为以农业、工业、建筑业、运输业、通信业、商业、金融业等为核心的第一产业、第二产业、第三产业；同时，现代企业内部的分工也日益细化，形成了生产社会化、劳动社会化、商品社会化的新格局。

商品是用于交换的劳动产品。它大约产生于原始社会末期，随人类社会第二次社会大分工的出现而出现。商品经济是商品生产和商品交换的总和。商品生产和商品交换的两个基本条件如下。一是社会分工。社会分工是指社会劳动独立化为不同的部门和行业。各行业的生产者为了满足自身在生产和生活方面的多种需要，产生了相互交换商品的需求。社会分工是人类从事各种劳动的社会划分及其独立化、专业化，是人类需求多样化和劳动生产力提高的必然结果。二是明晰的产权制度。不同的生产资料和劳动产品的所有者，不能无偿地占有对方的商品，要想取得对方的商品，必须通过等价交换。商品经济产生和发展的主要经济条件，决定了劳动商品必然成为不同生产者相互交换其劳动的物质承担者，也决定了商品生产和商品交换必然成为不同生产者之间经济交往关系的实现形式。

1.1.2 商品交换的历史发展

社会分工的发展，一方面提高了劳动生产率，增加了每个行业的经济规模和效益；另一方面加强了不同行业之间的相互依赖关系，促进了商品经济的产生。这种相互依赖是通过商品交换来实现的。所谓交换，是指人们在社会分工条件下互换劳动商品，以满足各自需要的经济行为。后来，商品交换演变为商品所有者按照等价交换的原则相互自愿让渡商品所有权的经济行为。商品交换的历史发展经历了以下三个阶段：①从偶然的商品交换到经常的商品交换；②从物物交换到商品流通（以货币为媒介的商品交换）；③从简单商品流通到发达商品流通（以商业为媒介的商品交换）。

1.1.3 商业的产生与发展

1. 商业的产生

商业产生的历史前提是简单商品流通和货币流通的存在（货币产生和买卖分裂为商业的独立提供了直接的可能性）。同时，社会分工与商品交换的产生，使再生产过程表现为生产过程与交换过程的统一。交换是再生产过程不可缺少的条件和前提。但是，生产与交换又是相互矛盾的，这种矛盾主要表现为以下三点：①流通时间和生产时间的矛盾；②生产和交换两种职能在空间上的矛盾；③生产和交换两种活动方式的矛盾（技能上的矛盾）。为了解决上述矛盾，一个专门从事交换而不从事生产的"组织"——商业产生了。

2. 商业的含义

商业是商品经济发展到一定阶段的产物，它从生产中独立出来，专门从事商品购销活动。它是通过组织商品流通来获取盈利的经济活动，随着社会经济的发展而发展。

3. 商业的职能及特点

商业的基本职能是媒介商品交换、组织商品流通、沟通生产者与消费者、实现商品的价值和使用价值。商业职能具有以下特点：①商业的基本职能是媒介商品交换；②商业在执行自身职能的同时，谋求自身的经济利益；③商业职能具有一般性。

商业的派生职能分为以下四类：①调节职能。生产和消费在时间、空间、数量上隔离，产生供给与需求的不一致。商业通过商品调运、储存，可以解决这一问题。这是商业的重要经济职能之一。②融资职能。商人要卖，必须先买，暂时为消费者垫付资本。商业的融资职能还表现在预购、赊销上。③风险职能。商业风险来自商品产销间的矛盾——商业的垫付垫支使生产和消费的风险转化为商业的风险。④信息职能。商业作为生产和消费的中介，不仅熟悉市场情况，还可以根据市场经营活动和消费需求分析所获得的大量商务信息，通过传递起到引导生产和消费、提高商品销量的作用。

4. 商业的分类和特征

（1）商业的分类

一是按业种进行分类。业种是指为满足消费者的某类需求而形成的商业营业种类，即"卖什么"。按业种分类，商业可分为生产资料商业和消费品商业，消费品商业又可以分为零售、餐饮、娱乐、服务等。

二是按业态进行分类，即按商业的经营方式或商品销售方式进行分类，也叫经营或销售方式分类。业态是指为满足某类目标顾客的需求进行相应的要素组合而形成的不同经营形式或商业营业形态，即"怎么卖"。按业态可分为百货商店、超市等。

三是按流通阶段进行分类，即按商品流通所处的阶段进行分类，商业可分为批发商业和零售商业。

四是按流通范围进行分类，即按商品流通的空间范围进行分类，商业可分为国内商业与国际商业。

商业的分类如图 1-1 所示。

（2）商业的特征

第一，吸纳劳动力的能力较强，具有就业机器功能。第二，进入与退出难度较低，竞争激烈。第三，具有技术进步的从属性。商业对技术的要求低，只要能发掘市场，用心经营，经营者就可以从中获得一定的利润。这使商业企业在技术开发上动力不足，更倾向于使用现有的成熟技术。第四，行业集中度较低。商业作为竞争性产业，其进入与退出难度较低、政府管制少、投资少、收益见效快，这使商业市场上存在无数"玩家"。在市场上获得了一定的市场份额后，商业企业要想扩大市场份额，将要投入较高的成本。

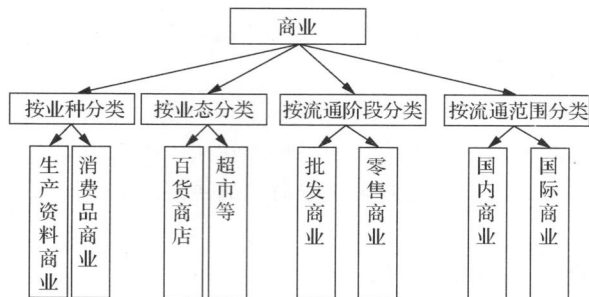

图 1-1　商业的分类

5．批发业的产生与零售业的变革

（1）批发业的产生

随着商品生产的发展，商品购销量逐渐增大，流通范围不断扩展，生产者和生产者之间、生产者和零售商之间直接进行商品交换的难度加大。因此，专门从生产者处购进商品，再转卖给其他生产者或零售商的批发业产生了。批发业的产生，使商业部门内部有了批发、零售的分工。

（2）零售业的变革

与批发业不同的是，零售业的变迁是一个国家和地区社会发展、经济增长和技术变革的必然产物。纵观人类商业史，大致发生了四次零售业变革（见表 1-1）。

表 1-1　世界普遍公认的四次零售业变革

项目	年份/年	业态	创新属性
第一次变革	1852	百货商店	业态创新
第二次变革	1859	连锁商店	组织形式变革
第三次变革	1930	超市（之后同族裂变：便利店、仓储店、折扣店等）	业态创新
第四次变革	1990	网络零售、线上线下融合	业态创新

第一次零售业变革是百货商店的产生。百货商店 1852 年产生于法国巴黎，它的产生打破了前店后厂的小作坊运作模式，是零售业对以机械化为基础的大批量生产体制的直接反映，标志着零售业第一次重大革命的开始。百货商店的产生带来了两个方面的变化：在生产端，支持大批量生产，降低了商品的价格；在消费端，百货商店像博物馆一样陈列商品，使购物成为一种娱乐和享受。由于兼顾了成本和体验，百货商店成为一种经典的零售业态，一直延续到今天。

第二次零售业变革是连锁商店的产生。百货商店产生后，随着现代大工业的发展，急需与大工业规模化的生产要求相适应的零售业态。1859 年，美国大西洋和太平洋茶叶公司（A&P）建立的第一家连锁门店被视为世界上最早的直营连锁商店。连锁商店建立了统一化管理和规模化运作的体系，提高了门店运营的效率，降低了成本。同时，连锁商店分布范围更广，选址靠近居民社区，使购物变得非常便捷。

第三次零售业变革是超市的产生。20 世纪 30 年代，在世界经济大萧条的背景下，消费者不断缩减日常开支。另外，人们生活节奏的加快，激发了人们一周一次购物的行为。超市在继承百货商店经营模式的基础上，在经营方法上进行了创新，满足了城市居民的需要，开创了开架销售、自我服务的模式，为消费者创造了全新的购物体验。超市的出现带来了商业的第二次革命，从根本上改变了传统的销售方式，极大地促进了零售业连锁经营的快速发展（见表 1-2）。此外，超市诞生之后的数十年，由于社会经济的进步，人们的消费行为变得越来越多元化，各种超市同族的新型业态——便利店、仓储店、折扣店等不断出现，满足了不同消费人群的需求。纵观世界零售业的发展趋势，超市压倒百货商店已是不争的事实。

表 1-2 零售业态发展史

序号	零售业态	成立年份
1	百货商店	1852 年，法国 BON MARCHE 百货商店成立
2	连锁商店	1910 年，美国 A&P 茶叶公司开创连锁经营的先河
3	超市	1930 年，美国 KING KULLEN 超市成立
4	便利店	1942 年，美国 7-11 便利店成立
5	购物中心	1945 年，美国购物中心的概念开始萌芽
6	折扣店	1958 年，美国 K—MART 设立食品折扣店
7	大卖场	1963 年，法国家乐福成立
8	仓储店	1966 年，德国麦德龙会员制仓储店成立

第四次零售业变革是网络零售、线上线下融合的智慧零售产生。在信息时代，网络技术的发展对零售业的影响是巨大的，它的影响远远超越了前几次技术革新对零售业的影响。互联网、电子商务改变了人们传统的消费理念，人们足不出户就可以享受更优质、更廉价、更广泛的商业服务。另外，由于大数据、云计算、VR（虚拟现实）等新技术的应用，零售业经营与管理变得更智能、更智慧。

1.2 零售业内涵与主要零售业态

1.2.1 零售业和零售业态的内涵

1. 零售业的内涵

零售是一种交易形式，是将商品或服务直接出售给最终消费者的销售活动。零售业的职责是在恰当的时间和地点，以恰当的数量和价格，用恰当的形式向需求者提供恰当的商品。传统零售业有以下特征：①直接将商品出售给消费者，不包含各类批发商和进出口商；②出售的是生活资料，而非生产资料；③出售的是有价商品而非无偿服务；④属于流通领域而非生产领域。

2. 零售业态的内涵

零售业态是指零售企业为满足不同的消费需求而形成的不同经营形态，是零售业的经营者在店铺这一零售业经营的具体场所，采用的各种经营战略的总和。

零售企业经营者以特定目标市场为对象，对店铺的选址、备货、规模、价格策略、销售方法、附加服务和设施等经营内容进行决策；这些决策的结果就形成了零售业态。不同的经营内容、不同的决策组合，可以形成不同的业态，这些业态又可以表现为不同的组织形态。因此，在理论上，零售业态可以无限增多。

1.2.2 国际零售业态的发展时间和分类标准

1. 国际零售业态的发展时间

发达国家的多业态发展格局，欧美国家用了 100 多年才形成，日本从第二次世界大战后也用了差不多 50 年时间才形成（见图 1-2）。改革开放后的经济腾飞，使这些发达国家在漫长岁月中逐步发展起来的零售业态仅用了十多年就涌入我国。

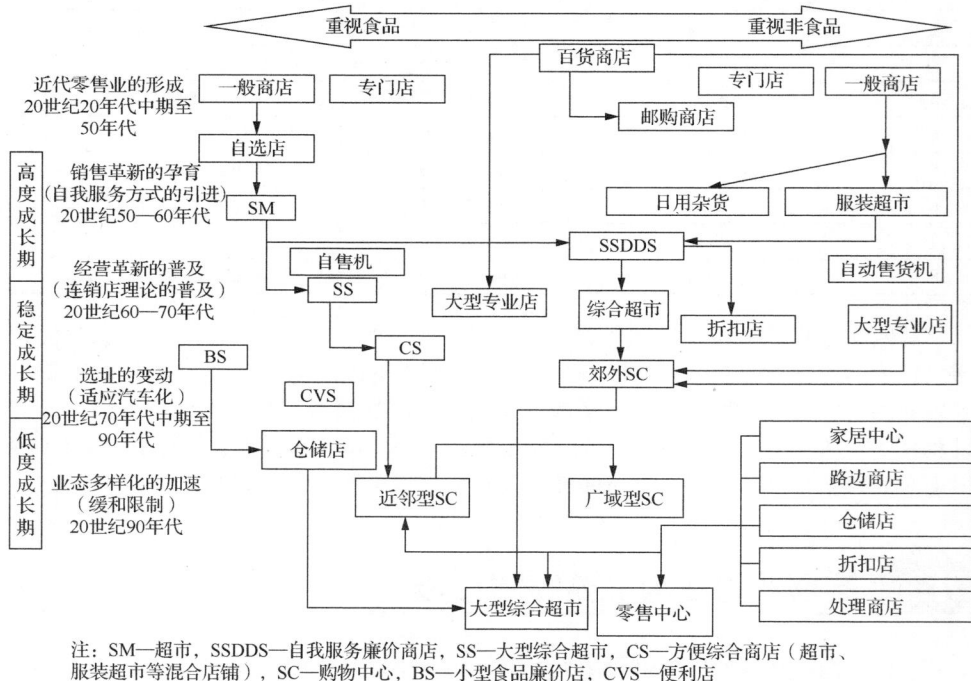

注：SM—超市，SSDDS—自我服务廉价店，SS—大型综合超市，CS—方便综合商店（超市、服装超市等混合店铺），SC—购物中心，BS—小型食品廉价店，CVS—便利店

图 1-2 日本零售业态变化图

2. 国际零售业态的分类标准

对于零售业态的分类，目前国际上主要以零售店的选址、规模、目标顾客、商品结构、店堂设施、经营方式、营业时间、服务功能、价格策略等为分类依据。

1.2.3 我国零售业态的分类

各种新兴零售业态自引入我国以来发展势头强劲，超市、专业店、专卖店、便利店等如雨后春笋般出现，打破了传统百货商店这一单一业态的局面。我国理论界对零售业态的研究滞后于现实，不仅理论界对零售业态的认识存在较大分歧，而且国内商业主管部门对业态的规范意见也不尽一致。

1998 年，政府统计系统中的贸易统计年报开始增设零售业态统计。当时，研究和设计我国零售业态统计时，主要考虑两个因素：一是我国零售各业态的发展水平和所处的生命周期；二是统计上的可操作性。我国按照零售业态发展的客观进程，在国际通行的业态分类总体框架下进行必要的合并，把零售业态分为四大类——百货商店、超市、专业（专卖）店和其他进行统计。不过，我国在国民经济统计中依然采用业种的分类。根据国家统计局的《国民经济行业分类》（2023），零售业划分为九个大类，具体分类情况如表 1-3 所示。

表 1-3　国家统计局行业分类——零售业

代码	类别名称	说明
H651	综合零售	指百货零售、超市零售、其他综合零售
H652	食品、饮料及烟草制品专门零售	指专门经营粮油、食品、饮料及烟草制品的店铺零售活动
H653	纺织、服装及日用品专门零售	指专门经营纺织面料、纺织品、服装、鞋、帽及各种生活日用品的店铺零售活动
H654	文化、体育用品及器材专门零售	指专门经营文具、体育用品、图书、报刊、音像制品、首饰、工艺美术品、收藏品、照相器材及其他文化用品的店铺零售活动
H655	医药及医疗器材专门零售	指专门经营各种化学药品、生物药品、中药、医疗用品及器材的店铺零售活动
H656	汽车、摩托车、燃料及零配件专门零售	指专门经营汽车、摩托车、汽车部件、汽车零配件及燃料的店铺零售活动
H657	家用电器及电子商品专门零售	指专门经营家用电器和计算机、软件及辅助设备、电子通信设备、电子元器件及办公设备的店铺零售活动
H658	五金、家具及室内装饰材料专门零售	指专门经营五金用品、家具和装修材料的店铺零售活动，以及在家居装饰、建材城（中心）及展销会上设摊位的销售活动
H659	无店铺及其他零售业	指互联网零售，邮购及电视、电话零售，旧货零售，生活用燃料零售，其他未列明零售业

资料来源：国家统计局。

1.2.4　主要零售业态

1. 百货商店

百货商店是指在一个建筑物内，集中了若干专业的商品部，向消费者提供多种类、多品种商品及服务的综合性零售业态。

百货商店的特点主要体现为以下七点：①拥有豪华店堂，从事大规模经营，营业面积在 5 000 平方米以上；②地处城市中心或交通要道，能在较大范围内吸引大量消费者；③经营商品的范围广泛，品种繁多，小批量，高毛利；④管理上实行商品部制，由各部门负责商品计划、销售业务、商品管理并实行独立核算；⑤采取柜台销售与自选（开架）销售相结合的方式；⑥采取定价销售方式，可以退货；⑦兼营一些其他项目，为消费者提供多方位的服务。

2. 超市

超市是采取自选销售方式（自助服务），以销售大众化生活用品为主，满足消费者一次性购买多种商品及服务的综合性零售业态。

超市 1930 年产生于美国纽约，被称为零售业的第三次革命。超市经过初期的迅速发展，到 20 世纪 60 年代在发达国家已进入成熟阶段，其后发展速度逐步放慢。进入 20 世纪 80 年代，超市又开始发生一些重要的变化：①向大型化发展；②商品和服务向多样化和综合化发展；③在经营业态上转向细分化。

超市有以下四种分类方式：①按照组织形式不同，超市可以分为独立超市和连锁超市；②按照经营特征不同，超市可以分为传统超市和新型超市；③按营业面积的大小，超市可以分为大型超市、中型超市、小型超市和自动售货店；④按商品的组合和目标消费者不同，超市可以分为精品超市和一般超市。

超市的主要特征体现为以下八点：①商品构成以食品、衣服、日用杂货等日常必需品为主，可基本上满足消费者一次性购齐生活用品的需求；②采取开架自选方式，实行自我服务和一次性集中结算；③薄利多销，商品周转速度快；④商品新鲜、洁净，明码标价，并在包装上注明商品的质量和重量；⑤实行商品部经营管理制度，按部门陈列出售商品；⑥店址主要设在居民住宅区或郊区，有停车场；⑦具有一定的规模；⑧结算点多设在出口处。

3. 专业店与专卖店

专业店一般是指经营一类或几类商品，拥有专业知识丰富的销售人员，可提供适当的售后服务，以满足消费者对某大类商品选择需求的零售业态。也有人认为，专业店还应包括专门经营某一特定消费对象所需商品的商店。常见的专业店有时装店、鞋店、食品店、电器店、珠宝店等。

专业店有以下六个特点：①选址多样化，多数设在繁华商业中心、商店街或百货商店、购物中心内。②营业面积根据主营商品特点而定。③商品结构体现专业性、深度性，品种丰富，选择余地大，主营商品占经营商品的 90%及以上，能在深度上满足消费需求；所经营的商品、品牌具有自己的特色。④有明确的目标市场，针对性强。⑤经营方式灵活，多与厂家合作；经营特色明显，个性突出；采取定价销售和开架销售的形式。⑥从业人员对所售商品有相当的专业知识，可以为消费者提供系列化的售前、售中、售后服务。

专卖店指专门经营或授权经营某一制造商品牌的系列商品，适应消费者对品牌选择需求的零售业态。近年也出现了一批专卖某一个品牌的集合店，如名创优品。

专卖店有以下七个特点：①选址在繁华商业中心、商店街或百货商店、购物中心内；②营业面积根据主营商品的特点而定；③以著名品牌、大众品牌商品为主；④销售体现为量小、质优、高毛利；⑤商店的陈列、照明、包装、广告讲究；⑥采取定价销售和开架销售；⑦注重品牌声誉，从业人员须具备丰富的专业知识。

4. 便利店

便利店是指以经营加工食品等居民日常生活离不开的、挑选意义不大的消费品为主，在时间和地点上都给消费者提供最大便利的小型独立或合伙经营的商店。

便利店有以下七个特点：①连锁经营；②主要分布在居民住宅区、主干线公路边以及车站、医院、娱乐场所、机关、团体、企事业单位所在地；③营业面积在 100 平方米左右；④步行购物 5～7 分钟可到达；⑤商品以速成食品、饮料、小百货为主，有即时消费性、小容量、应急性等特点；⑥以开架自选货为主，结算在收银机处统一进行；⑦营业时间长，一般每天在 16 个小时以上。

5. 仓储店

仓储店是一种仓库与商场合二为一的零售业态，主要设在城乡接合部、交通要道，其目标消费者以中小零售商、餐饮店、集团和有交通工具的消费者为主。该类商店营业面积大，一般为 10 000 平方米。商品以食品（有一部分生鲜商品）、家庭用品、体育用品、服装衣料、文具、家用电器、汽车用品、室内用品等为主。

仓储店有以下五个特点：①经营范围广泛，包括食品、日用品、耐用品等。②规模较大，设备简陋，人员较少，费用和价格较低。③采取仓库式陈列方式，并采用自选式销售方式。此外，还设有较大规模的停车场。④批量作价，多是成件或大包装出售。⑤多实行会员制。

6. 无店铺零售业

零售业态除了上述几类，还有无店铺零售业，主要包括网络商店、邮购商店、目录样本商店、自动售货机、访问销售等。其中，网络商店是通过互联网开展商品经营活动的一种商店形式。零售商在互联网上开设虚拟商店，建立网上营销的网站，消费者可以访问网站，浏览商品目录等各种信息，找到合意的商品后向零售商订货，通过电子转账系统付款；零售商通过快递公司把商品寄给消费者。邮购商店是指通过商品目录或广告宣传材料等资料，使消费者以电话或邮件订购，待收到订单后再寄送商品的商店。

7. 无人商店

随着移动支付的普及，让消费者自助下单的"无服务员"模式，受到不少企业的青睐。无人商店是对零售的三个核心本质"消费者、场景、商品"中的"场景"进行的一次探索，主要采用目前主流的 RFID（天线射频识别）技术识别商品，同时还集成了一系列人工智能技术，如人脸识别、动作行为识别、计算机视觉识别等。

零售业态的主要类型及特点如表 1-4 所示。

表 1-4　零售业态的主要类型及特点

项目	百货商店	超市	便利店	仓储店	专业店
目标消费者	初期为女士，中期为所有人，后期为白领女士	家庭主妇	男士或者青年	中小商人和机关团体	机关团体
店址	市中心或郊外的购物中心	住宅区或者郊区	住宅区，干道旁	城乡干道旁	商业中心、商店街及购物中心内
规模	一般在 5 000 平方米以上	大型：2 500 平方米 中型：400～2 500 平方米 小型：120～400 平方米	一般在 100 平方米	一般在 10 000 平方米以上	不定

续表

项目	百货商店	超市	便利店	仓储店	专业店
商品结构	初期综合，后期专业	食品，日常生活用品	日常必需品	综合	专业
价格策略	初期廉价，后期高价	低价	中等，高于超市	超低	一般或较高
商店设施	越来越豪华	简单，不豪华	简单，不豪华	简陋	雅致豪华，个别简陋
附加服务	消费建议，送货上门	很少	代收公共费用，代加工食品	基本没有	指导购买
革新性	明码标价，可以退货	自我服务，连锁经营	每天营业16个小时以上，多为特许经营	仓库式陈列，会员制	专业化经营
产生时间、地点	1852年，法国巴黎	1930年，美国纽约	1946年，美国	1964年，德国	—
进入中国的时间、地点	1900年，哈尔滨秋林公司	1981年，广州友谊商店附设超市	1990年，东莞美佳（较完善的为1992年的深圳7-11）	1993年，广州天河广客隆	—

阅读资料 1-1

零售业态辨析

一、相似零售业态辨析

（1）百货商店不等于购物中心。

（2）大型超市不等于仓储店。

（3）小型超市不等于便利店。

（4）专业店不等于专卖店。

二、连锁店不是零售业态

一个多世纪以来先后出现的百货商店、超市、便利店、折扣店等都是独立于其他类型的零售业态，连锁店则不同，既有便利店连锁，又有超市连锁、专业店连锁等。随着市场细分化趋势的加剧，不仅在零售商业，在餐饮业、服务业中也都广泛存在着连锁经营的形式。

三、购物中心不是零售业态

购物中心是一组零售商店及有关商业设施的群体组合。其主要以中心商业区或城乡接合部交通要道的百货店或超市作为核心店，与各类专业店、专卖店、快餐店等组合而成。核心店的面积一般不超过购物中心面积的 80%，由发起者有计划地开设、布局、统一规划，店铺独立经营，服务功能齐全，集零售、餐饮、娱乐为一体，属于商业集聚组织形态。购物中心有以下三个特点：①众多业主共同组成一个市场或商场；②各业主自主经营，自由定价，不受购物中心制约；③购物中心的管理职能大多为物业管理。

1.3 我国零售业的发展轨迹及特征

1.3.1 我国零售业的发展轨迹

改革开放以来，我国零售业走出了独特的发展轨迹。在与国外零售企业的碰撞和交汇中，伴随着新的理念和业态的引入和推广，我国零售业进行着一次又一次的创新。

从 20 世纪 80 年代中期开始，我国零售业进入了改革期。1990 年 12 月，我国第一家连锁超市在东莞虎门诞生。不过，我国并没有按照西方国家所经历的流通革命的模式按部就班地进行变革，而是成为国际上各种流行零售业态的"展览大厅"。在资本主义商业革命的 100 年历程中出现的各种零售业态，在我国短短十年左右的时间都出现了。目前，在西方国家市场上出现的零售业态在中国都能找到，各种业态令人眼花缭乱，如食品超市、综合超市、大卖场、便利店、折扣店、仓储店、专业店、专卖店、网上购物、电视购物等。

零售业态的发展变化受社会经济发展水平、消费需求变化、商业竞争及零售业态自身生命周期等多种因素的共同作用，这些因素共同推动零售业态不断推陈出新。目前，我国已经形成百货商店、综合超市、便利店、专业店、专卖店、折扣店、仓储店、网络零售等多业态共同发展的局面。传统零售业以实体店为主要特征，经营标准化、客户群体清晰化是其固有优势。电子商务的快速发展极大地削弱了传统零售业的原有优势，给传统零售业的发展带来较大的挑战。

从 2012 年开始，我国网络零售市场交易规模逐年快速递增，一直保持着两位数的增长速度；2013 年，我国成为全球第一大网络零售市场。2019 年，我国网络零售市场交易规模达 10.32 万亿元，首破 10 万亿元。2022 年，我国网络零售市场总体稳步增长，全国网上零售额为 13.79 万亿元，同比增长 5%，见图 1-3；同年，我国网络购物用户规模达 8.45 亿，占网民整体的 79.2%，比 2016 年的 5 亿人增加了 3.45 亿人。

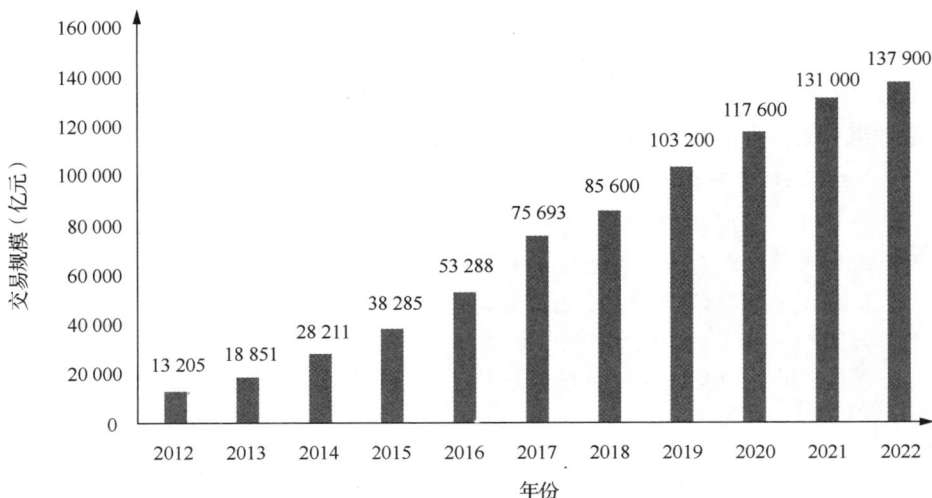

图 1-3 我国网络零售市场交易规模的变化（2012—2022 年）

1.3.2　我国零售业的发展特征

我国实体零售业的发展有两个显著特征。

一是各种新型业态同时出现，没有明显的阶段性。中国零售业的改革与发展取得了举世瞩目的成绩，呈现良好的发展态势。零售业态的引进、创新速度正在不断加快。20世纪90年代是中国零售业态的引进时期，在不到20年的时间里，中国的零售市场就走完了西方国家经过100多年才走完的零售业态的发展历程。

二是部分新型业态具有明显的不足，与国际上通行的标准业态有一定差距。中国零售业面临的最大问题是"自主创新"过少。

1.3.3　我国零售企业面临的变革

零售业是一个瞬息万变的行业。在消费者需求多样化、竞争越来越激烈的年代，零售企业必须增强创新意识，在改革创新中不断寻求发展；创新是零售企业不断满足消费者增长的需求、打破"千店一面"的局面、不断提高经营能力的助推器；唯有创新，才能使零售企业在激烈的市场竞争中出类拔萃，并立于不败之地。

零售业是根植于本地的产业，在改革创新的浪潮中，零售业只有对本地市场进一步挖掘，并保证基本的日常运营能力，才有可能在竞争中处于优势地位。零售业与人们的生活息息相关，其创新不需要惊天动地，而在于细节；只有把细节作为着眼点，才能深化企业的内涵，实现企业利润区的突围，不断找到新的增长点。因此，创新既需要时刻把握消费者的需求和购物行为的变化，不断修正现有购物体验设计，更好地适应当地市场的需求，又离不开基本运营能力的保证和提高。

如今，我国零售企业正面临三大变革：一是业态创新；二是线上线下融合；三是精细化管理。

1．业态创新

业态创新是中国本土零售企业突围的利刃。西方零售革命的历程表明，不同零售业态的产生往往与不同的生产力发展水平相适应，国外成熟的业态模式未必都适合中国，绝不能一味复制照搬，开发适合国情的零售业态是零售业未来发展的方向，也是零售专业人士应该共同追求的目标。

2．线上线下融合

与电子商务发展初期不同，实体店的价值被重新认知，特别是随着移动互联网的普及率越来越高，人口红利已经越来越少。同时，随着各种智能商品的不断涌现，线上入口和渠道越来越碎片化，在线零售的流量成本、获客成本越来越高。此外，在消费升级的大环境下，如今"90后""00后"的消费喜好、消费习惯和消费需求都有着新的特点，他们注重个性化、场景化的消费体验，因此商品的展示与体验成为关注点。对纯电商企业而言，需要实际感知、实际体验的场景化的体验式服务是其最大的软肋。在电商冲击下的实体商业也开始探索线上运营，试图寻找一条生存之道。线上线下融合成为中国零售业发展的必然趋势。

3．精细化管理

零售从业者经常会讲两个非常重要的词，一个是"单品管理"，另一个是"品类管理"；二者都离不开信息化。信息化是零售业实施精细化管理的重要抓手，但目前国内零售企业对 IT 的应用还停留在"办公自动化"的水平上，仍然满足于数据汇报，不能进行真正的智能分析。跨国零售企业的实践表明，IT 不只是单纯的管理工具，而且也是企业塑造竞争优势的关键因素之一，信息化在零售业发展当中是服务于零售企业的，深度信息化是零售业发展走向规范化、精细化的有力武器。当然，信息化不是万能的，培育感性和悟性、提高学习能力是我国本土零售企业业态创新的关键。

1.4　网络零售的发展

在过去的 20 年间，网络零售一直享受着中国的互联网人口红利，因此大部分企业把关注点放在线上渠道的完善和加强上。然而，人口红利的逐渐消失，智能手机的大规模普及，移动支付和虚拟现实的兴起等，使线上线下融合的用户体验越来越重要。

1.4.1　网络零售的内涵

网络零售是指交易双方以互联网为媒介进行的商品交易活动，即通过互联网进行信息的组织和传递，实现有形商品和无形商品所有权的转移或服务的消费。买卖双方利用电子商务（线上）实现交易信息的查询（信息流）、交易（资金流）和交付（物流）等。

1.4.2　网络零售的盈利条件

尽管网络零售额在世界范围内实现了高速增长，但是如何获取更多的盈利仍然是困扰网络商家的问题。网络零售的成本越来越高。据不完全统计，当前网络零售成本之高已不亚于实体店：人工占 11%、网络平台扣点占 5.5%、推广成本占 15%、快递占 12%、售后占 2%、财务成本占 2%、水电房租占 2%，加上税务，如果没有50% 以上的毛利率，企业根本没有办法持续经营。今后，网络零售企业保持合理的利润主要是通过以下两种方式实现的。

方式一：与传统零售类似，精耕细作，严格控制成本。在商品开发、物流管理、商品的进销存管理、客户关系管理（自产自销的企业还涉及生产流程管理）等方方面面都需要更加科学化、专业化的支持，以降低成本，特别是要通过合理的采购、仓储、配送规划有效地控制物流成本。

方式二：依托互联网优势，以创意营销发掘即兴消费需求。网络零售可以与社区、社交等功能相结合，以激发群体性的非理性或者非必需的消费行为。

在实际的网络零售运营中，企业对于精耕细作或创意营销往往各有侧重。供应链和物流链等后台体系的建设，是保证商品品类、保持商品低价、优化客户体验的关键因素；供应链、物流链的改善都离不开 IT 信息系统研发的长期投入。

1.4.3 我国进入网络零售新时代

自互联网出现之后，人们的消费理念、消费方式、消费习惯都发生了改变，呈现以下特点：消费时间碎片化，消费空间虚拟化，消费商品多元化、个性化等。消费者更加注重个性化服务和个性化商品的提供，希望企业采用定制的形式向其发布商品。百货商店或超市不再是唯一的购物场所，在线购物在消费者生活中越来越重要，越来越多的人在午休、上班途中，甚至深夜购物，购物时间零碎。

实际上，从 1999 年电商在中国大地上落地以来，经过多年发展，我国零售行业发生了天翻地覆的变化，诞生了一批像阿里巴巴、京东、拼多多等万亿级的零售新平台。2013 年，我国成为世界上最大的网购国，互联网引领了中国的零售变革。当前，中国已经进入网络零售新时代。相比于传统的电商模式，网络零售新时代的行业竞争格局、销售模式均发生了巨大的变化，移动电商、跨境电商、农村电商、社群电商、社区团购、直播电商、即时零售等蓬勃发展，也开启了中国新商业的一个新篇章。新商业发展的背后就是消费升级。特别是零售领域出现了几个重要变化：年轻人成为社会消费的主流；线上线下分界线逐渐消融；在旧零售经营模式中，信息化只有辅助性作用，在新零售经营模式中，数字化起到关键性作用。当前，以淘宝、天猫、京东为代表的"搜索型"传统电商（货架式电商）走向以抖音、拼多多、SHEIN（希音）为代表的"算法电商"新时代，数字化经营和用户体验管理受到企业的高度重视。

"产品+服务"是数字经济时代的重要特征之一。当前，影响企业发展的是卖货思维，企业仅靠流量思维和爆款思维不可能走得远，必须塑造品牌，提升用户的体验，同时要通过供应链的优化来降低成本，提高效率。智慧商业最重要的是创造一种新的消费场景，这个场景除了交易功能，还要能创造更多的附加价值和更好的消费者体验。在智慧商业时代，回归商业本质是商业创新的必由之路，零售管理的创新成为重要课题。

【本章小结】

（1）零售业的职责是在恰当的时间和地点，以恰当的数量和价格，用恰当的形式向需求者提供恰当的商品。

（2）购物中心不是零售业态。购物中心是一组零售商店及有关商业设施的群体组合。

（3）我国零售业态的发展有两个显著特点：一是各种新型业态同时出现，没有明显的阶段性；二是部分新型业态具有明显的不足，与国际上通行的标准业态相比有较大差距。

（4）网络零售是指交易双方以互联网为媒介进行的商品交易活动，即通过互联网进行信息组织和传递，实现有形商品和无形商品所有权的转移或服务的消费。

（5）当前，我国已经进入网络零售新时代。相较于传统的电商模式，网络零售新时代的行业竞争格局、销售模式均发生了巨大的变化，移动电商、跨境电商、农村电商、社群电商、社区团购、直播电商等蓬勃发展，也开启了中国新商业的一个新篇章。

【重要概念】

商业　　零售业　　业种　　业态　　网络零售

【思考与练习】

（1）零售业在国民经济发展中起到什么作用？

（2）迄今为止我国零售业态的发展特征是什么？

（3）新时期我国零售业面临的变革是什么？

（4）全球四次零售业变革分别是什么？

【拓展阅读】

一、不可消灭的实体商业

伴随着电子商务市场竞争的日趋白热化，电商面临流量红利衰竭的窘境，线下传统的供应链体系也同样面临需要嫁接更高效、先进的互联网技术以解决转型提效的难题。电商的迅速崛起颠覆了人们传统的购物习惯，越来越多的人开始接受这种新的购物方式。然而，无论互联网企业为拓展经营领域，开发新的零售方式，以吸引更多的商户入驻平台，还是实体零售企业积极调整策略，整合发展求生存，消费者关注的只是良好的购物体验。

AC 尼尔森的调查显示，67% 的消费者更享受在实体店购物带来的愉悦和满足。埃森哲（Accenture）的调查发现，从方便性的角度看，进行购物体验改善的实体零售企业仍然占有绝对优势，93% 的消费者表示在实体店购物非常方便；未来，通过实体零售企业购物的消费者的比例会逐年攀升，在网上进行购物的消费者的比例将会逐年下降。

经过初期的爆发式发展，我国的电商开始从人口密度高且消费能力强的一、二线城市及东部发达地区等具有电商相对优势的区域向地广人稀的中西部地区及三、四、五线城市扩张，这导致电商"最后一公里"的配送成本迅速增加；与之相比，实体零售企业在三、四、五线城市的租金成本相比一、二线城市明显降低，这是因为受电子商务冲击，实体零售企业生存艰难，在此背景下，租金下降是必然结果，成本优势的天平会向实体零售企业倾斜。电商与实体零售企业间成本较量的核心变量是电商的物流成本和实体零售企业的租金成本，这两项成本是决定二者胜负的关键。当租金环境和物流环境的变化导致成本的天平偏向实体零售企业的时候，实体零售企业便能获得非常有利的反转时机。相较于线上电商流量成本的不断升高，实体零售企业不仅能提供较好的品牌广告的可视效果，还会成为零售发展中一个低成本的流量入口，迎来成本降低、销量增加的反转窗口期。

这说明，实体零售业还有较大的发展空间和潜力。由于消费者向线上迁移，故品牌商和实体零售企业纷纷向线上转型，线上与线下融合发展是大势所趋。未来的实体零售业是用互联网、云计算、大数据武装起来的商业生态，不具备这些服务能力的流通企业将会被无情淘汰，就像马车被汽车替代一样。

在线上线下融合发展的大趋势下，线下实体零售企业和线上电商间的冲突已逐渐趋于理性。有不少实体零售企业也坦陈是互联网的发展给整个行业带来了颠覆性的变化，零售业必须顺应潮流，走融合发展的道路；同时，其认同零售业的未来发展必然是线上线下一体化。

二、电子商务催发零售业态新革命和新体验

电子商务不仅使传统的流通业务模式和流转程序发生变化，而且使企业形态尤其是零售业态发生改变。近年来，无店铺零售业作为一种新型的业态开始兴起，如电话预约购物、信函购物、网上购物等。其中，以网上购物最具增长潜力，并引发了一次新的零售革命。

（一）全新的消费体验

（1）直接销售。消费者无须通过售货员，可直接面对商品、面对生产者购物。

（2）无场地限制。网上商店可以无限大，它可以在网上容纳和展示无限多的货物，不受空间因素的限制；随着线上与线下的融合，空间上呈全渠道的特征。

（3）全天候营业。网上商店可以实现每天 24 小时、每周 7 天、全年 365 天的全天候营业。

（4）需求全体验。消费者重视存在感、参与感和幸福感，需求多样化使空间场景多样化、全体验化。

（5）跨国经营。网络是无国界的，只要连接国际互联网，便可面向全球市场开展经营活动。跨境电商的蓬勃发展就是一个重要见证。

（二）全新的便利消费

（1）便于选择。网上商店的容量近乎无限，一个网上商店有比普通的超级市场多得多的商品，这就增加了消费者选择的范围和机会。

（2）节省时间。网上购物使消费者不必花很多时间去商场逐层选购，不必花时间去逛一家又一家的同类商店，来比较商品的价格和款式。在网上商店里，消费者只需用鼠标轻轻一点便可以从一家商店转到另一家商店，从一类商品转到另一类商品。

（3）信息充分。消费者在网上商店里购物能获得更多的购物信息，这些信息不仅是关于商品的，还有关于整个购物过程的，它们对消费者来说都是很重要的。

思考题：为什么说线上与线下融合发展是大势所趋？

新零售

> 上天下凡，线上与线下融合是这个时代的主流。
>
> ——陈海权

【主要内容】

（1）零售管理面临大变革

（2）线上线下融合模式

（3）新零售变革

案例导读

全渠道成为消费模式的新常态

如果说在过去 20 年里，线上零售和线下零售是两个平行共存的世界，那么近年来这两个世界的分界线正在消失。在移动互联网技术、定位技术、大数据技术等的推动下，线上与线下融合发展的 O2O（Online to Offline，线上线下融合）模式受到广泛的关注和应用。

埃森哲的一项研究结果显示，消费者期待通过全渠道获得无缝式购物体验。实体店、网店、移动商店和社交媒体的线上线下、全渠道融合是主流，一人一店的时代已经悄然到来。实践表明，互联网大大拓展了全社会沟通活动的空间，极大地变革了人们的消费模式。"互联网+"背景下的消费模式完全不同于传统消费模式，对产品生产、市场流通、经营销售都产生了巨大的影响，合成了消费模式的新常态。

真正驱动零售商们变革的仍是不断变化的消费者的需求。如今的消费者已经成为不间断购物的顾客，零售商必须回归零售的本质——从深入洞察消费者的需求与变化着手，把消费者体验洞察和商品推销策略结合起来作为其核心竞争力，通过引人入胜的商品、精心设计的服务打造不可替代的购物体验，才能在新一轮零售战略转型和模式创新中赢得先机。

思考题：全渠道与传统渠道有什么区别？

2.1 零售管理面临大变革

2.1.1 互联网改变商业

中国互联网络信息中心（CNNIC）发布的第 51 次《中国互联网络发展状况统计报告》显示，截至 2022 年 12 月，我国网民规模达 10.67 亿人（为四舍五入后的结果，余同），较 2021 年 12 月增长 3 549 万人，互联网普及率达 75.6%（见图 2-1）。此外，互联网应用也在持续发展。其中，短视频增长最为明显。从报告中的数据来看，截至 2022 年 6 月，我国短视频用户规模达 9.62 亿人，较 2021 年 12 月增长 2 805 万人，占网民整体的 91.5%；即时通信用户规模达 10.27 亿人，较 2021 年 12 月增长 2042 万人，占网民整体的 97.7%。在中国网民中，手机网民超过 95%，人们的手机支付习惯已经形成。随着移动终端的普及、无线网络覆盖区域的扩大，互联网将在现有基础上进一步影响我们的生活和工作，在诸多方面改变我们的工作形态，从而产生更多的商业机会。近年来，直播带货就是在短视频和社交通信工具的发展过程中孕育出来的新业态。

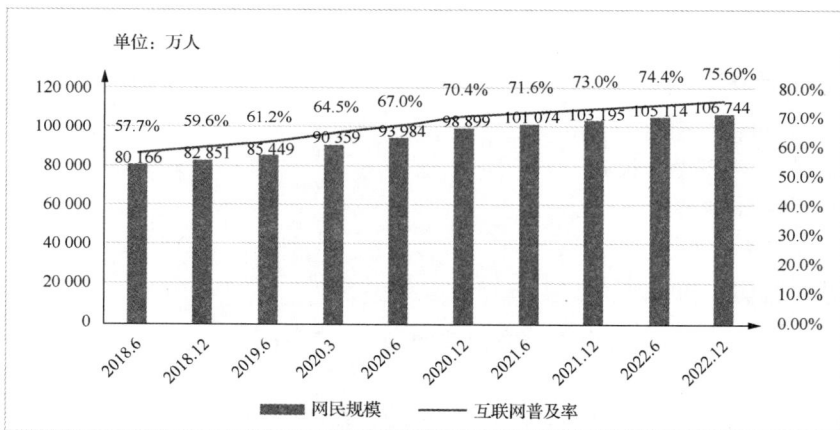

图 2-1 中国网民规模和互联网普及率的变化

由于互联网具有开放透明、去中心化、信息整合等特点，因此互联网消费一方面简化了传统消费的流通环节，拉近了企业与消费者的距离，另一方面解决了企业和消费者信息不对称的问题，甚至通过大数据技术的广泛应用实现了消费潜力的挖掘。

互联网时代是前所未有的消费者维权意识崛起的时代，企业从单纯的规模竞争、低价竞争向商品竞争和服务竞争转变。从某种意义上讲，电子商务正掀起一场消费与流通领域的民主化运动，旨在消灭信息不对称。电商企业最大的竞争对手是消费者，在互联网经济时代，"用户至上"已成为生态系统的硬性要求，使消费者体验达到极致、为商品赋予情感成为企业的必修课。这需要提高供应链效率，如小米手机每周迭代一次，微信第一年迭代开发 44 次。事实上，对消费者需求的把握就是一个测试的过程，这要求电商企业进行的商品创新是一个精益求精和迭代更新的过程，根据消费者的需求反馈而成长。

总之，基于消费者视角开发商品和服务，优化供应链管理和消费者体验成为中国电商和零售竞争的新焦点，电子商务的创新发展正在回归商业的本质。

2.1.2　互联网发展对零售管理的影响

互联网是对传统产业潜力的再次挖掘和对产业要素的重新组合，用互联网思维去提升传统产业。互联网对传统零售行业的冲击主要表现在价格、终端和销售控制、商业模式等方面，零售企业的发展将呈现以下趋势。

1. 消费者至上

互联网使消费者社群化和粉丝化成为未来的发展趋势，培养忠实消费者是零售企业的长久发展目标，只有从消费者的角度出发维护其利益，企业才能获取长久利益。

2. 线下与线上同价

线上线下同价模式是一种保护传统零售行业的重要价格模式。

3. 更注重消费者体验

零售企业一定要注重消费者体验，同质化的、强调功能性的商品将越来越没有竞争力，那些拥有一流消费者体验的商品将会脱颖而出。

4. 个性化需求成为主流，定制化将成为零售业的常态

想要满足消费者的多样化需求，企业必须不断对商品进行创新，以提高零售企业的影响力和竞争力。

5. 大数据营销成为标配

消费者大数据为零售企业提供了消费趋势和需求信息，为企业指明了发展方向，零售业的数字化创新将开启一扇全新的智慧商业的大门。

2.1.3　数字化、智能化正在重构商业体系

数字经济时代，消费者主权消费时代正在来临，品牌和供应链成为新的竞争焦点。新零售的本质是通过大数据来重构"人、货、场"等商业要素，消费者所有的购物行为、浏览行为等首先被数字化，产品被数字化，商场也会被数字化。

行业竞争格局呈现集约化、平台化的特点，数字化、智能化正在重构中国商业体系；全渠道时代的到来，让消费端倒逼供给端，促进产业融合，重塑零售场景寻求"数字化生存"。

案例 2-1

Olé：加码数字化和布局线上渠道

伴随电商和本地生活服务的发展，华润万家旗下的精品超市品牌Olé也在加码数字化和布局线上渠道。

从 2003 年开始，Olé全国门店陆续实现自助收银，普及电子价签，同时启用手机扫码购。如今，Olé的数字化体系已相对完善，建立起会员经营管理、数字化营销、数字化支付等功能，方便适应市场和服务消费者。在线上渠道，Olé 除建立小程序

等自有渠道外，还入驻京东、美团等外部平台，建立起极速达、同城配送、全国配送等一揽子服务体系，基本满足人们日常对应急商品和计划商品的需要。

在国内，单一做好新理念、新产品、新场景的品牌不在少数，但同时做好三者的却很少。这不光需要强大的、足够的耐心，也需要前瞻性的眼光和创新经营思维。尤其在目前商超行业经历调整，面对迭代和创新周期时，打磨产品差异化，关注消费者刚需，也许会为创新打开一扇窗口。

Olé 作为华润万家旗下的精品超市品牌，持续关注消费者在消费升级下的需求变化，希望回归服务本质，以优质的商品、高效的服务、深度的互动，抓住下一波体验式的消费浪潮，引领消费者探寻广阔的生活方式。

2.2 线上线下融合模式

2.2.1 线上线下融合模式的变革

近年来，线上与线下融合就是商业模式和服务模式创新的综合体现。O2O 业务流程各个阶段的技术创新和应用实践如图 2-2 所示。

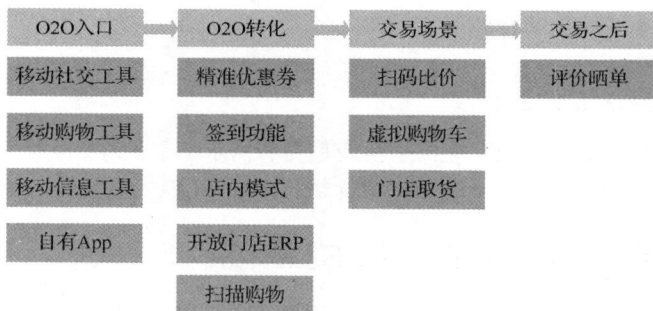

图 2-2　O2O 业务流程各个阶段的技术创新和应用实践示意图

目前，O2O 模式主要包括三种：一是仓库融合，即同品牌线上线下销售渠道共用仓库，使网络销售可以做到就近发货，以更好地发挥品牌多仓多点的优势；二是门店融合，即线下店铺与线上店铺相辅相成，取得共享资源、同步销售、融合管理的效果，从而提高市场份额；三是服务方式融合，即融合线上线下消费者数据、多样化的售后服务方式，优化消费者体验，完善整个服务流程。O2O 的三种模式如图 2-3 所示。

图 2-3　O2O 的三种模式

在电子商务迅猛发展的今天，发布商品不难，获得一定的初期消费者也不难，后续的运营和服务能力才是电商企业生存的关键。服务和运营是形成品牌、核心竞争力的关键。从线上或线下购物对于消费者来说并不重要，"实体店+电子商务+移动网络"的全渠道零售时代正式开启。全渠道零售（Omni-Channel Retailing），是指企业为了满足消费者在任何时候、任何地点、以任何方式购买的需求，采取整合实体渠道、电子商务渠道和移动电子商务渠道的方式销售商品或服务，提供给消费者无差别的购买体验。

2.2.2　线上线下融合模式的价值

O2O 模式，简而言之就是"1+1=N"，可充分释放价值倍增效应，如图 2-4 所示。消费者将需求传递给 O2O 平台，进而通过平台传递给线下商家，实现多方共赢。O2O 模式的价值主要体现在以下三个方面。

一是有效锁定消费价值链。O2O 模式提供了丰富、全面、及时的商家及商品信息，能够帮助消费者快速筛选并订购适宜的商品或服务，提供全面的、个性化的购物体验。

二是让线下消费信息传递更及时、更准确。信息不对称给商家和消费者带来困扰。90%左右的消费者希望促销信息更准确、更及时。然而，尽管商家每年度都会根据销售情况等因素对推广及品牌传播进行重新规划，但依旧没有明显的效果。线上线下一体化的 O2O 模式能够使消费者实时获取信息，从而迅速提高商品知名度和品牌形象。

三是带来线上交易增量。对于线上商家而言，O2O 模式在减少对选址的依赖、大幅度降低运营成本的同时，有助于商家掌握消费者的消费轨迹，持续深入地进行客情维护，实现精准营销（团购、信息发布、优惠券、营销推广、签到、消费拼单），为消费者创造购物惊喜体验，使高黏度消费者成倍增加。不仅如此，本地化程度较高的垂直网站借助 O2O 模式，能够争取更多的商家资源，为商家提供更多增值服务。

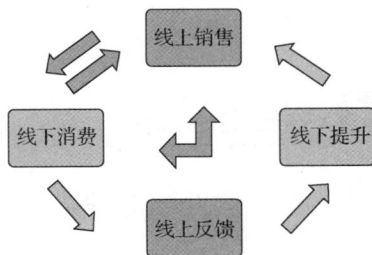

综上所述，O2O 模式服务提升的路径为"线上销售—线下消费—线上反馈—线下提升"，如图 2-5 所示。O2O 模式依托的关键资源离不开大用户、大信息和大数据，迫切需要解决审货、物流配送、供应链和服务等问题。

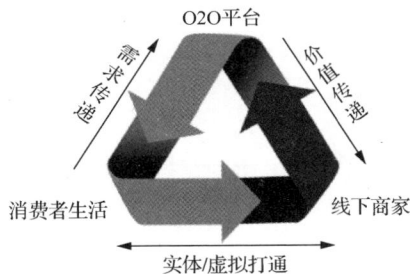

图 2-4　O2O 模式的价值　　　图 2-5　O2O 模式服务提升的路径

2.2.3　线上线下融合模式的核心和成功的关键

在 O2O 模式中，Offline 指的是线下实体店面、服务、商品等，Online 指的是线上店铺、互动等，to 指互动及引流。也就是说，无论是哪一种 O2O 模式，都离不开线下实体企业、线上虚拟空间以及线上线下的引流和互动。同时，O2O 模式作为一种商业模式，其本质仍旧是交易。所以，移动 O2O 思维的核心包括虚实互动、引流思维及以交易为目的。虚实互动，是指企业的线下相关业务及企业功能与线上平台（自建 App、移动电商平台、移动社交平台等）形成有效的业务连接和互动，为消费者提供贯穿线上和线下，包含售前、售中和售后的完整消费体验。引流思维，是指引来流量的思维。流量分为两类：一类是企业在线上移动端的流量，包括企业自建App 的流量和微信、微博、电商平台上的流量；另一类是企业在线下的流量，包括企业线下实体店的消费者流量、企业通过电话等非网络工具获取的消费者流量等。无论是在线上还是在线下，作为企业的一种商业模式，O2O 模式仍旧以交易为目的。从消费者的角度看，商品交易流程最少要包括以下环节：商家提供商品—消费者通过某种渠道购买—消费者付款—消费者拿货/商家送货。商家必须为消费者提供这一流程中的所有渠道，包括商品信息展示渠道（消费者需要了解商品信息，并对商品进行比较）、购物渠道（包括线上和线下的购物渠道）、付款渠道（线下和线上的付款渠道最好能够保持畅通）、物流渠道。

O2O 模式的成功运营至少包括以下三个关键点。

第一，电子商务是一个全网营销的过程，O2O 也不例外：在线上营销和接单，在线下提供体验、服务和配送。在这个过程中，商家要让消费者感觉到"这就是我心里想要的商品"，引起共鸣，才能使消费者成为铁杆粉丝。

第二，O2O 模式是一种分站、分仓、分销的模式。为什么要分站呢？例如，对于家纺行业，秋季的时候，南方在卖床单、单被，北方可能已经在卖棉被了。这时就需要一个既有总站又有分站的平台。

第三，线上线下的数据同步。这就需要建设和打通通道。总部的数据、分站（连锁加盟店）的数据是实时更新的，这要求总部和分站（连锁加盟店）有一个快速反应的机制和系统。

总的来说，互联网时代已来临，O2O 已成为新商业的热点话题。零售业的数字化创新将开启未来智慧商业的大门，智慧零售正在快速形成和发展。但是，目前零售业前台的数字化水平要领先于后台，即数字化营销、全渠道策略水平明显领先于商品数字化和供应链数字化。

2.3 新零售变革

2.3.1 新零售变革的底层逻辑

消费升级与技术变革是新零售爆发的根源。一方面，传统零售业利用新兴技术解锁商机，探索新模式；另一方面，消费者对购物体验升级、场景本地化的诉求，使得强势的电商企业探索线上线下融合。过去几年，阿里巴巴将银泰私有化，投资三江购物、新华都以及高鑫零售等，腾讯参投永辉超市旗下的超级物种，入股步步高、海澜之家等，以及盒马鲜生、缤果盒子、喜茶等线下线上融合新业态的诞生等，无不印证着"线下不死、实体未亡"，新零售陡然成为热词。

未来，数据赋能、场景优化、服务升级将像阳光、空气和水一样，成为零售业的标配。每个时代都有新零售业态诞生，这一轮的新零售变革表现为"新信息集成革命"下的业态重组和模式创新。零售企业的每一次创新都是新的生产方式、消费方式和技术力量共同作用的结果。新零售变革的底层逻辑是新业态、新模式，新技术，新消费三者互相影响、互相促进，不断推动商业的创新与发展（图 2-6 所示为新零售变革底层逻辑的三角模型）。这一次的变革比以往任何一次零售革命都来得凶猛，影响不断深入和全面，正在推动产业融合。

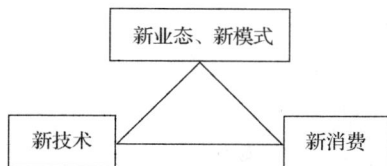

图 2-6　新零售变革的底层逻辑：三角模型

什么是新零售？新零售是指以消费者为核心，对要素资源进行重新配置，即突破"线上"销售商品的局限，通过各种资源整合重构，实现线上销售与线下销售的有机结合；以线上线下融合为根本，以互联网和物联网、人工智能及大数据等领先技术为驱动，面向线上线下全客群，提供跨场景的智慧连接的新型零售模式。主要是利用互联网和大数据，将"人、货、场"等传统商业要素重构，包括重构生产流程、重构商家与消费者的关系、重构消费体验。新零售的目的，不仅是要完成企业内部组织的重构，更重要的是完成企业与企业间的重构，完成整个商业业态的重构。

新零售的本质是用大数据重构"人、货、场"等商业要素，助力运营科学化，如图 2-7 所示。"人、货、场"的数字化只是第一步，第二步将全面重构品牌、消费者乃至企业内部的生产关系。商家通过提供商业场景、支付、金融、云计算、大数据、物流各个环节的商业基础设施，致力于让每一个零售商都能够更好地服务消费者，提升消费者的体验。那么，"人、货、场"是怎样通过大数据进行重构的呢？

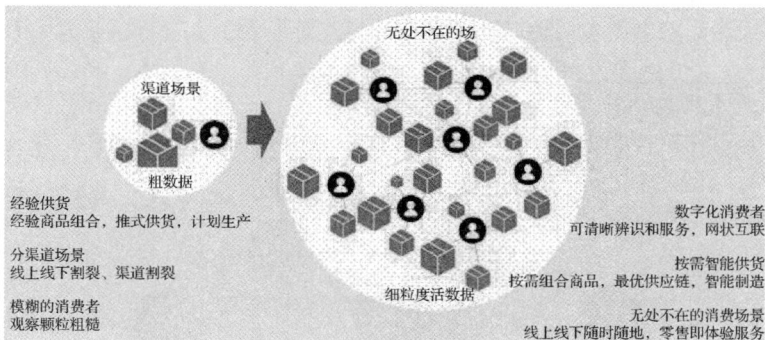

图 2-7　新零售："人、货、场"的重构

1."人"的重构

"人"的重构主要体现为消费者的数字化。当你打开手机淘宝或者支付宝页面，后台立刻就能知道你是谁，知道你的性别、年龄、职业、喜欢买什么等；当你走进线下门店，门店也能借助互联网技术和数据识别你，这时线上的"人"和线下的"人"便成为一体了。

2."货"的重构

"货"的重构体现在两个方面：一是商品的数码化和运营的科学化。无论商品在什么地方，人们都可以对其进行实时监控。类似的跟踪技术在物流体系中更为常见。只要找到电子化"锚点"，如条形码和二维码，或者物联网传感器，我们就能让货物随时随地在线、可知、可控。二是商品结构重构。零售的核心是利用商品来满足消费者的需求，这也是零售创新的核心之一。

3. "场"的重构

新零售视野下，"场"会纳入"在线"的体系，只是"场"的物理程度最高，电子化和智能化需要经过一个漫长的过程。目前的形态都只是不同程度的试验场，并无真正成型的模式，如盒马鲜生运用前店后仓，重新设计科学的动线，对"场"进行了智能化改造。优化门店体验的重点有两个——场景、体验。今后，零售企业需要尽快打破以传统商品为中心的零售场景，创造更多的生活场景、社交场景等，把零售变成社交零售、体验零售、慢速生活的场景。新零售的形式越多，整个行业生态就会越丰富。

总的来说，新零售的发展方向，依然是跟随消费者的需求变化，使零售创造的价值匹配消费者的需求。此外，新零售下供应链管理思维模式也发生了巨大的转变，从以商品和库存为中心转到以消费者和数据为驱动，通过运营和服务的竞争，争夺消费者和购物场景，从而赢得优势。

2.3.2 新零售的价值取向

Noesis（诺易思）公司为零售的价值下了一个新的定义：Value 不等于 Money。物质不一定就是有价值的，价值在于激情、自然、挑战……零售业发展的价值取向是乐趣、体验、社会化。善待消费者，保护消费者利益，才是 21 世纪零售舞台的焦点。零售业的最高境界是：企业通过整体的努力来满足消费者心理及功能性的需求，让每一次消费都成为消费者的美好体验。安达信和得克萨斯农工大学零售研究中心的调查研究结果表明，新的零售价值包括：满足、尊重消费者的个人需求；满足和超越消费者的期望，而非基本需求；与消费者的接触向心理深层方向发展；领导社区发展，而不局限于参与，注重社会责任；高效地将消费者零售经历个性化如图 2-8 所示。

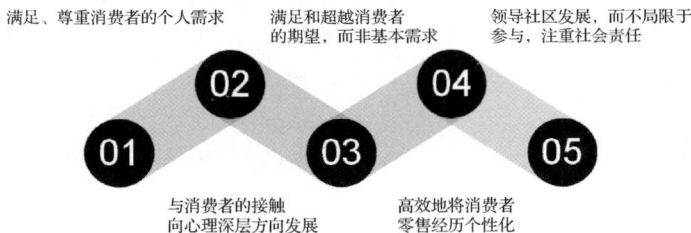

满足、尊重消费者的个人需求　满足和超越消费者的期望，而非基本需求　领导社区发展，而不局限于参与，注重社会责任

与消费者的接触向心理深层方向发展　高效地将消费者零售经历个性化

图 2-8　新零售的价值取向

真正把消费者放在心里，知道消费者想要什么、不想要什么，颠覆的是传统的思维模式和行为方式，需要的恰恰是自我变革的勇气和决心。零售业的本质不会因为科技的变化而变化，仍应是在恰当的时间、恰当的地点，为恰当的消费者提供恰当的商品和服务，如图 2-9 所示。

恰当的时间　　　恰当的地点　　　为恰当的消费者　　提供恰当的商品和服务

图 2-9　零售业的本质

2.3.3　新零售的未来趋势

1. 互联网红利消退，体验式消费重获关注，融合已成趋势

一是电商成本高，增长天花板难以突破。经历了早期的粗放式增长，流量电商红利期已成为过去式。互联网流量红利逐步减少，纯电商竞争日趋激烈，开店、运营、物流、推广等多项费用增长，使得电商成本优势不再，线上成本与线下成本几近相同，价格优势不再明显。纯电商时代已经成为过去式。

二是消费体验升级，线下价值被再度挖掘出来。伴随着消费升级，商品和服务深入融合，消费者除了购买优质商品，对于体验式消费的需求也逐渐凸显。消费包括商品消费和服务消费两个部分，其发展呈多元化趋势。线下实体店可通过多业态融合、消费场景的搭建、更强的品牌认知、更佳的售后服务、更优质的消费体验获得消费者的青睐，满足消费者的多元化需求。单纯依赖流量增长的线上模式和仅靠开店的线下模式增长已经见顶，线上线下融合成为零售行业的新突破点。

2. 打通线上线下，即时零售成为"风口"

近年来，线上电商平台发现了线下实体店在渠道、场景体验及供应链方面的优势，频频合作，意在重构传统零售业态。事实上，不少互联网巨头正在布局线下，通过股权合作，深化与线下实体零售商的合作，克服轻度合作难以协调的问题，从流量、系统到供应链、物流全面推进。线下通过品牌背书、售后服务、门店仓储、较好的消费体验向线上融合，线上平台价值、物流先发优势及供应链整合能力也将不断革新线下消费。

目前，实体商业正在以超常规的速度被重构，会越来越关注消费体验。实体商业数字化转型的主要目的是提高运营效率，节约业务成本，优化绩效，提升消费体验。依托实体商业和线上下单的优势，具有就近消费特征的即时零售成为"风口"。所谓的即时零售，是指以即时配送体系为基础的高时效到家消费模式。即时零售的主要特征是"线上下单，线下 30 分钟送达"，其供给高度依赖本地门店。

3. 全域经营成为一个新的风向标

随着社交网络的发展，如何快速整合域内域外流量、发挥数字化经营价值、追寻确定性增长，已成为众多企业关心的问题。"线上线下贯通、公域私域贯通"是全域经营走向成功的关键。全域经营以私域为基石，加上数字化、新链路、新流量，全域经营成为数字经济发展的新模式和新动能。

过去，中国新零售版图中有三个方阵。第一方阵以腾讯、阿里巴巴两大互联网巨头为主，它们引领中国新零售变革；第二方阵以传统的零售企业为主，它们因思维限制而数字化转型较为缓慢，还需要大量的资金投入；以独立品牌为代表的第三方阵也在探索向新零售、智慧零售转变。

例如，作为运动服饰独立品牌的领军企业，李宁公司经历了近十年的不断试错和摸索，正成为线上线下、公域私域全域经营的数字化经营标杆。早在 2012 年，李宁公司就开始搭建官网，布局全渠道业务。此后，李宁公司又先后开发了自有 App 和 H5 商城，初步积累起会员资产。2018 年，李宁公司开始重点投入微信小程序，

25

通过以小程序为核心的私域体系，连通公众号、门店会员等，做全方位的用户触达。截至 2022 年 5 月，李宁官方旗舰店小程序的用户量已经超过 2 000 万，小程序用户的客单价和复购率均高于传统电商平台，交易额占线上直营电商的近 10%。小程序为线下引流带来的销售额也已经接近亿元。除了独立品牌企业，在百货商店领域，天虹数科（天虹百货）在全域经营方面也做出了很好的尝试和探索，成为百货公司数字化转型的标杆。

【本章小结】

（1）全渠道时代是互联网时代零售业发展的方向，是一种商业模式创新。全域经营是"线上线下贯通、公域私域贯通"的经营模式。

（2）O2O 模式主要包括三种：一是仓库融合，即同品牌线上线下销售渠道共用仓库，使网络销售可以做到就近发货，以更好地发挥品牌多仓多点的优势；二是门店融合，即线下店铺与线上店铺相辅相成，取得共享资源、同步销售、融合管理的效果，从而提高市场份额；三是服务方式融合，即融合线上线下消费者数据、多样化的售后服务方式，优化消费者体验，完善整个服务流程。

（3）零售业变革往往伴随着零售企业经营方式的创新。零售企业的每次创新都是新的生产方式、消费方式和技术力量共同作用的结果。中国本土零售企业要想在快速变革的市场环境中生存和发展，唯一的途径就是进行全方位的创新。

【重要概念】

O2O　　全渠道　　新零售　　即时零售　　商业模式创新

【思考与练习】

（1）全渠道指的是什么？O2O 模式有哪几种？

（2）O2O 模式的核心和成功的关键点是什么？

（3）新零售变革的底层逻辑是什么？

（4）为什么拼多多能够在夹缝中崛起？

（5）社群电商与直播电商为何能够崛起？

【拓展阅读】

我国零售行业的发展趋势及需解决的问题

一、我国零售行业的发展趋势

（1）构建线上线下融合新格局。实体零售与网络电商正逐步从独立、对抗走向融合、协作，从而实现优势互补、共赢。零售模式终将发展成为面向线上线下全客群，提供全渠道、全品类、全时段商品和服务的新型零售模式。

（2）多业态跨界协同趋势明显。在新零售时代，零售企业将围绕多样化、个性化的消费需求开展业务，各类商业综合体将聚合教育、亲子、医疗、健身、旅游、商务等多样的服务业态，从以往单纯的购物中心逐渐转型为体验中心，为消费者提供全方位一站式的服务体验。例如，天虹百货逐步推动自身转型升级，对旗下门店的主题场景、零售、餐饮与娱乐三大板块统一按照 2：1：1 的比例布局，为消费者营造舒适的购物环境，同时也满足了不同消费群体在购物、休闲、娱乐方面的需求。

（3）社交化、场景化模式成为主流。在互联网时代，以广告为主的单向传播方式效果不断衰减，口碑、信任成为零售品牌得到消费者认可的重要因素。未来的零售企业将不再是纯粹的商品售卖者，而将成为整合资源、打造社交化业务生态、实现多方共赢的市场组织者。

（4）重构智能高效供应链体系。由于传统零售企业的全供应链控制能力较弱，信息传导响应不及时、供需错配导致了企业库存高、周转率低、商品同质化严重等问题。未来，新供应链将实现全链条数字化，通过进行数据分析掌握消费需求，以需定产，柔性制造，深耕上游供应链，保障企业的差异化、高端化、定制化战略精准实施，最终实现零售升级。

（5）社区商业进入黄金发展期。在场地租金攀升、企业利润下降的大环境下，门店越开越小已俨然成为我国实体零售不可阻挡的发展趋势，便利店、精品超市、社区型购物中心等将成为零售企业寻求转型升级的重要方向。伴随着我国社区零售整合化、全渠道发展进程的逐步加快，投资成本低、成熟周期短的社区零售必将成为支撑行业发展的重要推手。从长期发展角度看，"小而美"的社区化零售业态更符合新形势下消费市场的客观需求。

二、我国零售行业急需解决的问题

（1）传统经营模式急需变革。零售业传统经营模式存在以下弊端。一是从零供合作方式角度看，仍有部分企业将入场费、联营扣点作为其主要利润来源。零售商引厂进店、出租柜台，不掌握商品终端，不参与销售过程，不直接服务消费者，自主经营功能衰退，市场敏感度低。二是从竞争方式角度看，百货商店、超市、购物中心同质化较为严重，"千店一面""千店同品"现象突出，其中百货业中约 87% 的商品雷同。同质化必然导致过度的价格竞争，使零售企业微利经营甚至无利经营。三是从销售模式角度看，一件商品从厂家经过层层代理商，再到终端销售店，最后到消费者手中，经过层层加价，价格虚高，缺乏市场竞争力。

（2）商业网点布局仍待优化。实体零售市场高度竞争，商业网点发展不均衡、结构性过剩、配套设施不完善等问题凸显。从区域结构角度看，零售行业发展呈现东强西弱的特点，尤其是在连锁等现代商业组织形式发展方面，西部地区与东部地区有很大差距；在城市内部，中心城区商业网点集中，商业网点建设过剩，同质化竞争严重。

思考题：我国零售市场未来面临的挑战与机会是什么？

Chapter 2

第 3 章

新技术与新消费

如果不能对市场变化给予快速反应，那么微软离倒闭就只有 18 个月了。

——比尔·盖茨

【主要内容】

（1）新技术概述
（2）新技术推动零售变革
（3）新消费及新市场
（4）数字消费行为特征

案例导读

希音：如何让消费者上瘾购物

快时尚跨境电商企业希音（SHEIN），是中国的跨境电商巨头。希音为了让消费者增加购物时间，采取了一系列的策略。

一是后端和前端的改革。希音的后端系统快速生产紧跟时尚潮流的优质服饰，以低廉的价格销售，并将相关信息回馈到企业的前端系统。在前端，希音采用独立站模式与消费者直接连接，将 PC 端页面设计得非常符合西方人的审美，同时提供清晰的导航和详尽的产品介绍，使用户的网站访问非常便捷。

二是丰富促销形式，提高转化率，拉高客单价。希音主页随处可见的折扣展示和倒计时提示，刺激用户消费，有利于提高转化率。此外，类似淘积分的积分制度也加强了品牌与消费者之间的互动：消费者购买、评价、参与营销活动等将获得积分，100 积分抵扣 1 美元（上限制订单价格的 70%）。这与海外品牌官网促销形式单一、互动感弱完全不一样。

三是个性化推荐，提高客户黏性。搜索型电商的逻辑是人找货，平台卖家主要通过优化关键词等提升搜索排名；而希音以类似抖音的推荐机制，时刻捕捉消费者的动态信息并进行个性化推荐，提高了网站的内容吸引度和丰富度，能进一步提高留存率。希音平台通过对消费者购买数据进行分析，实现准确的消费者洞察，采用个性化推荐算法，使页面千人千面。

希音成立了一个百人规模的数字智能中心，该中心的职责之一是负责希音的个性化推荐算法。通过捕捉消费者的动态信息，并进行个性化推荐，实现"货找人"的机制。

思考题：希音采用了哪些新技术开展营销？

3.1 新技术概述

技术环境对零售业的发展有重要的影响。近年来，零售业网络化、信息化的进程不断加快。信息技术对开展网络零售有以下好处：第一，可实现"一对一"的精准营销和"一对多"的市场空间拓展；第二，通过对网络零售这种业态形式的创新，推动零售业由"物业型经营方式"向"自主型经营方式"转变；第三，实体零售商进军网络零售市场可开辟新兴市场、变革零售业态、创新经营方式，从零售业整个行业角度看，其是继连锁经营之后的世界性的零售革命。

科技对零售业的影响显然是巨大的，零售企业可以通过增强现实应用、店内定位导航、无人机送货等方式改善购物体验；此外，新技术能够帮助零售商提高运营效率，进而节省成本。新零售业态给各行业带来的机会源于零售流程中的技术升级。未来数年将对零售业产生极大影响的相关技术有以下几种。

1. **增强现实（Augmented Reality，AR）技术**

增强现实技术是一种实时地计算摄影机影像的位置及角度并加上相应图像、视频、3D 模型的技术，这种技术的目标是在屏幕上把虚拟世界套在现实世界上并进行互动。例如，应用手机应用程序可以通过摄像头叠加图层，虚拟家具等商品的实际效果，让用户了解大致的摆放效果；或提供店内的虚拟信息，让用户能够通过手机查看货架上的促销信息，从而优化购物体验。

2. **室内定位导航**

该技术可以帮助用户在仓储店中快速找到想要的商品，提高购物效率。

3. **传感器**

传感器可以优化店内购物体验，可以实现接近式的消息推送、具体的客户定位等，提高潜在的销售力并减少销售人员的配置数量，从而节省成本。

4. **人工智能（Artificial Intelligence，AI）技术**

人工智能技术驱动的自然语言处理工具，在商品详情撰写、关键词提取、智能客服、小语种翻译等领域有大量应用场景。

5. **大数据分析**

大数据分析对于企业来说已经成为非常关键的一项技术，大数据分析是各项生产、销售、服务相关优化决策的依据，能够帮助企业制定更有效的市场战略、创建个性化服务，从而提高销售额。

6. 3D 打印

随着 3D 打印成本的进一步降低，商家能够为用户提供更加个性化的定制服务，从而提高销售额。

7. 无人机

与 3D 打印一样，无人机在零售行业同样是一项新技术。无人机可以缩短物流时间，减少相关的仓储损耗。京东、亚马逊、阿里巴巴目前都在着力打造无人机物流，但这项技术还需要面临政府机构的监管，并需要解决各种安全隐患，如此才能够最终造福消费者。

> **阅读资料 3-1**
>
> ## 虚拟现实（VR）技术颠覆零售业
>
> 在零售商看来，货架的每一寸地方都是宝贵的，所以当零售商想要改变商品陈列的时候，他们需要考虑非常多的因素。例如，他们需要考虑人们的购物习惯：人们是按照品牌购物，还是按照食品种类或者生产日期购物？
>
> 为了解决这个问题，禧贝（有机儿童食物提供商）借助于虚拟现实技术，依据 800 个消费者的数据资料创造了四种不同的购物场景。禧贝似乎开启了未来店铺设计的大门。其实，增强现实技术和虚拟现实技术早已开始改变整个零售业了。
>
> 作为 In Context Solution（3D 模拟软件开发商）的 CEO，马克·哈代一直致力于虚拟现实购物视觉技术的研发。他认为，虚拟现实技术是多渠道购物战略的一部分，下一个目标就将是虚拟购物。"我可以看下它的原料吗？我能试用下吗？我能在其他环境下看看这个商品的样子吗？"这些传统电商无法满足的消费需求都可应用虚拟现实技术得到满足。不论是向上销售，还是交叉销售，它们都会使消费者产生更有互动性、更个性化的体验。
>
> **一、到底是增强现实技术还是虚拟现实技术**
>
> 增强现实技术和虚拟现实技术通常被人们互换使用，但其实两者有关键性的差异。增强现实技术将虚拟世界和现实生活相融合，使用户可以在真实世界中与虚拟元素互动。虚拟现实技术则是虚拟世界的产物，往往让用户无法分辨虚实。虚拟现实技术一般需要使用一个装置，如头盔或者眼镜。
>
> **二、未来店铺的构想**
>
> 从禧贝的研究中我们可以看出，企业今后将会如何利用虚拟现实技术。同 In Context Solution 合作，禧贝副总裁看到了更多可能："当我向我们的创始人和 CEO 展示虚拟现实技术时，她的第一个想法是'这项技术太有用了，我们既可以用它来测试商品的包装和设计，又可以用它来和消费者互动。以后再也不用瞎猜消费者的反应了，一切决策都有数据支撑'。"
>
> 从宏观上看，从店铺设计、人流量统计到相邻店铺的选择，再到商品设计、分类、展示和宣传，虚拟现实技术能为消费者和商家带来巨大的利益。利用虚拟店铺，零售商们无须搭建真实平台，也无须再担心库存问题，就能让消费者在虚拟店铺中"购物"，同时还能观察他们的消费行为，了解他们买了什么、他们的购物路线，以及为什么要买这些商品。

虚拟现实技术的另一优势是能够快速开店。零售商不用再浪费大量的时间去装修店铺，能够快速地进入市场，也能够有更多的装修选择，同时能避免高额的错误支出。

这项技术还能够用以培训销售人员。现在已经有一些店铺开始用这项技术培训员工了。

增强现实技术可在现实世界中增加一个虚拟的层面，可以瞬间优化用户体验。它提供了情景信息，可以在消费者购买前展示商品，从而能让消费者快速下单。仅仅在用户真实环境中添加虚拟层面，便能显著提高零售商和制造商的品牌价值。

三、让消费者受益

尽管目前大部分虚拟现实技术的应用仅局限于后台，但有一些方法能使普通消费者应用该技术。实体店店主最常问的问题是："我们能不能在有限的空间内，让消费者有更多样的体验？"虚拟店铺可以完美地解决店主们的问题。

利用虚拟店铺，经营者可以在建立销售渠道的初期近距离地接触消费者。某增强现实技术公司高管称："人们一开始会在商店或在家寻找感兴趣的东西，但最终是否购买还不明确。一个家用设计体验的导引能让感兴趣的消费者在决定购买之前看到商品，零售商可以把店内购物体验直接搬到消费者家中，在家进行线上购物和去店里几乎一样。这些策略都只有一个目的：鼓励消费者多消费。消费者能够看到商品的所有细节——颜色、材质，甚至库存的全部商品。"

3.2 新技术推动零售变革

技术改变商业，商业改变生活。近年来，刷脸支付等人工智能技术在零售行业被广泛应用并获得快速发展；与此同时，大数据、增强现实技术/虚拟现实技术、智能机器人、物联网、区块链等新技术也在零售行业有所应用。新技术已经成为推动零售业变革的重要动力。图 3-1 所示是各种新技术在零售业涉及的五个环节——消费场景、经营管理、物流仓储、供应商管理、生产制造中的应用。

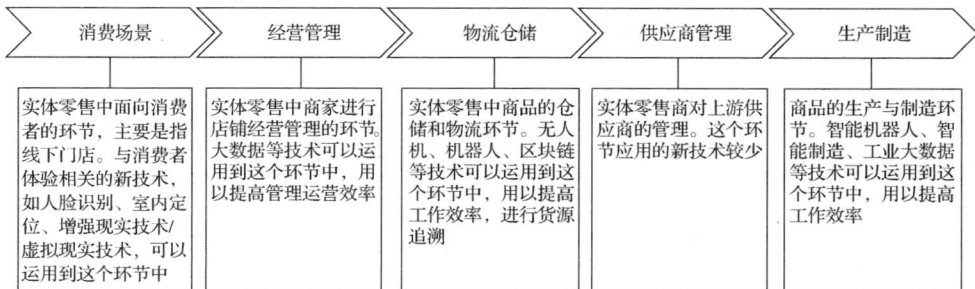

图 3-1　新技术在不同商业环节中的应用

其中，新技术在消费场景中的应用其功能主要可以分为体验增强、数据收集、流量转化三种，新技术可能同时具备其中一种或多种功能。数据收集是利用布置在店内的各种传感器，收集消费者的运动轨迹、注意力变化、客流量等信息，用于店铺运营和精准营销。消费者行为分析的技术方案有行为识别、情绪识别和注视轨迹追踪等，商品状态检测的技术方案有压力感应、RFID（射频识别）和图像识别等，如图 3-2 所示。

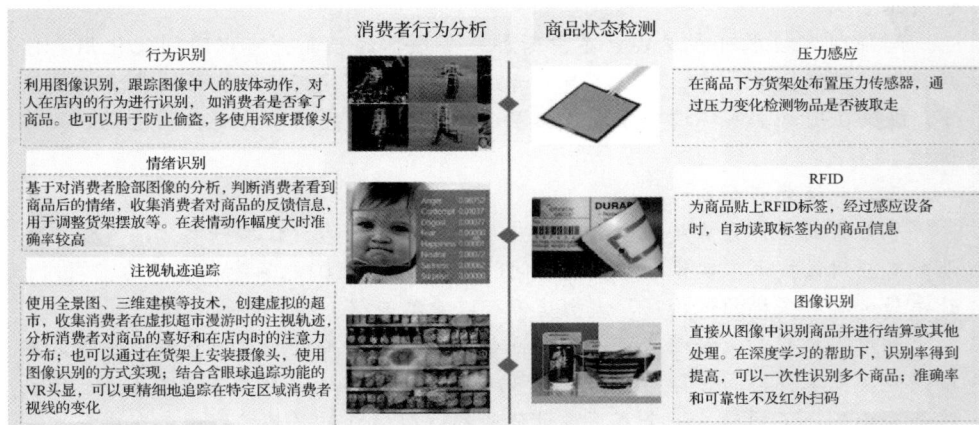

图 3-2　新技术在消费场景中的应用

在经营管理环节，新技术的功能主要是对消费者、销售数据进行分析，绘制用户画像，用于店铺运营分析和消费者分析。

在物流仓储环节，可以应用各类智能化设备来提高货物流转效率，降低成本。新技术在物流环节中的应用如图 3-3 所示。

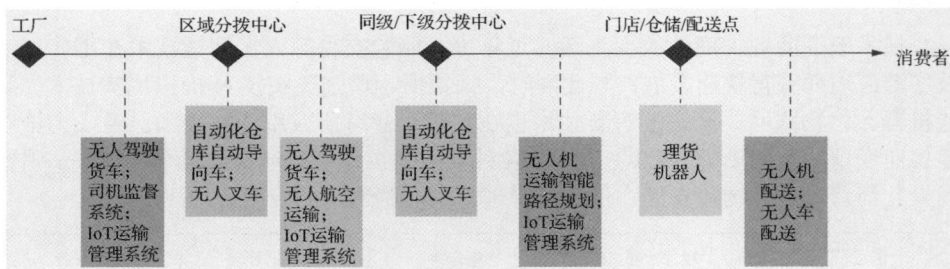

图 3-3　新技术在物流环节中的应用

总之，随着实体零售业线上渠道的补齐，电商平台线上流量增长趋缓，开始扩展线下，消费者体验、供应链能力、运营效率重新成为零售企业的核心竞争力，新技术在以上三个方面都有重要作用。我国部分企业在探索零售新业态的同时也十分重视对新技术的应用，如表 3-1 所示。

表 3-1　新技术在我国部分企业探索零售新业态中的应用情况

企业	首店落地时间	单店面积/m^2	仓储物流特点	供应链特点	支付特点	配送特点	其他特色	选址	App名称
阿里巴巴盒马鲜生	2016-01	4 500	以店为仓	菜鸟物流	支付宝	3 千米内半小时	大数据驱动备货	商圈	盒马

续表

企业	首店落地时间	单店面积/m²	仓储物流特点	供应链特点	支付特点	配送特点	其他特色	选址	App名称
永辉超级物种	2017-01	500	永辉物流	永辉超市	自助收银机	3千米内半小时	电子价签	商圈	永辉生活
美团掌鱼生鲜	2017-07	2 000		新美大控股亚食联		3千米内1小时	电子价签	商圈	掌鱼生鲜
大润发优鲜	2017-07	3 000～5 000	以店为仓	大润发		1小时		商圈	飞牛优鲜
京东之家通州店	2017-08	200	应用大数据为门店备货	京东物流	刷脸支付	京东配送	进门刷脸，行为分析	商圈	京东

思考题：请结合资料，观察生活中一些实体店铺的新技术应用情况。

3.3　新消费及新市场

当今，物联网、大数据的应用引领了生产和消费方式的数据化，技术变革推动了购物场景的智能化。在技术迭代发展的同时，用户思维的转变和用户需求的升级也是推动行业变革的重要因素之一。此外，消费分层、消费升级以及品牌消费爆发为我国零售业提供了良好的发展环境，消费对经济的拉动将进一步增强，中国开始进入消费主导型经济社会发展模式。

3.3.1　何为新消费

新消费指以互联网、大数据、人工智能等数字技术为支撑的一种新型消费方式。新消费的重要基础是新兴技术和新业态或者消费模式的诞生。

新消费与传统消费具有以下区别。一是主要消费人群的变化：消费分层，"90后""00后"成为消费的主流。二是消费偏好的变化：忠实品牌、忠实品质、关注高性价比。三是线上与线下渠道均发生变化。线下：国潮品牌崛起，新餐饮、新茶饮、化妆品集合店、各类折扣店诞生，国潮热正在席卷消费赛道。从运动鞋服、日化美妆、食品餐饮到游戏动漫、电子产品等，近年来，一批兼具高品质、高颜值、高性价比的国潮品牌正成为更多消费者的潮流之选。有报告显示，自2011年到2021年，国潮热度增长超5倍，78.5%的消费者更偏好选择中国品牌，"90后""00后"贡献了74%的国潮消费。线上：流量从传统电商向算法电商，抖音、快手的直播等转变，电商新时代出现。

1. 商品网红化与网红商品化

随着注意力经济崛起，"网红"成为消费新时尚，商品网红化和网红商品化成为未来消费市场的趋势。商品网红化是将相关商品借助平台宣传甚至炒作，从而将社交媒体聚焦关注度转变为商业价值，通过网红庞大的粉丝群体、意见领袖影响力和内容再创造能力实现商品在特定人群中的迅速传播和"疯狂购买"，实现精准营销、病毒营销和情感营销，让流量赋能商品。

2. 圈层消费精细化

圈层消费与以往的市场人群细分不同，在圈层日益精细的当下，企业将有更多机会打造爆款品类。社交属性是圈层消费的核心，"种草"是圈层消费转化为实际购买行为的关键砝码；圈层消费的黏性高，口碑和私域流量在圈层消费中显得比较重要。在圈层消费时代，营销者更要注重口碑，同时做好公域流量向私域转化；营销者需要对圈层进行充分的市场资源挖掘，通过圈层营销引导圈层消费，从而打造完整的圈层商业生态体系。

案例 3-1

希音的智能数字营销

快时尚跨境电商企业希音，是中国最神秘的跨境电商巨头。它是一个主打快时尚、高性价比女装的跨境电商品牌，设计、生产环节在中国，市场、消费者在海外。虽然大多数中国人不知道这家公司，但它却被业内认为是增长速度最快的未来之星，并以行业罕见的 B2C 形式存在，拥有自己的独立网站和 App，被称为"中国版 ZARA"。

希音主要以"社交+网红+广告+算法+奖励"的方式打造自己的数字化营销之路。

一、社交账户组合打造差异化营销

希音有专门的团队在海外社交平台注册官方主账号，并根据不同地区的社会背景、文化习俗、产品类型、目标群体有针对性地打造多元化、个性化的子账号，最终通过主、子账号相互关联、相互引流，实现粉丝差异化管理。除此之外，希音还在各社交平台大量发布作品，增加平台的曝光率，不定期地制造一些快时尚的热点，提高品牌的知名度，从而促成最终的交易。

二、"网红+广告"组合导入品牌流量

希音与海外各地大牌网红合作，提升和维护品牌形象，使大牌网红为品牌做背书，接着再通过联盟奖励计划吸引更多网红从业者加入，吸引小众网红加入的目的是增加品牌曝光度。希音会筛选各层级网红的优秀作品转发到各大社交平台，再次增加品牌感染力。希音还在各大社交平台、搜索引擎中投放快时尚广告，尤其是在各地方重大节假日时，用大量的广告、诱人的折扣力度突破海外用户的"心理防线"。

三、"AI 算法+奖励机制"实现精准营销

希音通过大数据来预测流行趋势，并通过创建一个内部追踪体系和利用 Google Trends 查找其中的流行词的数量和增长趋势，实时掌握市场流行的颜色、款式、图案、面料等信息以及价格的变动，基于大数据构建辅助设计系统希音 X，设计师可通过元素交叉组合快速完成产品设计。

为将新款服饰精准推送给目标消费者，希音采用了类似 Tiktok 的推荐算法，通过搜索、浏览、购买、评论、点赞等数据，预测消费者喜好并推荐适宜的商品。同时，还通过设计裂变式游戏规则吸引消费者赚取积分。消费者首次下单即可使用积分抵扣（100 积分等价于 1 美元）而且还享受包邮，首次下单达一定金额还能成为希音会员享受永久折扣。希音通过算法精确地将商品推送给指定消费者，并通过层层"激励"不断给消费者带来"惊喜"，从而给用户带来"上瘾"的体验。

3.3.2　消费分层与主要群体特征

零售市场是由既有购买意愿又有消费能力的人组成的，人口因素是零售业发展的重要影响因素之一。近年来，我国新消费群体的分化比较明显，对零售行业的创新发展影响较大。

1. "Z 世代"

互联网的快速发展使人类的生活方式持续改变，作为互联网原住民的"Z 世代"逐步成长起来。"Z 世代"是指 1995 年至 2009 年出生的人。他们是全球有史以来人口最多的一代人，2020 年人口为 18.5 亿人，占全球总人口的 23.7%。其中，2020 年我国"Z 世代"人口总量约为 2.53 亿人，占我国总人口的比重为 17.6%。这一比例低于全球平均水平，主要与我国实行的计划生育政策等因素有关。2050 年之前，"Z 世代"人口总量占我国总人口的比重将保持在 17% 以上。

互联网时代造就新阶层，"Z 世代"个性鲜明、特立独行。他们又被称为网络世代、互联网世代，是受到互联网、即时通信、智能手机和平板电脑等科技产物影响很大的一代人。"Z 世代"成长的时代伴随着中国经济与技术的高速发展，这期间中国 GDP 升至全球第二，互联网高速发展、移动互联网出现，这些都让"Z 世代"有了更多机会和视野认识和了解世界。Z 世代规模庞大，是消费发展的中坚力量。

2. "后千禧一代"

"00 后"，也被称为"后千禧一代"，指 2000 年 1 月 1 日至 2009 年 12 月 31 日出生的人。他们出生和成长在中国经济高速腾飞的时代，伴随我国互联网与移动互联网的蓬勃发展，互联网繁荣对"00 后"生活的影响非常广泛。他们基本是独生子女，父母大都是"70 后"，少数是"80 后"。"00 后"一代的消费特征有以下几点。

（1）注重消费体验感和情感支持。"00 后"更重视购物过程体验，希望与品牌商及零售商建立交易关系之上的信任感和亲密感。他们对社交媒体上营销信息的接受度也明显更加开放、正面，使产品和服务提供商在社交媒体上针对消费者个性需求提升影响力方面拥有更大的发挥空间。

（2）消费内容更加二次元、娱乐化。"二次元"在"00 后"的社交"标签"中占据高流量，很多"00 后"痴迷的产品都烙有"二次元"的印记。相较于"90 后"在垂直领域的泛分类方式，"00 后"在垂直领域的爱好更加细分，单在"古风"这个领域，便可进一步细分为汉服圈、古文圈、古典音乐圈等。

（3）在"00 后"的消费结构中，娱乐支出的比重不断攀升。艾瑞咨询发布的《中国新时代线下娱乐消费升级研究报告》显示，"00 后"文化娱乐消费的占比已超过 24.5%，消费意愿旺盛；在消费频次和金额上，接近 50% 的"00 后"每周至少参与一次线下娱乐，45% 左右的"00 后"半年内在线下娱乐投入超过 100 元。未来随着泛娱乐化的时尚逐步加强，这种"消费即娱乐、娱乐即消费"的趋势会成为新的消费时尚。

3. 银发世代

中国已经进入老龄化阶段。据全国老龄工作委员会预测，中国 60 岁以上的人口在 2030 年将超过 3 亿人，2050 年会达到 4 亿人，甚至有一种说法叫作"2025 年危机"，指的是当"60 后"整体进入老龄化阶段时，中国社会将遇到前所未有的挑战。零售企业要充分考虑老龄化对零售业的冲击，不能低估老龄化给零售业态创新和经营创新带来的挑战。这是中国零售业未来面临的首要问题。老年群体的生理和心理特征，决定了他们的消费模式，这将会对整个社会的消费结构产生影响，如医疗保健需求旺盛，社区养老服务大有可为，等等。

3.3.3　我国新消费市场的特征

不同文化背景下会有不同的消费者购买行为。我国消费者购买行为的基本特征有以下几点：①重人情和求同的消费动机；②以家庭消费为主；③重直觉判断的消费决策；④朴素的民风和"节欲"的消费观念；⑤中庸，强调向人看齐；⑥重人伦，重视人与家庭的关系；⑦重视脸面（名声和地位），体面消费；⑧重视"缘"；⑨含蓄的民族性格和审美情趣。

1. 根据"领子"颜色区分市场

中国市场消费阶层的购买力分布：金领阶层、白领阶层、蓝领阶层和无领阶层。从消费趋势的角度看，真正领导消费趋势的是白领阶层，包括社会潜在白领阶层——在校大学生，以及相似意义上的在校中学生。我国白领阶层的特征如下：①本身创意有限。这个群体最重要的特点是喜欢接受好的、传播广的以及概念新的商品。②非常擅长讨价还价，要求牌子好但价格便宜的商品。金领是社会中的小众，只有 3%～4%的人属于这一阶层。金领阶层与社会其他阶层追求的商品不一样，不具有领导消费潮流的能力。

2. 最时尚的消费概念就是时尚

时尚按照程度可以分为三个水平：另类、前卫、流行。另类是指个性化、独特和与众不同；前卫是对另类中的一小部分东西能接受，因自己拥有这些特点而感觉与其他人不同，他们常把这种感受称为品位或者情趣；流行是指已经成为大群体的事物，它与普及只有一步之遥。一个追求流行时尚的市场是容易被商业操纵的市场，而另类与前卫是很难被操纵的。

3. 消费者忠诚度不高

现在，全世界的商品尤其是新商品都可以在中国市场上出售，原因是中国社会是一个快速变化的社会，消费者容易接受新商品和新品牌，但这也成为许多品牌不能找到忠诚消费者的原因。在社会转型期间，快速满足人们心理需求最简单的方法就是改变外包装。在零点调查测试过的 48 种商品中，在其他因素相同的情况下，优质的包装可以增加 36%的购买力，新的包装可以增加 30%的购买力；做普通广告可以增加 30%的购买力，如果请名人为商品代言，则可以增加 45%的购买力，消费者忠诚度不高。

4．新中产的诞生

随着经济的快速发展和居民个人收入的快速提高，城市中的中产阶层人数将呈几何级数增长，成为不可忽视的社会主流消费群体。拥有一定的固定资产是中产阶层的标志之一，他们有稳定的高收入和高储蓄，是一个购买力非常强的群体。

5．未来消费趋势

一是健康化：消费升级的一大表现就是健康理念的觉醒，老百姓从"吃得好"转变为"吃得营养"。二是品质化：未来人们对于品质生活、美好生活等的需求将持续上升。三是国潮化：中国人均 GDP 突破 1 万美元，新国潮消费时代来临。四是情感化：未来情感需求将快速增长，这一点是千真万确的，宠物经济、宅经济、医美、心理医生、老人护理、护理机器人、元宇宙等行业正快速增长。

3.4　数字消费行为特征

国际知名咨询机构麦肯锡的调研结果揭示，我国消费市场的数字消费行为比较明显，具有以下特征。

第一，线上线下相融合的全渠道购物成为主流消费方式。以消费电子类商品为例，麦肯锡的研究数据显示，93%的消费者会先在线上研究，再到实体店体验；96%的消费者会在线下渠道体验或购买。这表明全渠道成为新常态，但线下渠道仍是用户体验和销售转化的重要节点。实体零售店对于全渠道体验至关重要，品牌商应充分利用其"实体展示厅"的优势。例如，对消费电子商品而言，如果消费者在线研究之后又到实体店体验，那么其购买该品牌的概率高达 80%，且其中41%的人会选择就在实体店购买。只要消费者有兴趣查找信息、对比价格并与他人讨论，品牌商和零售商就能通过提高透明度和便捷度大大受益。同时，研究发现，消费者对全渠道基本服务的需求越来越普遍，更高级的全渠道体验也开始触发消费者的强烈需求。

第二，消费者期待随时、随地、随性进行"场景触发式购物"。研究显示，我国消费者不仅看重全渠道购物的灵活性，还希望能乘兴之所至，随时、随地、随性购物。消费者在各种生活场景中经常会被激发购物冲动，但往往不能有效转化为零售，这是很多非刚需品类商品的价值损失。方便和自然地把各种生活场景"触发"为"零售场景"，成为新零售时代下的新机遇。同时，对于销售转化来说，"立即可得"变得非常重要。零售商必须在消费者改变主意前打动他们，才能增加销量。"次日达已经足够快"的理念正在被打破，各大品牌可借鉴甚至利用 O2O 送餐平台的半小时内高效送货服务，通过加快商品配送提高冲动消费的转化率。

第三，嵌入 B2C 电商，以社交媒体为中心带动消费者互动。我国消费者一直是社交媒体的爱好者，社交媒体激发了包括电商在内的许多数字化行为，社交电商方兴未艾。麦肯锡的调查结果显示，经常使用社交媒体的受访者占数字消费者的85%，社交媒体增加了这些消费者10%的购物时间。反观社交电商本身，虽然70%的受访微信用户表示愿意在自己喜爱品牌的官方微信电商渠道购物，但仅有 31%的受访者在微信上买过商品。分析发现，品牌 B2C 社交电商天然具备了社交元素（如值得信赖的推荐，方便与家人、朋友分享等），也实现了支付环节的便捷性和安全性，但一些基本能力距离主流电商平台尚有差距，63%的受访者认为，社交网络购物的商品组合、服务及物流均逊色于其他渠道。一旦品牌商发力弥补这些已成为电商平台"标准配置"的因素，社交电商将有望成为新增长点。

第四，超出标准商品和常规服务的需求不断增加。先将个人和家庭的生活需求转化为对品类、品牌和商品的要求，然后费时费力地研究型号、配置和性能等，最后进行一次性的购买——这是传统商品和零售给消费者制定的"规则"。对于非刚需品类、新兴商品、换代频繁的商品而言，这种规则导致消费者的购买转化率低下。消费者渴望获得更多定制化的商品和服务，有时则是寻求满足特定使用要求的服务，如短期租用商品或短期试用。品牌商可以通过试水创新的服务模式，同时提供个性化定制服务，让自己从众多竞争者中脱颖而出。

第五，数据驱动的深度个性化。实现个性化服务是消费者的一贯需求。然而，现实中的所谓"个性化推送"往往成为"垃圾信息轰炸"。98%的受访社交媒体用户表示在社交媒体上收到过广告，但只有 18%的人认为收到的推荐"投其所好"。对于线下购物体验，只有10%的消费者表示在店铺中获得了个性化的服务或建议。在零售新时代，品牌商与零售商都应该基于大数据积累和分析，增强对消费者的了解，提供有针对性的推荐和全渠道服务，改善购物体验，创造更大的价值。

【本章小结】

（1）新技术的产生与应用引发零售业的变革，零售业外部市场环境变化导致零售业内部做出相应调整。

（2）消费升级与技术变革是新零售爆发的根源。一方面，新兴技术使传统零售解锁商机，探索新模式；另一方面，消费者对购物体验升级、场景本地化的诉求，使电商企业开始探索线上线下融合发展的道路。

（3）技术改变商业，商业改变生活。一方面，技术的迭代和创新推动了零售基础设施的升级改造，引领消费不断升级；另一方面，随着基础设施建设逐步完善，又会进一步加速新技术的普及和规模化应用，促进零售业态的成熟和发展。

【重要概念】

AI   VR   3D 打印   新消费   新市场

【思考与练习】

（1）新技术对零售业发展的作用及影响有哪些？
（2）元宇宙与未来商业是什么？
（3）低碳经济与绿色消费行为的内涵是什么？

【拓展阅读】

智慧商业的新技术应用情况

一、元宇宙时代零售的内涵和外延都会发生变化

元宇宙时代，零售业面临着以下问题：用户行为和使用习惯发生巨大变化，消费者的购物行为可能在任何时间、任何环节、任何地点、任何情景下被触发。零售服务的提供商需要具备理解用户所处的实时情景（对 3D 环境的感知能力），并根据实时情景个性化生成内容的能力。例如，电商核心的搜索推荐算法、内容发现算法，需要与这种实时情景相结合。当前的搜索推荐算法是以消费者的用户画像、购买习惯作为输入元素的，而元宇宙时代搜索推荐算法还需要结合消费者所处的场景，以人工智能生成内容能力为核心，实现实时场景下的搜索推荐和千人千面的个性化内容生成。元宇宙时代零售的内涵和外延都会发生变化。电商与社交网络边界变得模糊，内容、流量、运营能力会变成影响商业模式和竞争格局的大变数。线下商业也基于实体门店构建虚实融合的元宇宙体验，将数字世界的效率、便捷与线下消费的体验、时效在同一场景内打通，不仅满足年轻群体追求极致效率和个性体验的消费需求，也为商业场景带来更高效的流量转化。

二、数字化已从"应用支持业务"阶段发展到"中台拉动提效"阶段

随着企业越来越大、业务越来越复杂，要求中台的能力也越来越多、越来越细分。一些中台甚至还有商品中心、会员中心、营销中心、订单中心、支付结算中心、库存中心、物流中心等。中台、系统都是手段；理念转变和组织保障才是用好这些手段实现数字化转型的基础与根本。因此，中台是"企业级能力复用平台"，也是"企业级资源整合、核心能力沉淀、数据共享的公共服务平台"。企业通过这样的一个平台，将业务统一到中台上来，实现企业业务的全流程在线、全流程操作、全流程可视。这样扁平化的中台型组织，使专业领域聚焦、各司其职，企业运营效率大大提高。因此，前端不同渠道负责各自销售，中台统一运营，后端与生产和财务对接的中台型组织架构模式越来越多地被数字化转型企业采用。

三、赋能私域运营的数字化能力

私域运营的底层基座必然是数字化能力。唯有用户的数字化以及获取数字化智能化工具的加持，零售企业才有可能从容地应对每一个用户，从洞察到链接，给予充分个性化的营销和运营触达，建立起有品牌感知的、牢固的用户关系，提高信任感和忠诚度，进而获得较高的用户满意度和销售转化率；并且在一定程度上实现企业降本增效，提高企业对抗公域风险和可持续发展的能力。根据私域运营的能力要求，一套完整的全闭环、数字化、智能化私域用户运营工具需要由 CDP、MA、SCRM 三个模块组成。

CDP（用户数据平台）模块作为解决方案的核心底座，需要有能力将企业全渠道用户整合，进行数据采集、清洗、合并，进而形成用户的唯一 ID。在此基础上，基于各类数据模型产出的分析结果，洞悉用户旅程以及所处阶段，并对用户赋予符合零售行业及细分品类的标签，形成全息画像。最终进行分组、分层，进而为后续

的用户精准营销触达提供决策基础。

MA（自动化营销平台）模块作为智能化营销部分，主要是为私域运营提供智能化营销策略画布，可根据CDP中提供的数据对不同组群和分层的用户进行个性化营销SOP（标准作业程序）设定，从而打造千人千面的用户触达体验，有效地营造品牌温度和提升用户向高价值生命旅程阶段跃迁的概率（如从"未购用户"跃迁至"已购用户"）。

SCRM（社会化客户关系管理）模块是在整合CDP和MA两个模块的功能以外，提供营销内容制作、私域拉新工具、企微及其他营销平台管理、客户管理等丰富的自动化及半自动化功能。

三者结合，构建起一整套针对私域用户的包括内容制作、私域拉新、用户洞察、用户运营、留存转化、复购分享的闭环运营体系，充分赋能零售企业进行私域用户的深度运营，进而提升私域的各项转化指标，形成完整的私域运营能力。

四、全域运营正成为企业私域运营的新趋势

企业在私域规划中，应当有"全域"意识；全域运营正成为企业私域运营的新趋势。全域运营横跨多个平台，如微信、微博、抖音、小红书、B站、海外平台等。目前，已经有很多品牌通过KOC（Key Opinion Customer，关键意见消费者）、KOL（Key Opinion Leader，关键意见领袖）在小红书以软文种草，进而引流到私域卖货。全域运营正在成为新私域红利，跨平台的私域体系正在开启更多红利。当用户不再沉淀在一个私域池中，无论是数据、系统、运营理解、合作形态，还是和用户的沟通方式、提供的服务和价格的制定，都会发生新的变化。因此，跨平台全域经营将是未来每个商家的必修课，也是新型私域红利的关键。公域靠流量和内容；私域做用户和服务。全域的关键在于整合，它不局限于线上，更在于线上和线下场景中公域流量和私域用户的交叉转化。公域扩张品牌，占领心智；私域打造自己的资产。当私域和公域结合，线上场景与线下场景叠加，进入全域经营阶段时，运营难度几乎是指数级增长的。

五、小程序的商业化生态更加丰富

随着线上消费习惯的扩大化，小程序正在深入网民生活，成为网民获取日常服务的主要途径。伴随广告能力的升级，小程序促进流量变现的规模增长，小程序正向着当初设立的目标——"触手可及，无处不在"迈进。在帮助商家节省经营成本、提升收入的同时，小程序的商业化生态更加丰富；小程序生态日趋成熟，平台扶持与行业共建将成为微信、企业品牌和第三方服务的新课题；企业品牌基于小程序和微信生态搭建有效私域，打造包括DTC（Direct to Consumer，直接触达消费者）模式在内的新模式。越来越多的先进零售企业通过"小程序+公众号+直播+企业微信+储值营销"这一结合方式逐步搭建了贴合自身发展定位的私域运营体系。

六、向消费者需求主导、多方协同的智慧供应链进化

在当今讲求效率的时代，供应链改革走入深水区，打破了以往的由供给方主导、消费者处于末端的线性结构，向消费者需求主导、多方协同的智慧供应链进化，融合大数据、人工智能、物联网技术，增强了端到端的可视化、可感知、可调节等能力。企业要想适应新的环境和挑战，就必须缩短供应链，使用弹性高、

灵活度高、能够承受风险的供应链结构。目前，我国正在大力推动供应链数字化、智能化，其中包括在线采购、云仓储等新业态、新模式和新技术的应用。一些创新企业加强供应链的规划，通过优化物流通道、完善物流配送中心来改进自己的供应链体系。

七、BI 数据分析决策对差异化经营能力的影响较为突出

BI（Business Intelligence，商业智能）实时数据看板以及各项营业维度智能分析，不仅能对自身的商品、供应链系统进行监测，还通过对消费者分析、售后追踪等数据进行汇聚，对会员数据进行精细分析，进一步构建品牌消费者画像，辅助品牌完成门店及消费者标签管理、差异化分级运营、付费流量定向投放等系列精准营销决策。通过 BI 系统与企业内部系统的数据连接，帮助企业管理层构建基于战略发展的一体化管理模型：有效地集成各种业务信息，按多种维度监控战略执行情况，全面掌控企业运营状况，及时地做出科学、周密的战略决策。

思考题：请查询一种新技术的应用场景。

第 4 章

顾客满意与用户体验管理

> "真正的竞争对手"不是同行，而是"不断变化的顾客需求"。
>
> 现在是顾客自身提不出明确需求的时代，我们只有通过"假设和验证"才能听到顾客的心声。
>
> ——日本"7-11"控股公司原 CEO 董事长铃木敏文

【主要内容】

（1）消费者行为概述
（2）顾客满意
（3）顾客体验管理
（4）顾客不满与投诉管理

案例导读

全渠道时代需要重新定义用户体验

当前，电商已经改变了中国消费者的传统购物习惯，线下线上购物的界限越发模糊。消费者需要的是便利、个性化、灵活和透明的全过程体验。特别是个性化消费成为大趋势，企业市场竞争压力激增，为消费者提供高质量的消费体验成为商家新的发力点。在数字化转型时代，零售创新最大的特点是运用大数据、人工智能等先进技术，对商品的生产、流通与销售过程进行升级改造，进而重塑业态结构和生态圈。技术和数据对于新零售时代的用户体验管理至关重要。

麦肯锡通过用户体验设计，提出了用户体验的三个"重新定义"，帮助企业满足数字零售时代消费者的需求，即重新定义渠道（Redefine Channels），重新定义生活方式（Redefine Lifestyles），重新定义商品和服务（Redefine Offerings）。

重新定义渠道，即提供愉悦的全渠道体验，塑造便利、透明、个性化的购物过程。

重新定义生活方式，即鼓励消费者更好地使用商品，积极探寻提升生活质量的方法，以此提高消费者参与度，加大他们对品类的需求。

重新定义商品和服务，即提供精准、灵活的商品和服务模式，提高消费者对品牌服务的满意度。

思考题： 何为用户体验?

4.1 消费者行为概述

只有深刻地洞察消费者，企业才能创造使他们满意的商品及服务，提供真正"走心"的消费者体验，形成新的业务模式，从而吸引更多的消费者。其中，深入理解消费者行为是第一步。

4.1.1 消费者行为

消费者行为由外显行为和内隐行为构成。消费只是外显行为中的部分内容；除此之外，消费者行为还包括许多看不见的心理、思维活动，它们属于内隐行为。

一般来说，消费者行为是指消费者为满足需要而显示的探寻、购买、使用、评价商品及服务的各种行动。它不仅包括决策、购买和使用，还包括行动之后的评价和反应。消费者的行为具有一定的形式，其活动也具有一定的轨迹。消费者行为研究就是研究人（消费者）究竟是怎样选择、购买、使用和处置商品、服务、创意或经验，以满足他们的需求和欲望的。零售企业要想掌握消费者行为的规律，进行全面地认识消费者及其消费行为，就应当清楚目标消费者的生活背景、消费动机、消费方式。

消费者要想满足自己的需要，首先要认知自身的需要，之后才会为满足这些需要去搜集相关信息，并在此基础上做出购买决策——购买什么、何时购买、购买多少、到哪里购买、用什么方式购买等。决策付诸实施后，商品便随消费者退出了流通领域，进入消费使用过程。

4.1.2 消费者的购买行为

一般来说，消费者的购买行为由引起需求、搜集信息、比较评价、购买决策、购后感受五个环节构成，如图 4-1 所示。不同的购买行为可以有不同的环节，也可以改变环节的顺序。

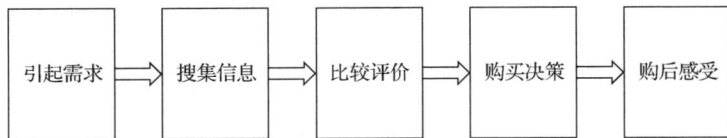

引起需求 → 搜集信息 → 比较评价 → 购买决策 → 购后感受

图 4-1　消费者的购买行为

1. 引起需求

引起需求是消费者购买行为的起点。这种需求可能源于内在刺激。例如，消费者在生理上感到饥饿和口渴时，就会产生对食物和饮料的需求。需求也可能源于外部刺激。例如，消费者看到亲戚、朋友购买了某一商品，自己也想购买；消费者看到一则商品推销广告，随即唤起了购买的欲望；等等。企业营销应注重唤起消费者的需求，这是促使消费者购买商品的前提；企业可在商品的花色、品种、式样、包装等方面刺激消费者，从而引起消费者的购买需求。

2. 搜集信息

消费者的需求被唤起以后，有的不一定能立刻得到满足。这种尚未满足的需求会造成一种心理的紧张感，促使消费者乐于接收关于目标商品的信息，甚至会促使消费者主动地搜集相关信息。

消费者的信息来源可分为：个人来源，主要来自家人、朋友、邻居、同事、网络口碑等；商业来源，主要来自广告、推销员、经销商、商品包装、展销会等；公共来源，主要来自大众传播媒介、监测机构等；经验来源，主要来自购买、使用等（见图4-2）。由于商品种类和消费者个人特征不同，各类信息来源的影响力也不同。一般来说，商业来源通常起告知的作用，个人来源和公共来源则具有评价的作用，经验来源往往能起判断商品是否有价值的作用。在互联网高度发达的今天，在线评论、网络口碑、社交网络等已经成为网络购物的主要信息来源。

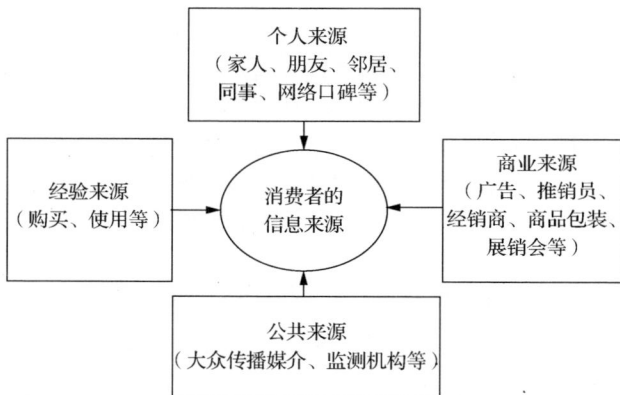

图4-2　消费者的信息来源

3. 比较评价

消费者从各种信息来源处获取资料后，将对它们进行整理、分析，对各种可能选择的商品和品牌进行比较、评价，从而确定自己偏好的商品和品牌。消费者虽然不会刻意去做这些工作，但他们会有意或者无意地进行一些思维过程。这个进行比较评价的思维过程一般分为三个阶段。一是分析商品的性能和特点，特别是与消费密切相关的各种属性。二是根据自己的需求，分析各种属性的重要性，排列顺序并依次对不同商品的特色加以区分。商品的重要属性是被问及如何评价某一商品时人们立刻想到的属性。这可能是该商品商业广告中曾经提到过的，因此消费者把这些属性放在重要的位置。三是根据自己的偏好提出品牌选择方案。营销人员应了解消费者对资料的处理过程和评价标准，以便掌握消费者的购买意向；同时，营销人员可帮助消费者比较各品牌之间的差异。

4．购买决策

消费者反复比较、评价商品后，已形成指向某品牌的购买意向。但由购买意向转化为购买决策还会受到两个因素的影响，如图 4-3 所示。

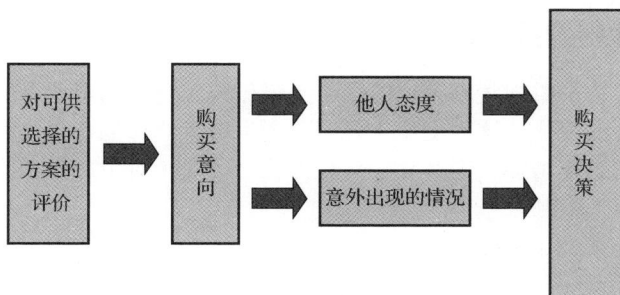

图 4-3　购买决策流程

（1）他人态度，即消费者周围的人对消费者偏好的品牌所持的意见和看法。他人态度会影响消费者的购买决策，其影响程度取决于所持态度的强度及他们与消费者之间关系的密切程度。一般来说，反对的态度越强烈，影响力越大；与消费者的关系越密切，影响力越大。

（2）意外出现的情况。消费者购买意向是在预期的家庭收入、预期的商品价格和预期的购买满足感等基础上形成的。如果出现了失业、涨价及听到该商品令人失望的信息等意外情况，则消费者很可能会改变购买意向。消费者的购买意向能否转化为购买决策，还受所购商品价格的高低、购买风险的大小和消费者自信心的强弱等因素影响。营销人员要向消费者提供详尽的有关商品的信息，以消除消费者的顾虑，促使消费者坚定购买意向。

5．购后感受

消费者购买商品以后，会根据实际使用情况和他人的评判来考虑自己的购买行为是否明智、商品的效用是否理想，从而形成购后感受。根据心理评价函数，即 $S=f(E, P)$（其中，S 是满意感，E 是商品期望，P 是该商品可察觉的成效），可以分析得到消费者的购后感受。

（1）满意的感受，即由于商品符合或超过预期，消费者对所购商品感到满意。这种感受会强化消费者对所购品牌的信任，增加其重复购买的可能性，还会促使其向他人进行宣传。

（2）不满意的感受，即在使用后，消费者认为商品低于期望值，进而对所购商品感到失望。这种感受可能导致消费者要求退货，可能使其以后不再购买这一品牌的商品。而且，他们会向外界传递有关商品的负面信息。

（3）不安的感受。这种感受介于满意的感受与不满意的感受之间。消费者在使用过程中遇到一些问题时，往往会怀疑自己的选择是否明智，如改买其他品牌的商品会不会使自己更满意，于是产生一种不安的感受。这种不安的感受，可能会导致消费者对该品牌做反宣传。反宣传对其他消费者的影响相当大。

营销人员要充分重视消费者的购后感受，因为它不仅会决定消费者是否重复购买商品，还会影响其他消费者的购买行为。对企业来说，其要加强售后服务工作，建立售后回访制度，及时了解消费者的购后感受，并改进企业的营销活动，从而提高消费者的购买满意度。

4.1.3　非计划购买行为

生产商和零售商重视卖场营销的一个主要原因，是因为消费者的购买行为在近些年发生了显著的变化。这种变化主要表现为消费者的计划购买比率不断降低，而非计划购买比率急速增加。消费者购买行为的这种变化对生产商和零售商的卖场营销战略产生了重大影响。

1. 计划购买与非计划购买

计划购买是指消费者在店内购买的商品是来店之前预定购买的商品。非计划购买（也称为冲动性购买）是指消费者在店内购买的商品是来店之前根本没有预定购买的商品。

关于美国消费者和日本消费者的非计划购买行为调查的结果如下。美国著名调查机构的分析结果显示，在平均每周购买次数为 1.2 次的情况下，美国消费者在超市内的非计划购买率平均为 66.1%。日本关西学院大学的青木幸弘教授的调查研究结果表明，在平均每周购买次数为 3.3 次的情况下，日本消费者在超市中的计划购买率仅为 11%，非计划购买率达到了 89%。日本消费者在店内经常受到商品的价格、形状、颜色、香味甚至同伴的劝诱等影响而在无意识间产生消费冲动，这种在无意识间产生消费冲动所形成的购买率达到 42.1%。消费者的这种购买行为特点为超市企业的卖场营销提供了很大的空间。

2. 我国消费者的非计划购买

据不完全统计，北京、上海、广州等经济较为发达城市的消费者在超市中的非计划购买率接近 80%。导致我国消费者非计划购买行为增加的因素有以下 4 个。

一是收入提高，购买风险意识下降。近年来，我国城市居民的收入有了很大的提高，消费者非计划购买率的增加与收入水平的提高有直接的关系。

二是商品同质化，指定购买商品减少。目前，中国食品及日用品消费市场逐渐趋于饱和状态，这使生产厂家之间的竞争日趋激烈。由于不同品牌间商品的差距日益缩小，逐渐趋于同质化，消费者对品牌的忠诚度迅速降低，指定购买的商品不断减少。

三是媒体广告对消费者的影响力减弱。由于消费品质量趋同化，生产厂家通过媒体广告宣传商品的差别变得愈发困难。另外，商品的不断推陈出新，使分配到每一种新商品的广告费用大幅降低，造成媒体广告对消费者的影响力减弱。

四是商家利用消费者购买行为的变化，通过销售方式的创新来诱导购买。超市、便利店等在自由挑选商品的环境下，利用布局、通路设计、陈列设计、灯光色彩设计、广告设计等营销手段，最大限度地诱发消费者的冲动购买欲望。

4.2　顾客满意

4.2.1　顾客满意的内涵

顾客满意（Customer Satisfaction，CS）是一种心理活动；是顾客对商品或服务的事前期待与实际使用商品、获得相关服务后的实感的相对关系；是顾客对企业提供的商品和服务的直接性综合评价，代表着顾客对企业、商品、服务和员工的认可。

顾客是根据其价值判断来评价商品和服务的。真正意义上的"顾客满意"是指顾客的期望、需求与企业所提供的商品或服务性能的吻合程度。顾客满意是将"顾客至上"的思想具体化，是一种先进的管理测评方法。它首先分析影响顾客满意的各种因素，然后从获得的信息中提取和建立顾客满意指标体系，最后对管理过程和经营方法进行测评，并有针对性地提出解决方案。将该方法应用在具体的经营和管理中，可以提高企业市场竞争能力和经营管理水平。

高度的顾客满意最终会带来顾客忠诚。调查表明：在转向竞争者的顾客中，15%的顾客是因为"其他公司有更好的商品"，15%的顾客是因为发现"还有其他比较便宜的商品"，20%的顾客是因为"不被企业重视"，45%的顾客是因为"企业服务质量差"。在数字化转型的今天，企业应努力寻找顾客并理解和把握他们的需求，用超出预期的商品和服务满足他们的期待，不断地为他们制造惊喜，致力于提升顾客体验。

4.2.2　顾客满意的构成要素

1. 商品本身因素

商品本身因素包括商品硬体价值和商品软体价值。商品硬体价值要求企业必须对所经营商品的品质、机能、性能严格把关，必须有精品意识。只要商品有瑕疵，就不能拿出来销售。同时，企业还要在效率、价格方面进行严格控制。商品软体价值是指商品在设计、使用方面是否人性化，在色彩、名称等方面能否体现新颖性、时尚性、便捷性、易获取性等，是否能满足不同顾客的需求。

2. 服务因素

服务因素包括销售环境、销售人员的行为、售后服务等。好的销售环境能使顾客处于轻松的购物状态，是销售环节中重要的一环。销售人员的行为在销售活动中对顾客满意度的影响很大。在顾客购物的过程中，销售人员的态度及其与顾客沟通的方式、销售努力的着眼点、对顾客的承诺及如何保证承诺的实现都会对顾客的购买行为产生影响。

售后服务包含以下内容：①支持服务。支持服务包括提供商品质量保证书、零件供应与服务、使用者帮助和培训。提供支持服务是店铺的优势之一，店铺提供支持服务的范围和由此形成的店铺政策及态度对顾客满意度无疑具有重大影响。②反馈与赔偿。反馈与赔偿的内容包括对投诉的处理、对争议的解决及退款政策等。这些工作有助于企业树立令顾客满意的形象。

随着顾客满意观念的深入发展，为顾客提供售后服务的工作从原来的维修及处理投诉扩展至开通免费热线、信息与决策服务、回访、售后修理及维护服务、维修零件供应、广泛的质量保证、操作培训等方面。

3. 企业形象因素

企业形象代表着企业的信仰与准则，体现了企业的文化。例如，信奉"顾客满意"的企业，在其经营管理的各环节都持有顾客至上的思想。

4.2.3 影响顾客满意的因素

1. 必须具备因素

此类因素指的是顾客期望存在并认为应该存在的那些因素。这类因素的存在对顾客满意度的提高没有多大影响，但缺少这些因素会引起顾客的不满甚至恼怒。例如，顾客到餐厅吃饭，顾客预期餐厅应该提供干净、卫生的饭菜，因此当预期落空时，顾客就会产生不满。而即使具备了这类因素，甚至企业做得很好，顾客也只会产生一般的感觉。

2. 越多越好因素

顾客对于这类因素有一个较大的感知范围：如果与这类因素有关的需求没有得到满足，顾客就会感到失望；如果得到合理满足，顾客不会有什么感觉；而这方面因素的增加和改进会使顾客满意度相应提高。例如，对于送货上门服务，企业通常会在顾客购物后的一段时间内送达。如果送货人员按时送达，顾客不会有什么反应；如果送货人员在很短的时间内送达，顾客就会很满意。

3. 期望之外因素

这类因素可使顾客获得事先没有预料到的收获或体验。因为是期待之外的因素，所以会产生积极的影响，使顾客非常满意甚至感到惊喜，有利于培养顾客的忠诚感。例如，电信公司给予老客户充值优惠等。

显然，企业具备了"必须具备因素"，仅仅避免了顾客的不满，要想真正获得顾客的满意，还要在其他两类因素上下功夫。在拥有"必须具备因素"的同时，企业应想方设法用"越多越好因素"和"期望之外因素"满足顾客的期望。

同时，企业必须注意，顾客的需求是不断变化的，因此企业要经常接近顾客，了解顾客的需要，满足顾客的期望。著名管理大师戴明博士指出："满足顾客期望有许多学问，企业应尽力想办法去满足顾客的期望。但是事实上，顾客期望往往是由企业或其他竞争者引导产生的，因为顾客有着极强的学习模仿力。"企业作为商品和服务的提供者，应该把顾客期望和其实际感知之间的差距看作自身发展的动力，以寻求更有效的方法来激发顾客的兴趣，使顾客满意。

4.2.4 顾客满意的意义

1. 外部顾客满意有助于保持顾客忠诚，增加重复购买的数量

顾客是与企业的发展前途有直接联系的外部公众，市场就是顾客的集合。顾客

可以通过广告媒体、企业宣传及他人介绍等各种渠道获取信息，对企业商品或服务产生一种抽象的心理预期。通过将预期的商品或服务与企业实际提供的商品或服务进行比较，顾客可确定自己对商品或服务的满意度。这就要求企业从顾客的角度出发，满足顾客的需要，努力创造企业的品牌，使顾客的预期心理得到满足。只有这样，才能形成顾客忠诚。顾客忠诚集中表现在顾客重复购买的程度上。顾客忠诚不仅可以稳定企业现有的顾客，还可以为企业吸引潜在的顾客，从而使企业商品或服务的消费群体得以保持并发展壮大。

2. 外部顾客满意可减少价格波动和不可预知风险，节约销售成本

在当今的"感性消费"时代，维持原有的消费群体比发展新的消费群体容易得多。据统计，开发一个新的消费群体耗费的费用是保持现有消费群体费用的 6 倍。外部顾客满意营销战略维持了原有顾客，创造了口碑效应，大大节约了销售成本。同时，顾客对自身喜爱、依赖商品的价格变动敏感度低、承受力强，对质量事故等不可预知风险多采取宽容态度，更注重商品的内在价值。

案例 4-1

W 超市的顾客至上原则

W 超市从始至终都以满足顾客需求为己任：一方面提供足够多的品种、一流的商品质量、低廉的价格，这是硬件；另一方面提供完善的服务、方便的购物时间、免费停车场以及舒适的购物环境，这是软件。软件与硬件密不可分，相辅相成。在"顾客第一"的指引下，W 超市逐步壮大，发展为世界一流的零售王国。

W 超市始终坚持服务与价格、品种的统一。其要求每位采购人员在采购货品时态度坚决，为顾客争取最低的价格。因此，W 超市的价格始终是最低的。多年来，W 超市的低价政策为当地小镇上的居民节约了数十亿美元的支出。

在为顾客服务方面，W 超市创始人努力地为顾客着想。他可以以任何方式，甚至是全美绝无仅有的方式，为公司服务，为股东服务，为员工服务，为社区服务，为顾客服务。他一再告诫自己的员工，要为顾客工作，要以友善、热情的态度对待顾客，就像在家中招待客人一样，让顾客感受到员工一直在为满足他们的需要而努力。有一次，一位顾客到 W 超市寻找一种特殊的油漆，而 W 超市没有这种商品。W 超市没有一推了事，而是由油漆部门的经理亲自带这位顾客到对面的油漆店里购买，这使顾客和油漆店的老板感激不尽。当你走进任何一家 W 超市时，店员都会立即出现在你面前，笑脸相迎。店里还张贴着醒目的标语："我们争取做到，每件商品都让您满意！"另外，对于售后服务，W 超市也做得很出色。若顾客在 W 超市购买的商品令顾客不满，顾客可以在一个月内退还给超市，并拿回全部货款。这在其他商店中几乎是不可能的。

对于让顾客满意，分店经理更要有深刻认识，并且贯穿在自己的日常工作中。每位经理都要设身处地为顾客着想，以顾客的观点看待商品陈列、商品采购、商品种类、各项服务等。因此，W 超市总会让顾客感到满意。

另外，W 超市还专门提供了多项特殊服务，例如：在 W 超市购物的顾客可以不必为无处停车而担心；W 超市配有专业人士，顾客可以免费咨询计算机、照相机、录像机及相关商品的情况，以减少盲目购买带来的风险，这也是减少退货的好方法；W 超市有许多风味美食，让顾客在购物的同时有一个良好的休息环境；凡在 W 超市内一次性消费达 2 000 元以上者，都可以享受送货服务；W 超市代理电信业务；W 超市在店内设有商务中心，可为顾客提供彩色文件制作复印、工程图纸放大或缩小等多项服务。

在硬件方面，为保持商品的低价，W 超市的分店经理也绞尽脑汁想办法。例如，在广告问题上，以较低的广告量来压缩成本，保持商品低价。每当开设新的分店时，W 超市都会大做广告，但热潮过后，就立即大幅度削减广告量，或者把广告的重心转到形象宣传上。

W 超市的创始人还曾提出一个服务原则——"十英尺距离"。他多次到店里巡视，经常鼓励店员："我希望你向我保证，无论什么时候，当顾客与你的距离在十英尺之内时，你应注视着他的眼睛，问他是否需要你的帮助。"W 超市创始人的这番话让每个店员牢记于心，并尽力做到。

另一个有特色的理念为"今日事今日毕"，这是 W 超市店员必须严格遵守的。W 超市各连锁店的生意都非常红火，店员非常忙碌，每个店员都有自己的职责，而且每天必须完成。同时，不管是乡下的连锁店还是市区的连锁店，只要顾客提出要求，店员就必须在当天满足。

4.3 顾客体验管理

4.3.1 影响顾客体验提升的因素

1. 基本因素

提升顾客体验的基本因素有以下三个。

（1）商品，包括商品的性能、品质、耐用性、时尚性、价格等很多方面。要达到顾客满意的目标，商品必须符合顾客的需要，迎合顾客的品位。

（2）服务。随着市场竞争的日趋激烈，商品的差异化已很难长久保持。要形成店铺的核心竞争力，就要靠服务。因为服务特别容易差别化，并且在短期内不容易让竞争对手模仿。把优质的服务作为核心竞争力，处理好顾客关系，提高顾客满意度和忠诚度，是企业拥有长久竞争优势的重要手段。

（3）企业的形象。企业的形象，即顾客对企业（或者旗下店铺）的评价及企业在相关行业主体中的口碑。如果顾客对店铺或者企业的形象没有良好的感觉，就谈不上顾客满意和好的体验。

2. 关键因素

提升顾客体验的关键因素有以下六个。

（1）员工必须有良好的服务态度、灵活变通的服务方法以及积极主动的服务精神，必须遵守服务准则。从事销售工作的人不要总被动地承担企业分配的工作，而要积极主动地发挥自身的作用。与顾客直接对话的销售队伍的高素质在某种程度上可以弥补物质条件的不足，增强店铺竞争力。员工应尽量使用基本礼貌用语，同时，在与顾客交流时要吐字清晰，说话速度适中，便于顾客理解。另外，企业要对其成员明确提出具体的服务标准和守则，以统一销售人员的服务观念和服务行为。

（2）平等对待所有顾客。企业必须平等对待所有的顾客，不应该使顾客感到自己受到了歧视。对每一位顾客都应该亲切招呼，耐心招待，让每一位顾客都感到自己备受照顾。

（3）重视分别接待。企业虽然对待顾客要平等，但在平等的基础上要有针对性地提供服务，尽可能地满足不同层次顾客的实际需求和心理需要。例如，对于老顾客，可以给予优惠或举办换购活动，加强与他们的联系，了解他们消费需求的变化。

（4）了解顾客的需要，并满足顾客需要。企业要想提供优质的服务或商品，就必须了解顾客的需要，而了解顾客需要的最好的方法就是和顾客交流，仔细地倾听顾客的诉求。企业要能听出顾客的真正意思，这样才能设法满足顾客的需要，达到顾客的期望。

（5）超越顾客的期望。在 21 世纪，企业追求的不只是顾客满意度，还必须超越顾客的需求和期望。例如，商品的性能刚刚达到满足顾客需要的程度是不够的，要达到令顾客高度满意的程度。企业要增加竞争力，就必须提供超越顾客期望的商品和服务。

（6）服务质量。服务质量包括很多方面的内容，如服务态度，店铺的交通便利程度或方便程度、舒适程度等。

案例 4-2

顾客体验成就购物愉悦感

购物似乎是最能体现当代白领特点的方式之一：寻求独特，但又希望成为某个小圈子的一员；对物质财富没那么焦虑了，但穿什么或怎么穿对于个人形象而言变得更加重要；希望时不时地切断与外界过于频繁的联系，但又对在网上分享自己的生活点滴欲罢不能。

这些矛盾在 The Outnet 最新发布的一份报告中均有提及。The Outnet 是 Yoox Net-a-Porter 旗下的一家奢侈品及设计师品牌线上折扣电商平台。它和舆情监测平台 Pulsar 共同研究了消费者在社交平台上发布的与"愉悦感""兴奋感"相关的 3 300 万份帖子，想了解消费者行为背后的心理动机。

除了矛盾的消费心理，其在这份报告中还有几个有趣的发现：人们发布的自拍更多了，不过，这些自拍并不是单纯为了展示拍摄者的颜值或个人魅力，而是更加强调个人成长及个人发展。如果说社交平台在过去是人们创造"美好自我幻想"的地方，那么现在人们开始把它当作督促自己实现个人目标的平台（如打卡减肥、展示长跑成果等）。

实际上，在所有关于"愉悦感"及"兴奋感"的讨论中，有49%的帖子以"个人成长"为主题。这些话题也不再只以健康饮食和锻炼为主，开始涉及更广泛的生活方式，包括精神生活及休闲体验等。

对于品牌方而言，这意味着除了售卖商品，其还要思考如何通过服务优化消费体验，以及思考什么样的创意和情感要素能够满足人们对生活方式的追求。

一、归属感与愉悦感的联系更紧密

虽然社交平台上的每个人似乎都在强调自己的个性，但全球有31%的帖子谈的都是"归属感"。基本上，给自己贴"二次元""吃货"等标签的行为都可以算是在寻求归属感。

这意味着，虽然"个性化"在各个消费区间都被反复提及（如处于不同价格区间和受众范围的LV或匡威、Tiffany或Pandora都会提供定制服务），但"个性化"并不代表绝对地与众不同，而是建立一个社群将这种个性包含于其中。

二、消费从炫耀性转向体验性

当人们谈及"愉悦感"和"兴奋感"时，有16%的帖子涉及新体验和新发现。顾客比史上任何时刻都更频繁地出游，而且希望在社交媒体上记录、分享这一刻。比起买一个新包、一些新首饰等有形消费，人们更愿意把钱花在游览世界上。

美国一家企业福利服务公司Blueboard的首席执行官表示："新一代顾客不太把钱花在汽车、电视和手表上。他们更喜欢租用摩托车，去越南旅游，参加音乐节，或者去爬山郊游。"

人们对体验的追求是互联网平台公司兴起的重要原因。这大概也解释了为什么从饮食、家居到服装，无论贩卖的商品内容是否改变，当下所有品牌都更爱称自己为"生活方式"品牌。

4.3.2　顾客体验管理的方法

在当今快速发展的时代，企业之间的竞争越来越激烈，而顾客体验管理可以为企业赢得竞争力。企业做好用户体验管理，可以提升顾客满意度，进而获得顾客忠诚度，也可以成为保留顾客的关键因素。顾客体验越好，顾客回访效率就越高，顾客复购率也会更高，如此，企业才能在激烈的竞争中占有一席之地；同时，做好顾客体验管理，也可以为企业挖掘不同顾客的潜力，并满足不同顾客的需求。

1．培养顾客忠诚感

顾客忠诚感之所以受到企业的高度重视，是因为忠诚的顾客会重复购买同一企业的商品或服务。顾客忠诚感在现代企业经营中起着至关重要的作用，因此，企业已将注意力从提高顾客满意度转向培养顾客的忠诚感上。要做到这一点，需要花费更多的力气。培养顾客忠诚感的关键是增加顾客的整体利益，即创造顾客认为能给他们带来更多利益的各种相关因素。调查和经验表明，构成顾客整体利益的可控因素主要有：商品的价格、品质、创新，服务的品质以及与竞争有关的企业形象。

　　图 4-4 说明了顾客整体利益与企业经营的关系。企业要想获得利益驱动下的顾客忠诚感，就必须了解其中的每个部分，并从顾客的角度来衡量商品的价值。影响顾客忠诚感的不可控制因素有很多，所以企业要用一套综合管理方法来培养顾客的忠诚感——既要提供能够促进顾客忠诚感的准确需求信息，又应提供超过竞争对手的价值信息，把顾客需求信息融入企业经营系统和企业文化。具体来说，企业应主要从以下几个方面来培养顾客忠诚感。

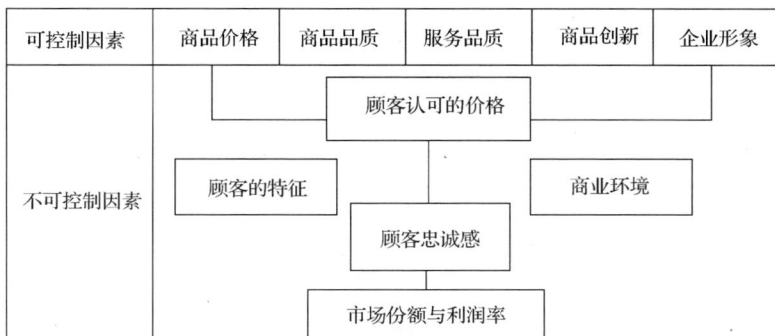

图 4-4　顾客整体利益与企业经营的关系

　　第一，识别企业的核心顾客。识别核心顾客是企业的一项重要战略工作。识别核心顾客时，管理人员必须回答以下三个问题。

　　（1）哪些顾客对本企业最忠诚，最能使本企业盈利？管理人员应识别出消费数额高、付款及时、不需要多少额外服务、愿意与本企业保持长期关系的顾客。

　　（2）哪些顾客最重视本企业的商品和服务？哪些顾客认为本企业最能满足他们的需要？

　　（3）哪些顾客更值得本企业重视？

　　在回答上述三个问题的过程中，管理人员还应仔细研究各类数据，如本企业在各个细分市场上的盈利数额，各类顾客终身购买本企业商品和服务可使本企业获得的利润数额的现值，各类顾客在本企业的消费份额，各类顾客会在多长时间内购买本企业的商品和服务，等等。

　　不少企业管理人员认为，每一位顾客都是重要的顾客。有些企业管理人员甚至会花费大量时间、精力和经费，采取一系列补救性措施，留住使本企业无法获得盈利的顾客。事实上，管理人员应该将主要精力放在为忠诚感极强的核心顾客提供更多的利益上。

　　第二，提出、阐述和广泛宣传企业的经营目标。如果企业不能详细地阐述企业经营目标，培养顾客忠诚感的努力就会化为泡影。在此过程中，企业应清楚地了解提高顾客整体利益的目的何在：是为了保留顾客、引导消费，还是招揽顾客？此外，企业还应清楚地了解自身需要什么样的信息来帮助开展计划。

　　第三，通过顾客确定商品的品质、价格，企业形象和价值标准。发现顾客真正需求的过程就是对商品品质进行评估和对顾客基本需求进行判断的过程，其努力应放在解决这两个方面的问题上。一个企业如果满足了顾客的基本需求和真正需求，就会成为顾客采购商品时的首选对象。

案例 4-3

希音用户体验提升的三部曲

与传统的电商很难找到顾客的做法不一样，算法驱动的电商企业十分重视顾客体验的提升，与顾客之间加强联动。快时尚跨境电商企业希音是中国的跨境电商巨头，希音的顾客体验管理十分独到。

第一步，让顾客随时随地都可以用简便的方式找到客服；

第二步，实现客服的专业化和精细化；

第三步，客服方挖掘顾客痛点，实行改进提升。

体验经济时代，只有做到超越顾客期望，才能产生竞争优势。好的产品和强有力的营销可以让企业活下来，但让企业持久发展的一定是优质的服务体验。

2. 顾客体验优化策略

一是提供差异化体验。一般的顾客体验并不会给顾客带来深刻印象，而与众不同、独一无二的顾客体验却可以增强顾客对品牌的偏好。因此，企业可以通过给顾客提供差异化体验来增强顾客对品牌的印象。顾客对产品的差异化体验，是指企业在提供给顾客的产品上，通过各种方法使企业的产品可以给顾客留下深刻印象，使顾客可以有效地将其与同类产品区分开来，这样有利于企业在市场竞争中占据有利地位。

二是口碑营销。足够优秀的产品，带给顾客满意的购物体验，相信很多顾客也不会吝啬对产品的夸奖。现有顾客的口口相传，可以为企业带来新的销售机会，进而提高企业经济效益，可以达到口碑营销的效果。顾客之间就某些产品或服务自动进行交流和评论，将有关信息传递给其他顾客，从而影响其他顾客的购买决策。

三是加强与顾客的沟通。企业要想提高顾客体验的满意度，就必须加强与顾客的沟通，通过有价值的顾客沟通来提高顾客忠诚度。在与顾客沟通的过程中，企业工作人员要注意收集顾客信息并及时记录，以便于分析顾客需求，同时也要给顾客有价值且有意义的信息，使顾客对相关产品及服务有深刻的印象。

4.4 顾客不满与投诉管理

虽然企业千方百计地希望顾客满意，但在服务顾客的过程中，总会发生顾客因对员工的服务质量、商品质量及售后服务处理等方面不满意而投诉企业的现象。这必须引起企业管理层的重视。在出现顾客不满意时，为了避免造成顾客流失，企业应采取各种方法，尽快了解顾客对所提供服务的评定结果。在服务现场了解顾客评定结果后，对于容易判断、能够做出决定的问题，管理者应立即采取合理的补救措施，尽量消除顾客内心的顾虑和不满。

4.4.1　产生顾客不满或投诉的原因

1. 企业自身的原因

（1）商品质量无法满足顾客。良好的商品质量是提高顾客满意度的基本条件，对于服务这种无形商品而言也是这样。对服务质量的评估不但贯穿顾客从进入到走出服务系统的全过程，还会延伸到顾客对商品的使用中。例如，一个顾客在超市选购商品，一方面，能不能在超市中以合适的价格顺利地买到质量合格的商品是决定顾客是否满意的主要标准；另一方面，即使商品的质量没有问题，但如果在使用过程中，顾客发现使用该商品的效果并不像自己想象的那样好，也会对超市的服务产生不满，进而抱怨。

（2）服务无法达到顾客的要求。服务系统中的顾客是否满意，往往取决于某一个接触的瞬间。服务人员对顾客的询问不理会或回答语气不耐烦、敷衍，出言不逊，结算错误，让顾客等待时间过长，公共环境卫生状态不佳，安全管理不当，店内音响声音过大，等等，都是造成顾客不满、抱怨的原因。

（3）对顾客期望值管理失误。服务企业对顾客期望值管理失误会导致顾客对商品或服务产生过高的期望。在一般情况下，顾客的期望值越大，购买商品的欲望相对就越大。但是当顾客的期望值过大时，顾客的满意度便会降低；顾客的期望值越小，顾客的满意度相对就越高。因此，企业应该对顾客的期望值加以管理。期望值管理失误，容易导致顾客抱怨。

2. 顾客的原因

（1）弥补损失。顾客往往出于两种动机提出投诉。一种是为了获得财务赔偿：退款或者免费获得该商品及服务；另一种是挽回自尊：当顾客遭遇不满意商品、服务时，不仅要承受金钱损失，还经常遭遇不公平对待，对自尊心、自信心造成伤害。

（2）性格的差异。不同类型的顾客对待"不满意"的态度不尽相同：理智型的顾客遇到不满意的事，不吵不闹，但会据理力争，寸步不让；急躁型的顾客遇到不满意的事必投诉且大吵大闹，不怕把事情搞大；忧郁型的顾客遇到不顺心的事可能无声离去，绝不投诉，但永远不会再来。

3. 环境因素

环境因素是指顾客与企业所不能控制的，在短期内难以改变的因素，包括经济、政治、法律、科学技术等。例如，在不同的文化背景下，人们的思维方式、做事风格有别，因此顾客投诉行为也存在差异。除了文化背景和行业特征，一个国家或地区的生活水平和市场体系的有效性、政府管制、消费者援助等都会影响顾客的投诉行为。

4.4.2　顾客投诉的处理原则

（1）以诚相待，动之以情。以诚相待是企业服务顾客的基本态度，员工要认真聆听顾客的心声。在大部分情况下，抱怨的顾客需要忠实的听众，过多的解释只会使顾客的情绪更差。同时，员工应保持微笑，真诚的微笑能化解顾客的坏情绪。粗暴、怠慢只会激化矛盾，扩大事态。但以诚相待，并非对顾客的任何要求都要满足，一味取悦顾客，只会招致欺骗之嫌。应该相信如果对顾客动之以情，晓之以理，就会得到大多数顾客的理解与配合。

（2）客观分析，但不可轻下结论。应以平常心对待顾客的过激行为，不要把个人的情绪变化带到处理过程中。顾客的投诉是多种多样的，企业一定要体谅顾客，应站在顾客的立场上思考问题，同时也要区别对待，把握产生投诉的根本原因，并用委婉的表达方式阐明自己的想法，使顾客觉得你同他是站在同一立场上分析、解决问题的，这可以为处理投诉起到良好的铺垫作用。

（3）适度灵活，分清主次。在处理顾客投诉时，既要坚持原则又要灵活机动、弹性处理，将两者统一起来。正确的做法是耐心倾听顾客投诉，抓住问题的要害，然后采取有效的措施加以解决。不要在还没搞清顾客需求之时，就侃侃而谈，将处理结果强加在他们身上，令其无所适从。在日常接到顾客投诉时，现场管理人员首先要学会倾听，这是成功沟通的前提。一些货品的退换和小礼品的赠送，可能会造成一定的经济损失，但这种损失是在预算控制内的。为长期赢得顾客，这种损失是可以接受的。但管理人员也应该明白，过度灵活可能会失去原则。

4.4.3　解决顾客投诉的方法

解决顾客投诉的方法如下：①耐心听取整个投诉内容。②虚心接受顾客的投诉，保持冷静。③站在顾客的立场上分析情况，找出投诉原因，向顾客道歉。④立即采取措施，切勿拖延。⑤若遇严重投诉，应报告上司，及时处理。⑥处理投诉时必须积极稳妥。⑦在处理和解决顾客投诉时，要态度诚恳，语言婉转，多询问、少解释，绝不能争论或辩护。⑧对于大小投诉，处理后及时知会上司。⑨投诉解决后，积极深刻检讨，总结经验，做好记录，告知所有员工应怎样处理此类事件，做到人人心中有数。

4.4.4　顾客投诉的管理

1. 为顾客投诉提供便利条件

（1）制定明确的商品和服务标准及补偿措施。企业制定商品和服务标准，可以使顾客明确自己购买的商品、接受的服务是否符合标准，是否可以投诉以及投诉后所应得到的补偿。企业在执行上述标准的过程中，还能在顾客投诉之前对商品和服务的缺陷采取相应的补偿措施。

（2）告知顾客怎样投诉。企业应在有关宣传资料上详细说明顾客投诉的方法，包括投诉的步骤、向谁投诉、如何提出意见和要求等，以鼓励和引导顾客投诉。

（3）方便顾客投诉。企业应尽可能降低顾客投诉的成本，减少其花在投诉上的时间、精力、金钱与心理成本，使顾客的投诉变得容易、方便和简捷。企业还要了解顾客更乐意用什么方式投诉——是邮寄、电话、电子邮件、传真还是面对面投诉，然后向顾客提供其乐于接受的投诉渠道，告知顾客投诉的程序，方便顾客投诉。

2. 全力解决顾客投诉的问题

（1）制定员工的雇用标准并制订员工培训计划。这些标准和培训计划充分考虑了雇员在碰到企业服务或商品使顾客不满意的情况时应该做的善后工作。

（2）制订善后工作的指导方针，目标是做到公平并使顾客满意。

（3）去除那些使顾客投诉不方便的障碍，降低顾客投诉的成本，建立有效的反应机制，包括授权给一线员工，使他们有权对购买了企业有瑕疵的商品和服务的顾客做出补偿。

（4）维系顾客和商品数据库，包括完备的顾客投诉详细记录系统。这样企业可以及时传送给解决此问题所涉及的每一个员工，分析顾客投诉的类型和缘由，并且相应地调整企业的政策。

3. 掌握一些技巧

（1）安抚和道歉。不管顾客的心情如何不好，不管顾客在投诉时的态度如何，也不管是谁的过错，服务人员要做的第一件事应该是平复顾客的情绪，缓解他们的不快，并向顾客表示歉意。服务人员还得告诉他们，企业将尽其所能地处理顾客的投诉，使其满意。

（2）快速反应。服务人员应用自己的话把顾客的抱怨复述一遍，确信自己已经理解了顾客的不满之处，而且对此已与顾客达成一致。如果可能，请服务人员告诉顾客他们愿想尽一切办法来解决顾客提出的问题。

（3）移情。当与顾客的交流达到一定程度时，服务人员会自然而然地理解顾客提出的问题，顾客也会更倾向于接受服务人员的处理方式。服务人员应当强调，顾客的问题引起了服务人员的注意，给了服务人员改正这一问题的机会，对此服务人员感到很高兴。

（4）补偿。对顾客进行的必要且合适的补偿包括心理补偿和物质补偿。心理补偿是指服务人员承认企业确实存在着问题，也确实对顾客造成了伤害，并道歉。物质补偿是指一种"让企业现在就做些实际的事情解决这个问题"的承诺，如经济赔偿、调换商品或对商品进行修理等，尽己所能地满足顾客的需求。在消除了顾客的抱怨后，服务人员还可以送给顾客一些其他的福利，如优惠券、免费礼物，或同意顾客以低廉的价格购买其他商品。

（5）跟踪。在顾客离开前，服务人员应观察顾客是否已经满意，然后在解决了投诉的一周内，打电话或写一封信给顾客，了解顾客是否依然满意。服务人员一定要与顾客保持联系，将投诉转化为销售业绩。顾客投诉得到满意解决之时，就是销售的最佳时机。

案例 4-4

奢侈品店如何应对不愉快的购物经历

纽约奢侈品协会公布的一份年度调查报告显示，超过 50% 的消费者在奢侈品店有过不愉快的购物经历，他们的抱怨内容主要是店员态度傲慢无礼、维修等候时间过长、服务不够灵活细致等。正如英国奢侈品贸易集团主席所言："奢侈品行业的急速扩张直接导致了服务的粗糙。现在是时候花更多的精力来改善顾客的购物体验，而不是一味地请名人拍广告，把店铺装修得富丽堂皇了——消费者已不再对奢侈品顶礼膜拜，他们希望享受到物有所值的服务。"

在奢侈品商店里，普通顾客大都遭遇过防贼似的目光和傲慢的态度，而奢侈品公司人员表示，他们也很害怕顾客会被气跑。全世界最大的奢侈品集团 LVMH的举措是雇用更多的店员并加强对他们的培训，伦敦奢侈品贸易集团 Walpole 也把提高日益下降的服务质量作为口号。

LVMH 集团从 2001 年开始涉足珠宝和手表业，当时消费者修一只手表需要等候一个月到两个月的时间，连该集团珠宝首饰分部负责人都认为这十分无礼。"现在 LVMH 的钟表修理员工人数已经增加了一倍，90%的消费者在两周内就能取回手表。"和 LVMH 一样，其他奢侈品公司也以各种手段来提高服务品质。拥有卡地亚和万宝龙两大珠宝品牌的历峰集团为员工新增了特别的客服培训课程。法国高级箱包品牌 La Maison Goyard 则推出个性化定制服务，如在商品上刻上消费者的名字等。纽约奢侈品协会的执行总裁认为，阅历丰富的店员、慷慨的退货政策同样是必不可少的。

著名脱口秀主持人奥普拉曾公开抱怨巴黎的爱马仕在临近打烊时拒绝她进店，事后爱马仕美国分公司的总裁很快就在奥普拉的节目中当面向她郑重道歉。

【本章小结】

（1）在复杂的购买行为中，消费者经历了引起需求、搜集信息、比较评价、购买决策和购后感觉等阶段。

（2）消费者的购买行为近年来发生了显著变化，主要表现为消费者的计划购买率不断下降，而非计划购买率急速提高。消费者购买行为的这种变化对生产商和零售商的卖场营销战略产生了重大影响。

（3）顾客满意的本质就是事后获得大于事先期望。高水平的顾客满意度最终会带来顾客忠诚感。顾客满意的三个构成因素分别是商品本身因素、服务因素及企业形象因素；影响顾客满意的因素可分为必须具备因素、越多越好因素及期望之外因素。

（4）顾客忠诚感在现代零售企业经营中起着至关重要的作用。企业在努力达到顾客满意的同时，还应重视引发顾客不满的现象，以避免顾客流失。

【重要概念】

消费行为　　购买决策　　非计划购买　　顾客满意　　顾客忠诚感

【思考与练习】

（1）简述顾客满意的本质及其影响因素。

（2）在线评论对消费者购物决策有什么影响？

（3）零售商为什么要培养顾客忠诚感？

（4）零售商应如何着力提升用户体验？

【拓展阅读】

在线评论对网络购物的影响

一、在线评论是网络购物的主要信息来源

在互联网购物模式下，由于缺乏对于实物的直观参考，某商品的消费人群对该商品所做出的消费体验的评价，就成为消费者是否购买该商品的重要参考依据。因此，网络商品在线评论对于消费者的购买意愿的影响巨大。一些网络购物平台如天猫、京东等的某些商品的评论较多买家、潜在买家都能发表自己的意见，互相帮助。

随着互联网的快速发展，网购市场的规模逐渐扩大，与此同时也出现了一些问题，如有些商家销售假冒伪劣、质价不符的商品，这种现象的存在使消费者会在网络上尽可能多地搜寻关于该商品的信息，而在线评论则是消费者在网上购物时主要考虑的信息来源。

消费者在购买商品之前其实对该商品并没有任何的实质性的了解，他们的购买是有一定风险的。消费者在购买商品时不能亲眼看见商品，也可能会造成收到商品后与自己的预期存在很大差距，因此消费者会出现感知风险。当消费者有了感知风险后，消费者会想很多办法去降低这样的风险，降低这些风险就能够避免一些不确定性。消费者通过判别在线评论的有用性来进一步查看对自己有用的评论，了解自己需要的产品，并且在最后选出适合自己并且质量很好的商品，做出适合自己购买的方案。

二、影响购买意愿的三大指标要素及应对方法

在线评论的质量、数量和效价是影响消费者购买意愿的重要指标因素。

企业要想提升企业的核心竞争力，就要注重从这三个指标入手提升在线评论的质量、数量和效价。评论数量的高低可以影响商品的人气从而带动商品的浏览量，而评论的质量则会直接影响消费者的购买意愿。企业可以通过会员积分打折促销等相关的活动提高商品的人气，增加浏览量。同时也可以通过话题的设置为商品创造爆点，在社群经济的基础上引导消费者进行产品体验感受分享，以提高品牌的知名度。

评论的效价会在很大程度上影响消费者的购买意愿，因此，对于商品的负面评论企业应当予以重视，针对商品的负面评论应当构建完善的信息分析系统。针对负面信息所涉及的信息点进行切实解决，在不断提高产品质量和服务质量的基础上，针对恶意负面评论应当予以合理管控，减少对于品牌的负面影响。

思考题：请分析一家你熟悉的购物网站的在线评论对消费者购物的影响。

第 5 章

商品管理和采购技巧

商品的灵魂是对顾客的用心。时时以顾客为念，这样才能提供真正的好商品。

——华人管理大师石滋宜

【主要内容】

（1）商品的结构、属性与分类
（2）商品的结构规划与库存管理
（3）品类管理
（4）商品采购的概念与流程
（5）自有品牌开发

案例导读

选品的重要性

一般来说，零售商依靠吸引消费者购买商品而获得生存和发展。对消费者来说，实体零售商店经营商品的种类、品质、数量、价格、花色、销售时间和提供的服务等是决定他们是否到该商店购买的重要因素。

那么，对于线上商品而言，哪些因素会影响消费者到线上商店进行选购呢？在电子商务日益发达的今天，有较多的商品在线销售结果不理想，流量低，转化率更低，不管如何优化商品图片、标题、关键字等都不见效果。出现这种现象的原因多是选错了商品。在采购商品时不了解市场状况，没做好数据分析，很容易就会产生这样的结果。

可以看出，选品非常重要。零售商应该如何对它们进行管理呢？应该用什么方法、什么途径来把它们买回来呢？

这就会涉及一个很重要的环节——商品的管理。商品管理是指零售商在实现企业财务目标的同时，在合理的时间、合理的地点选择和销售数量适当的商品的过程。在这个过程中，大大小小的零售商必须对成百上千个供应商的成千上万种商品做出决策。

思考题： 为什么选品如此重要？选品时要关注哪些因素？

5.1　商品的结构、属性与分类

5.1.1　商品的结构与属性

1．商品结构

商品结构是指零售企业在一定的经营范围内，按一定的标准将经营的商品划分为若干类别和项目，并确定各类别和项目在商品总构成中的比重。按经营商品的构成划分，商品可以分为主力商品、辅助商品和关联商品等。

（1）主力商品。主力商品是指在零售企业经营中，无论数量还是金额均占主要地位的商品。一个企业的主力商品可以体现它的经营方针、经营特点以及企业的性质。

（2）辅助商品。辅助商品是对主力商品的补充。辅助商品可以衬托主力商品的优点，成为消费者选购商品时的比较对象，不但能够刺激消费者的购买欲望，促进主力商品的销售，而且可以使商品品种更加多样，消除商品的单调感，提高消费者的购买频率。

（3）关联商品。关联商品是在用途上与主力商品有密切联系的商品。配备关联商品，可以方便消费者购买，可以间接增加主力商品的销售，提高商品的销售量。配备必要关联商品的目的是适应消费者在购买中图便利的消费倾向，这也是现代零售企业在经营管理中的重要原则。

2．商品的属性

商品本身具有功能（使用价值）、价格、规格、包装、品牌、颜色、形态等多种属性。因此，在决定某类商品的结构时要根据该类商品的主要属性（或称商品结构主线）来决定该分类商品的宽度。

例一：碳酸饮料的品牌集中度和消费者的品牌忠诚度非常高，不同品牌商品的功能差异却很小，只是在包装规格和形式上有较大差异。因此，在陈列此类商品时基本上以品牌和包装为主线，一般不以该类商品的功能来陈列。

例二：国内超市对洗发水这一品类商品的经营方法基本上是"舶来品"方法，即陈列时以商品的功能为主线，以品牌为辅，将二合一的不同品牌的洗发水、去头屑的不同品牌的洗发水归类陈列，而不是将同一品牌不同功能的洗发水摆放在一起。同时，在商品的选择上，应根据某一功能洗发水的消费群体数量，决定具有该功能洗发水的 SKU（超市商品的唯一编号）数，而不是按照品牌分配 SKU。

随着时间的推移，商品的主要属性（商品结构主线）会发生变化。例如，20 世纪 90 年代的电视机基本上以规格和品牌为主线，而现在基本上以规格和款式为主线。

所有商品的主要属性都是依据消费者的需求变化而改变的。所以，在确定商品结构时最根本的标准依然是消费者的需求现状。

5.1.2 商品的分类

1．根据商品的耐久性和有形性进行划分

（1）耐用品。耐用品是指在正常情况下能多次使用的有形商品，如电冰箱、电视机等。因为耐用品使用周期（到下一次重新购买的时间）长，价格一般较贵，所以消费者购买时会比较慎重。

（2）消耗品。消耗品也称非耐用品，是指经过一次或几次使用就被消耗掉的有形物品，如牙膏、洗衣粉、文具等。因为这类商品很快会被消费掉，所以消费者购买频繁。

（3）服务。服务是非物质实体商品，服务的核心内容是向消费者提供效用，而非转移所有权。企业为消费者提供服务应当加强服务质量管理，提高销售者的信誉、技能及对消费者的适用性，为不同的消费者提供适当的服务。

2．根据商品的用途进行划分

（1）消费品。消费品是消费者为了使用而购买的商品，直接用于最终消费。消费品的购买者不像产业用品的购买者那样是技术内行，不一定按"性能和价格"进行选择，而是更多地带有心理方面的特点。

（2）资本品。资本品是指企业为生产商品而购入的商品。资本品同消费品相比，不仅购买目的不同，而且购买数量和方式也有很大差别。

3．根据消费者对商品的选择程度进行划分

（1）便利品。便利品是指消费者经常购买，而且不愿意花时间进行过多比较、选择的商品。便利品又可分为三种。一是日用品，主要是指单位价值较低、经常使用和购买的商品。二是冲动购买品。主要是指消费者事先并无购买计划，因视觉、嗅觉或其他感官受到刺激而临时决定购买的商品。三是应急品，主要是消费者紧急需要时所购买的物品。

（2）选购品。选购品是消费者在购买过程中，愿意花费较多的时间观察、询问、比较的商品。这类商品的特点是价格较高，使用期长，多数属中高档商品，如家具、组合音响、服装等。

（3）特殊品。特殊品是具有特定性能、特殊用途、特殊效用和特定品牌的商品。销售特殊品时宜开设专门商店或专柜，并适宜集中经营。

（4）未寻求品。未寻求品是指消费者尚不知道或者知道但尚未有兴趣购买的商品，如某些刚上市的商品等。

4．根据消费者的购买习惯进行划分

（1）日用品。日用品是指日常生活中所需要的小型物品。消费者购买决策相对简单。

（2）日用百货。日用百货是指消费者习惯购买、价值中等偏上的商品。

（3）专用品。专用品是指具有特定用途的商品，一般价值较高。

（4）流行品。流行品是由于某些因素影响，在短时期内出现大量需求的商品。

5．根据商品生命周期内的销量变化进行划分

（1）狂热商品。狂热商品是指在较短时间内销售量大并且能产生很大销售额的商品。

（2）时尚商品。时尚商品是指能持续销售多个季节，但销售额会随着季节变化的商品。

（3）大众化商品。大众化商品是指在很长一段时间内都有连续不断需求的商品。

（4）季节性商品。季节性商品是指随着季节的变换，销售额产生剧烈变化的商品。

5.2　商品的结构规划与库存管理

5.2.1　商品结构规划

商品结构规划是指零售企业需要根据不同的经营业态、客层定位、销售规模、市场规模等因素，为实现各自的销售目标而制订的商品组合。

规划商品结构时应遵循的原则：按照商品属性、根据消费习惯、考虑季节因素。

商品结构规划步骤如下。①市场调研：了解市场畅销品类、品牌、单品、规格、包装、价格。②筛选：根据市场调研结果确定门店需要引进的品类及单品。③谈判：与供应商谈判，争取有利的交易条件。④定价：确定商品的零售价格。⑤进货：及时引进商品到门店销售。⑥调整：根据商品销售贡献及购物需求引进、删减商品，优化商品结构。⑦持续优化：商品组合优化。企业需要对商品或品类模块的经营业绩进行系统评估，以提出准确的改进建议。例如，如果一个商品上了货架后销售得不好，企业就会把陈列该商品的货架长度由 30 厘米缩短到 20 厘米。如果销量还是上不去，则将货架长度再缩短 10 厘米。如果依然没有任何起色，那么就将货架让给其他商品。

构建商品结构前要考虑诸多要素，如图 5-1 所示。优化商品结构的基本思路如图 5-2 所示。

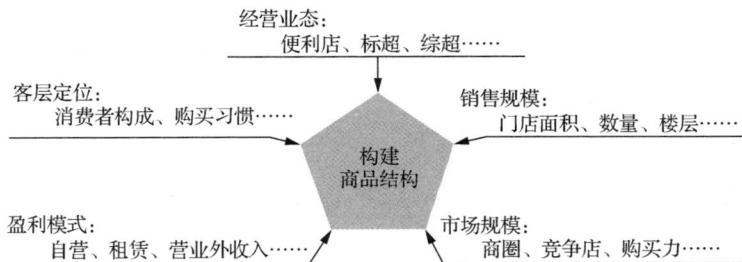

图 5-1　构建商品结构前要考虑的要素

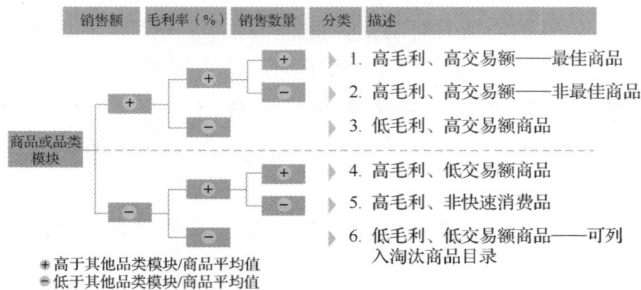

图 5-2 优化商品结构的基本思路

5.2.2 商品库存管理

商品库存管理是指零售商对为满足商品销售而储存的待销商品的管理。库存管理理的目的是借用有效的库存管理制度，配合进、销、退、存的有效动作，使店里的损失降到最低，以获得更大的利润。商品库存过低，可能会导致商品脱销、消费者流失等，还可能会产生口碑风险，如图 5-3 所示；商品库存过高，会导致资金浪费、周转慢、利润下降等，如图 5-4 所示。合理库存可以实现卖场空间效益最大化。

库存管理应注意以下指标。

库存指标：以库存天数为单位。

商品库存天数：单品库存数量/日均销量。

小分类库存天数：小分类库存成本/日均销售成本。

大分类库存天数：大分类库存成本/日均销售成本。

门店库存天数：门店库存成本/日均销售成本。

库存年周转数：365/库存天数。

库存服务水平：存货（库存数量大于等于 1 的品种数）/正常状态品种总数（数值为 95% 较为合理）。

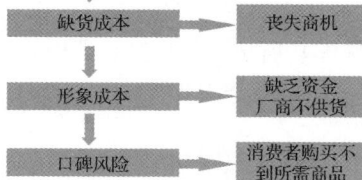

图 5-3 商品库存过低带来的问题

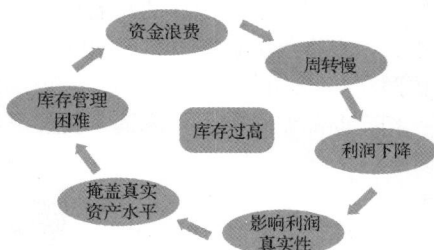

图 5-4 商品库存过高带来的问题

5.3 品类管理

5.3.1 品类管理的内涵

商品的高流通性是零售企业追求的目标。实现高流转率的具体支撑手段就是实行品类管理（Category Management），优化商品结构。品类管理着重于通过满足消费者的需求来提高商品的流通性。品类管理把零售商的货架管理提升到了一个新的水平，通过对市场细分、消费者行为进行研究，以及对同类商品中不同品牌的商品进行严谨的数据化分析，摒弃那些无效品牌，将有效品牌进行合理的货架摆放与管理，使摆放的商品更加"易见、易找和易选"，从而真正将消费者需要的商品进行合理、有效的递送，满足消费者的需要。事实上，品类管理就是确定卖什么商品以及这些商品在货架上怎么摆放。品类管理通过最大限度地向消费者传递价值，可实现企业利益的最大化。简单地说，品类管理就是在分析消费者消费行为的基础上，通过对商品品类和货架进行管理，不断满足消费者的需求。

5.3.2　品类管理的要点

　　品类管理通常包括相互关联的六个基本要素。其中的两个被认为是最基本的要素，被称为品类管理的核心要素，即品类策略和业务流程。其他四个要素由于在支持品类策略和业务流程过程中扮演着重要角色，被称为保障性要素，它们分别是品类指标、合作伙伴关系、信息技术和组织机构效能。超市的品类管理是以品类策略和业务流程为核心进行设置和运作的，而四个保障性要素是保障两个核心要素的重要手段。这六个要素之间的关系如图 5-5 所示。企业根据其所经营的商品品类的构成，对其运营机构、指导原则和管理方法进行总体规划，可形成指导品类管理经营决策的基本框架，即品类策略。品类管理的业务流程分为八个步骤，每个步骤的要点如图 5-6 所示。

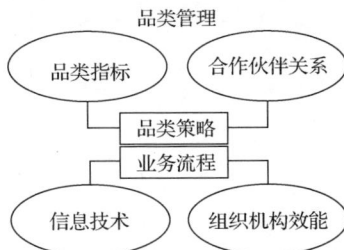

图 5-5　品类管理要素关系

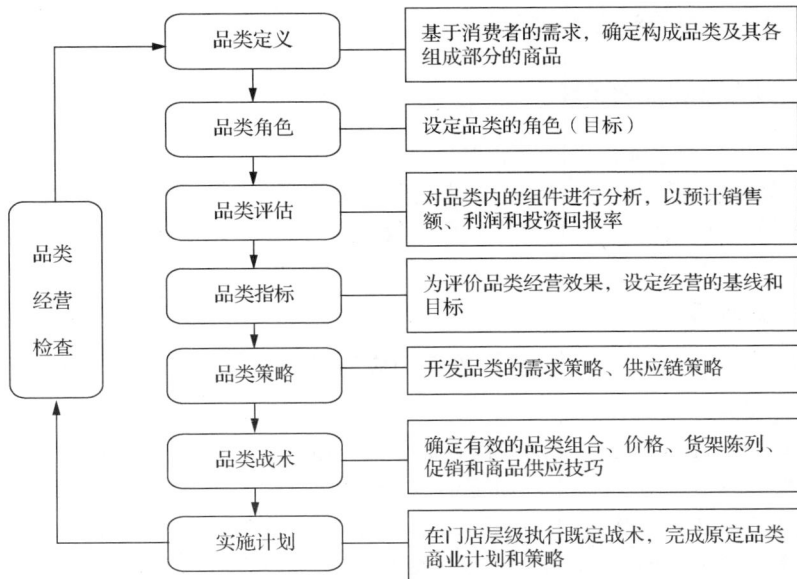

图 5-6　品类管理的业务流程

5.3.3　品类管理的具体工作

（1）深刻了解该品类的目标消费者。

（2）了解该品类的品类结构，把握与品类相关的核心问题，弄清品类以下的各个子类（中分类，如各品牌）、小类（小分类，如不同规格单品以及它们各自的功能），以及它们在不同目标消费者心目中的品类角色，如图5-7所示。

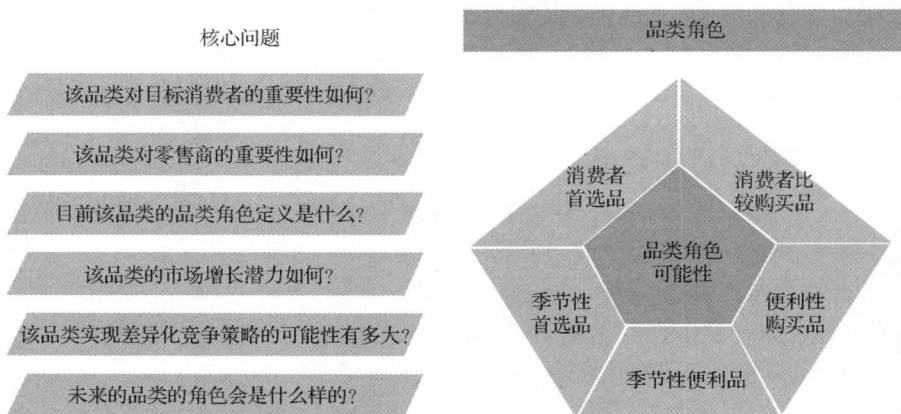

图 5-7　品类角色

（3）品类以及各子类的经营状况。即在调研品类结构和目标消费者的基础上，按照类别和功能对整个品类进行品种优化，然后设计品类陈列方式，制订促销、定价和新商品推广策略。

（4）监督策略执行情况。即要持续地监督和检查各个零售店的各种策略执行情况，并对各种策略的成效进行分析。

5.3.4　我国的品类管理

目前，大多数企业并不注重品类管理。在我国的零售企业中，仅 10%的企业正式启动了品类管理计划，90%的企业未启动品类管理计划。其中，有 60%的零售企业不重视品类管理计划，多数零售企业的货架空间管理停留在初级阶段。

案例 5-1

品类管理的应用实例

一、W 超市

W 超市的品类管理效果是有目共睹的。W 超市从20世纪80年代开始就有了品类管理的雏形，品类领队（Category Captain）体制的建立更是使品类管理变成了日常必须开展的工作。宝洁公司是洗发水品类的领队，高露洁棕榄公司是口腔护理品类的领队，联合利华是洗衣粉品类的领队，强生是婴儿用品品类的领队……每个品类的领队都是该品类的市场领导者，对该品类目前的市场状况和未来的发展前景有着广泛和深入的理解，品类领队负责该品类的数据分析、商品优化、货架陈列、定价策略、促销建议等。依靠强大的管理信息系统，W 超市的采购经理/品类经理得以从烦琐的数据分析中解脱出来，但这并不意味着 W 超市的员工不用看数据。实际上，W 超市员工对数据是非常敏感的，他们经常对品类领队的计划书提出深刻意见，这确保了 W 超市策略和方向的一致性与准确性。

二、北京华联

北京华联婴儿护理中心（宝宝屋）是品类管理在超级品类中的应用。婴儿商品分散在不同的品类中，如：婴儿奶粉和成人奶粉属奶制品品类，婴儿纸尿片和纸巾属于纸制品品类。针对消费者的调查发现，抱着婴儿的妈妈或者孕妇需要辛苦地走上 1～2 个小时才能购齐其所需的妇婴物品，她们最大的愿望是花较短的时间一次性购齐所需物品。于是，新的品类（妇婴用品品类）应运而生。以前，婴儿奶粉等需要在奶制品区域和妇婴用品区域双边陈列；宝宝屋设立的 1～2 个月后，消费者便习惯性地步入华联宝宝屋购买妇婴用品了。宝宝屋的设立使北京华联婴儿品类的销售额增长了 33%，利润增长了 63%。

案例 5-2

Y 超市的单品管理

单品管理是 Y 超市在 20 世纪 80 年代提出并逐步完善的一个重要专业概念，为世界零售业界认可和称道。采用单品管理模式时，企业将各类商品按质量、款式、尺码、型号等不同属性进行分类，然后通过商品品种的细分来明确消费者的需求差异，随时掌握每一种单品的销售动向和趋势，不断调整商品结构，精确地确定进货的品种和数量，最大限度地为消费者提供所需要的商品，力求最大限度地满足消费者的需求。

在 Y 超市的商店中，网络信息系统是其单品管理模式的神经中枢——既要满足各终端随时调用数据的需要，又要处理各单品的进、销、存情况。在日常经营中，消费者的每日需求会因一些因素（如时段等）而发生变化。负责单品管理的 Y 超市商店员工会利用数据和单品管理模式来明确商品销售与季节、气候、时段、地方惯例活动、节日等因素之间的关系，从而确定在不同情况下哪种商品卖得最好。营业人员借助这些数据，就有可能识别真正的消费者需求，而这些需求是无法通过调查获知的。人们利用这些数据可以分析和论证消费者需求假设，并以此为基础订购、调整商品的组合和改变展示的商品，还可以通过信息网络立即将这些数据反馈给商品开发环节。这种做法帮助 Y 超市创造了一种有效的营销手段，以适应快速变化的市场需求。

依靠单品管理的思想和手段，Y 超市准确地把握着市场变化，以此确定精确的经营计划，将库存损失和机会损失控制在最低水平，实现了理想的利润水平。因此，尽管 Y 超市的销售额排名并非日本第一位，但其利润额却长期为日本零售业界之首。

5.4 商品采购的概念与流程

5.4.1 商品采购的概念与原则

商品采购是指商业企业为实现销售，以市场消费需求为依据，向其他生产企业或流通企业购买商品的一种经营活动。商品采购在企业经营中有着十分重要的作用。商品采购工作一般根据以下原则进行。

1. "以需定进"原则

这是"以消费者为中心"的经营理念在采购中的具体体现，它要求企业根据市场的需要采购商品。企业采购什么商品，采购多少商品，什么时候采购商品，都取决于市场的需要。只有坚持"以需定进"原则，才能够提高商品的适销率，避免采购工作的盲目开展，有利于企业取得良好的经济效益。

2. "勤进快销"原则

这是商业企业最主要的一条采购原则，它要求企业采购时要小批量、多批次、短周期。商品流通企业的资金相对有限，一旦某种商品占用了资金，必定会影响其他商品的采购。因此，勤进快销能够加速商品周转和资金周转，避免商品积压，从而把生意做活。

3. "以进促销"原则

它要求企业发挥进货的能动作用，不断开辟进货渠道，刺激商品销售。因此，企业要广开货源，利用新的商品来吸引消费者，并带动其他商品的销售。

4. "经济核算"原则

它要求企业尽可能地降低采购成本，提高采购效益。因此，企业在确定货源时，要对商品的质量、价格、货源地点等因素进行综合分析和比较，合理选择渠道和进货时机，以取得良好的经济效益。

案例 5-3

网络零售的选品逻辑

电商运营一般在天猫、京东等电商平台上进行，它和品牌的一般推广方式有所不同，因为它处于一个特定的、封闭的生态圈。虽然现在会有很多外部流量的引入方式，但核心还是利用平台现有的用户流量在微观层面上进行操作，以最小的代价获取最大的转化。因此，商家就要分析这个平台的生态情况，例如：客户是谁？客户量有多少？支付能力怎样？搜索量有多少？如何变化？竞争对手是谁？竞争格局怎样？有无垄断卖家？是否有超越的可能性？电商选品时一般要看未来几年的市场趋势，现在的客户要么只认大牌；要么已熟悉商品的技术原理，选择性价比高的品牌。电商商家若没有颠覆性的技术，彻底解决用户的痛点，就无法在市场上站稳脚跟。选品时可以从以下几个方面进行考虑。

（1）不要做搜索过少、竞争对手过少的商品，除非不依赖平台流量。

（2）不要做品牌和商品已经画了等号的商品。

（3）除非有颠覆性的技术，否则不要做已经形成垄断格局的商品。

（4）不要做有硬伤的商品。

5.4.2　商品采购的流程

商品采购流程是零售商从建立采购组织到将商品引入商场，并进行定期检查、评估的一系列连续、系统的步骤。了解商品采购流程，有利于掌握零售商采购的每一个工作环节。这些工作对零售商的采购控制是非常重要的。商品采购流程包括：第一步，建立采购组织；第二步，制订采购计划；第三步，确定货源；第四步，谈判及签约；第五步，商品导入；第六步，再订购商品；第七步，定期评估。

1．建立采购组织

零售商一般将采购业务交给企业内部某些人或部门负责。国内连锁超市的采购组织设计一般如下：总部任命负责采购的副总裁，在负责采购的副总裁下设立几个采购部门（按照商品大类划分，如食品采购部、生鲜采购部、非食品采购部等）。每个采购部门按照商品类别进行细化（如生鲜采购部可分为鱼类、肉类、果蔬类、面包类等小组）。每一小组包括买手、里手、排面员。买手是指与供应商进行业务谈判、签订采购合同的谈判员；里手是指根据采购合同以及门店销售、库存情况向供应商发出订单的下单员；排面员主要根据企业的商品经营计划、策略以及门店卖场布局和实际销售情况，制订、调整商品陈列配置表。为了保证引进新商品及新供应商决策的科学性，很多企业成立了商品采购委员会这一非常设机构。该机构由采购人员、销售人员和财务人员组成。该机构定期召开会议，在引进新供应商、新商品方面做出决策，采购人员根据商品采购委员会的决策，负责与供应商进行具体的谈判。

2．制订采购计划

在制订采购计划的过程中，企业必须确信其商品组合具有独特性，与竞争者有所不同，并与自己的零售定位一致。

（1）储存何种商品。零售商首先必须确定经营何品类、何种质量的商品：应该经营高档的商品，中、低档商品，还是应该向消费者提供多种质量的商品？努力占领多个细分市场。同时，企业还要决定是否经营促销性商品。

（2）储存多少商品。零售商确定了商品的种类后，接着就要确定存储商品的数量。因此，存储商品的品种宽度与深度是下一步要计划的。品种宽度是指零售商经营的不同商品或者服务大类的数量，品种深度是指零售商经营的任何一大类商品或者服务的多角化程度。

在制订经营品种的宽度和深度计划时，零售商应该考虑多种因素。销售额和利润是必须估测的，空间要求也必须重视。由于销售空间具有有限性，因此零售商应将空间分配给那些能产生最大客流量和销售额的商品和服务。

（3）何时储存商品。零售商应该确定每一种商品在什么时候储存。对于新商品和服务，零售商必须决定在什么时候第一次陈列和销售。对于已有商品和服务，零售商必须总结一年内的商品流转规律。为了恰如其分地订购商品，零售商必须预测一年内的商品销量，还要分析其他各种因素对销量的影响，如高峰季节、订货和送货时间、例行订货和特殊订货、库存流转率、折扣和存货处理的效率等。

（4）在何地储存商品。零售商必须考虑将多少商品存放在销售现场，将多少商品存放在库房以及是否利用仓库。连锁店必须在各分店之间分配商品。一些零售商几乎完全将仓库当作配送中心或者地区的分销中心。商品从供应商处运到这些仓库，经过编配后送往各家分店。一些零售商，包括超市连锁店，并不过多依靠配送中心或者地区仓库，它们至少有一部分商品直接由供应商运送到分店。

在制订商品采购计划的过程中，采购人员要通过各种渠道收集消费者需求信息，以便采购适销对路的商品。通过研究目标市场的人口统计数据、生活方式和潜在购物计划，零售商可以进一步研究消费需求。如果零售商无法直接得到有关消费者的数据，可以通过其他途径获取，如向供应商征询有关资料，有些供应商会做与自己行业有关的消费需求预测和营销研究；零售商也可以通过销售人员直接与消费者打交道，了解消费者的需求动态；零售商还可以通过对竞争对手进行调研、政府公布的行业经济发展数据、新闻机构的消费者调查，或者向有关商业咨询机构购买商业数据等方式收集和分析消费者需求信息，使采购计划建立在科学、充分的市场调查基础上。

3．确定货源

商品采购的主要货源如下。

（1）公司自有供应商。大零售商拥有自己的制造或者批发机构，公司自有供应商经营全部或部分零售商品。

（2）外部固定供应商。这类供应商不是零售商自有的，但零售商同其保持固定的联系。通过历次合作，零售商可了解其商品和服务的质量以及供应商的可靠性。

（3）外部新供应商。这类供应商也不是零售商自有的，而且零售商过去没有向其采购过商品，零售商可能不熟悉其商品的质量和该供应商的可靠性。因此，在与这一类供应商合作时要谨慎，做好风险和收益评估，尽可能制定有效且全面的风险防范措施。

选择供应商是一项非常复杂的工作。为了从一开始就淘汰不合格的供应商，节约谈判时间，提高采购效率，零售商必须先建立一个供应商准入制度，设立一个选择标准，以对供应商进行资格审查。

选择供应商的标准主要有以下七个。

（1）信用情况。零售商在进货前必须了解供应商以前是否准时收款发货，是否遵守交货期限，以及该供应商履行采购合同的情况，以筛选出信用好的单位，建立供应商数据库，并择机建立长期合作关系。

（2）价格。价格是零售商进货的主要依据之一。因为只有价廉物美的商品才能吸引消费者，增强企业竞争力。

（3）品质保证。零售商进货时要了解对方商品质量如何，比较不同供应商商品的各种属性，如性能、寿命、经济指标、花色、规格等，择优进货。

（4）时间。时间因素包括供应商发货后商品的在途时间和结算资金占用的时间等。

（5）费用。比较从该供应商处进货的费用和成本。

（6）服务情况。比较供应商服务项目的多少和质量的优劣。

（7）管理规范制度。零售商必须了解供应商的管理制度是否系统化、科学化，工作指导规范是否完备，执行状况是否严格。

4．谈判及签约

当货源已经选定、购买前的评估也已经完成后，零售商开始就购买条款进行谈判。一次新的或特定的订货通常要求签订一份合同。在这种情况下，零售商和供应商将认真讨论购买过程的各个方面。谈判要注意以下事项。

（1）配送问题的规定。零售商主要经营消费品，尤其是超级市场，销售的商品更是以日常用品为主，这些商品的周转率相当高。要保持充分的商品供应，商品配送是十分重要的。许多零售商的配送能力有限，必须全部或者部分依靠供应商配送，此时商品配送问题就成为谈判中的主要内容。零售商应在配送方式及配送时间、地点，以及配送次数等方面与供应商达成协议，清楚地规定供应商的责任以及违反规定的处罚措施。

（2）缺货问题的规定。供应商若在供货过程中出现缺货现象，必然会影响销售。因此，零售商在谈判中要明确供应商缺货时应负的责任，以促使供应商准时供货。例如，将供应商的欠品率规定在一定范围内。

（3）商品品质的规定。进行商品采购时，采购人员应了解商品的成分及品质，看其是否符合国家安全标准、环保标准等。采购人员由于知识有限，不能判断所有商品的成分是否符合标准，因此在采购时，必须要求供应商承诺其商品符合国家法律规定，并出示政府核发的合法营业的证明，确保在商品运营销售上不会出现问题。

（4）价格变动的规定。零售商与供应商签订采购合同后，建立的往往是一种长期供货关系。在这期间，零售商希望供应商的商品价格保持不变。但由于供应商的商品成本会出现变动，因此价格变动在所难免。在谈判时，零售商需要规定供应商调整价格要按一定的程序进行。

（5）付款的规定。采购时，付款规定是一个很重要的规定，所以双方必须对支付货款的方式有所规定。

5．商品导入

对许多大中型零售企业来说，购买决策是自动完成的。这些企业使用计算机完成订单处理，每次的采购数据都会被输入数据库。小零售商通常人工完成采购决策，员工手工填写和处理订单，每次采购都以同样的方式记入商店的存货手册。随着计算机订单处理软件的快速发展，小零售商也有了电子订货的可能。商品导入后，零售商就要着手处置商品了。在此阶段，零售商涉及的业务包括接收和储存商品、打价签和存货标记、陈列送货或者中途搭送、退货处理等。在这个阶段，无论是由零售配送中心配送还是直接向商店送货，配送管理都是最为关键的。

6．再订购商品

有些零售商的商品销量大、周转速度快，需要进行多次采购，因此制订再订购计划是必需的。制订这种计划时应考虑以下几个因素。

（1）订货和送货时间。零售商需要掌握处理订单的时间，以便早做打算。具体做法是：计算恰当的库存量，使库存成本降到最低，同时又不会导致商品脱销。

（2）财务支出。不同采购方案下的财务支出是不同的。零售商大批量订货可以获得较大的折扣，使单位商品进价较低，但进行批量大的订购活动通常需要使用大量的资金，从而增加了资金的压力；相反，零售商小批量采购无法享受低廉的价格，却减少了资金流动的压力。

（3）订货成本和储存成本。订货量大，一定时期内订货的次数就会减少，相应的订货成本也会降低，但订货量大也会使一定时期内商品的储存成本增加，商品损坏和过期的可能性增加；订货量小，一定时期内的订货次数就会增多，相应的订货成本也会增加，但小批量订货会减少一定时期内商品的储存成本，使商品损坏和过期的可能性降低。

（4）存货周转率。存货周转率也是零售商制订再订购计划时需要考虑的一个重要指标。存货周转率表示特定时期内现有存货平均销售的次数。它可以按商品数量或金额计算，公式如下：

$$存货周转率 = \frac{净销售额}{平均存货量}$$

或者

$$存货周转率 = \frac{售出商品成本}{平均存货成本}$$

存货周转率的两个公式没有太大区别，选择哪个取决于零售商所采用的会计制度。

7．定期评估

即使商品的采购和处置战略进行了完美的整合，零售商仍然不应满足，而应该对战略进行定期评估。主要事项如下：①对所有合格供应商每半年复核一次，复核时应该由负责人填写供应商考核表，同采购评估小组对"价格""品质""交货时间"等指标进行考核，确定评定等级。②对不合格者应该暂停或者减少向其采购的数量，并通知该供应商进行改善，或者由零售商派员进行辅导。③采购部门人员追踪评估供应商的改善成效，对于成效不佳的供应商，应视情况要求其在一定时间内加以改善，否则将予以淘汰。④对于复核为合格者的，可继续登记于合格供应商名册内。⑤对于优秀供应商，零售商应该给予适当表扬和奖励。供应商评估考核表如表 5-1 所示。

表 5-1 供应商评估考核表

项目	评估考核等级			
	A	B	C	D
商品质量	品质佳（10）	品质尚可（8）	品质差（6）	常有坏品（2）
畅销程度	非常畅销（10）	畅销（8）	普通（6）	滞销（2）
商品价格	比对手优惠（15）	与对手相同（12）	略高于对手（8）	远高于对手（2）
配送能力	准时（15）	偶尔有误（10）	时常有误（8）	经常有误（2）
促销配合	配合极佳（15）	配合佳（10）	配合差（5）	配合极差（3）
欠品率	2%以下（15）	2%～5%（12）	5%～10%（8）	10%以上（2）
退货服务	准时（10）	偶尔有误（8）	时常有误（6）	经常有误（2）
经营潜力	潜力极佳（10）	潜力佳（8）	普通（6）	潜力小（5）
总分	100	76	53	20

5.4.3　采购合同的签订和管理

1．采购合同的内容

采购合同的条款应当力求具体、明确，以便于执行，避免发生纠纷。一般包含以下内容。

（1）商品品种、规格和数量。商品品种应具体，避免使用综合品名；商品规格应规定颜色、式样、尺码和牌号等；商品数量应按国家统一的计量单位标出。必要时，可附上商品品种、规格、数量明细表。

（2）商品质量和包装。合同中应规定商品所应符合的质量标准，注明是国家标准还是部颁标准，无国家标准和部颁标准的应由双方协商凭样订（交）货；对于副品、次品，应规定一定的比例，并注明其标准；对实行保换、保修、保退办法的商品，应写明具体条款；对商品包装材料、包装式样、规格、体积、重量、标志及包装物等的处理，均应有详细规定。

（3）商品价格和结算方式。合同中对商品价格的规定要具体，规定作价的办法和变价的处理方法等，规定对副品、次品的折扣办法，规定结算方式和结算程序。

（4）交货期限、地点和发货方式。交货期限（日期）要按照有关规定，根据双方的实际情况、商品特点和交通运输条件等确定。同时，应明确商品的发送方式，如送货、代运、自提等。

（5）商品验收办法。合同中要具体规定在数量和质量上验收商品的办法、期限和地点。

（6）违约责任。签约一方不履行合同，违约方应负相关责任，赔偿对方遭受的损失。在签订合同时，应明确规定，供应商发生以下三种情况时应付违约金或赔偿金：①未按合同规定的商品数量、品种、规格供应商品；②未按合同规定的商品质量标准交货；③逾期发送商品（若购买者逾期结算货款或提货，临时更改到货地点等，应付违约金或赔偿金）。

（7）合同变更和解除条件。合同中应规定在什么情况下可变更或解除合同，什么情况下不可变更或解除合同，通过什么手续来变更或解除合同等。此外，采购合同应视实际情况，增加若干具体的补充规定，以使签订的合同更切合实际，更有效力。

2．采购合同的签订

零售商签订采购合同时必须遵循法定的原则，按照一定的程序。为了保证采购合同的履行，保证企业购销任务的完成，必须加强对合同的管理。

（1）签订采购合同的原则

合同当事人必须具备法人资格；合同必须合法，必须遵照国家的法律、法规、方针和政策，其内容和手续应符合有关合同管理的具体条例和实施细则的规定；双方必须坚持平等互利、充分协商的原则签订合同；当事人应当以自己的名义签订经济合同，委托别人代签时，必须有委托证明；采购合同应当采用书面形式。

（2）签订采购合同的程序

签订采购合同的程序是指合同当事人对合同的内容进行协商，取得一致意见，并签署书面协议的过程。一般有以下五个步骤。

① 订约提议。订约提议是指当事人向对方提出订立合同的要求或建议。订约提议应提出合同所必须具备的主要条款和希望对方答复的期限等，以供对方考虑是否订立合同。提议人在答复期限内不得拒绝承诺。

② 接受提议。接受提议是指提议被对方接受，双方对合同的主要内容表示同意，也称承诺。承诺不能附带任何条件，如果附带其他条件，应认为是拒绝要约，而提出新的要约。新要约提出后，原要约人变成接受新要约的承诺人，而原承诺人成为新的要约人。实践中，签订合同的双方当事人就合同内容反复协商的过程，就是"要约—新的要约—再要约—承诺"的过程。

③ 填写合同文本。

④ 履行签约手续。

⑤ 报请签约机关签证，或报请公证机关公证。

有的经济合同，法律规定还应获得主管部门的批准或工商行政管理部门的签证。对于没有法律规定必须签证的合同，双方可以协商确定是否签证或公证。

3．采购合同的管理

一般来说，零售商进行采购合同管理时应当做好以下四方面的工作。

（1）加强商场采购合同签订的管理。一是要对签订合同的准备工作加强管理。在签订合同前，零售商应当认真研究市场需要和货源情况，掌握商场的经营情况、库存情况和合同对方单位的情况，依据本商场的购销任务，收集各方面的信息，为签订合同、确定合同条款提供信息依据。二是对签订合同过程加强管理。在签订合同时，要按照相关法律法规的要求严格审查，使签订的合同合理、合法。

（2）建立合同管理机制和制度，保证合同的履行。零售商应当设置专门机构或专职人员，建立合同登记、汇报检查制度，以统一保管合同、统一监督和检查合同执行情况，及时发现问题，采取措施，解决纠纷，保证合同的履行。同时，零售商可以加强与合同对方的联系，密切双方的协作，以利于合同的顺利履行。

（3）处理好合同纠纷。当合同发生纠纷时，双方当事人可协商解决。协商不成的，可以向国家工商行政管理部门申请调解或仲裁，也可以直接向法院起诉。

（4）信守合同。合同履行情况的好坏，不仅关系到商场经营活动能否顺利进行，而且影响着商场的声誉和形象。

案例 5-4

何为爆款?

爆款是指在商品销售中供不应求、销售量很高的商品，即人们通常所说的卖得很多、人气很高的商品。"爆款"一词被广泛应用于网店。

要想发现爆款背后的逻辑，抓住其中的规律，可以从分析消费者的购买过程入手。网购时，一般消费者会经历下述五个交易阶段。

（1）搜索：消费者寻找感兴趣的商品。

（2）评估：消费者收集商品信息，评估该商品能否满足自己的需求。

（3）决定：消费者衡量该商品所带来的利益和需要为之花费的成本，判断是否购买。

（4）购买：消费者完成商品的交易。

（5）再评估：消费者使用商品后根据使用体验进行再次评估，评估结果影响着下一次的消费行为。

很多人会发现，某款商品或许没有做什么推广，但是当它卖出几件之后，后面的成交量越来越大。成交量越大的商品，之后的销售情况会越好。这就是"爆款"的雏形。

出现这种情况的主要原因是消费者具有从众心理。因为在网购的环境下，商品展示只是给消费者一种视觉或者听觉上的展示，并不像传统的买卖活动那样，消费者可以接触到实物，然后判断其好坏。这样一来，消费者可以获得的商品信息相对较少。由于很多商品的描述和展示图片大同小异，因此相比之下，消费者更倾向于听取第三方的意见，因为之前购买并使用过此商品的人的评价是最中肯的。故此，有更多人购买和更多人评价的商品往往会更容易受到消费者的青睐，从而进一步地提高销量，形成爆款。

要真正打造一个爆款，还要依靠更多的营销推广。如果有了流量，就应该更好地把流量转化为成交量，不然如此多的流量就浪费了。通过营销推广，店铺的页面浏览量（Page View）相对稳定，那么成交量越大就意味着转化率越高。高转化率在给店铺带来更多收益的同时，还能为其争取到更多促销活动的名额。

在打造爆款的活动中，营销推广其实是在扮演催化剂的角色，可以为店铺吸引更多的流量，把想打造成爆款的商品更好地呈现在消费者面前，刺激消费者的购买欲望，促进成交。

5.5 自有品牌开发

5.5.1 自有品牌的概念

1．自有品牌商品的定义

自有品牌（Private Brand）商品，简称 PB 商品，是指零售商通过搜集、整理、分析消费者对某类商品的需求，开发出满足消费者需求的新商品，自设生产基地或选择合适的生产企业进行加工生产，最终由零售商使用自己的商标对该新商品进行注册，并在本企业销售的商品。与 PB 商品相对应的是使用生产企业商标、面向全国销售的全国性品牌（National Brand）商品，即 NB 商品。欧美国家中一些跨国零售企业的自有品牌商品比例在 20% 以上；在我国，自有品牌的代表是屈臣氏。

2．零售商开发自有品牌的原因

（1）价格低廉是自有品牌商品的一大竞争优势。自有品牌商品具有价格优势的原因主要有以下三点。第一，大型连锁企业自己组织生产自有品牌商品，使商品进货省去了许多中间环节，节约了交易费用和流通成本。第二，使用自有品牌商品不必支付巨额的广告费。由于自有品牌商品仅在开发该商品的商业企业内销售，因此其广告宣传主要借助于其商业信誉，主要在商场内采用广告单、闭路电视、广播等方式进行宣传。与普遍采用电视、报纸等大众媒体进行广告宣传的 NB 商品相比，其广告成本大幅度降低。第三，大型连锁企业拥有众多的连锁店，可以大批量销售，取得规模效益，降低产品成本。

（2）自有品牌可以实现商品的差异化。拥有一系列受欢迎的自有品牌商品是体现差异化的最佳途径之一，也是零售商实现经营特色的最有效的手段。它不仅使零售商的商品品种构成更加充实，而且可借助自有品牌的导入，在消费者心中进一步强化零售商的企业品牌形象，形成差异化的品牌识别。其结果是培养和增强了消费者对零售商的忠诚度。

（3）另类的品牌延伸。自有品牌商品成为畅销商品的重要依托是零售商本身的商誉。商誉是零售商的一笔巨大资产，商誉好的企业对消费者具有很大的吸引力。消费者能否买得放心，已成为促使他们在不同零售商、不同品牌之间进行选择的重要因素。

5.5.2　开发自有品牌商品的条件

1．充分条件

（1）企业实力与知名度。具备相当的规模和实力是自有品牌商品取得战略成功的保证。每一个企业在实施自有品牌商品战略之前，首先要做的事情就是提高企业在消费者心中的知名度和美誉度。如果企业在消费者心目中的形象良好，则建立自有品牌就比较容易。

（2）选择恰当的商品项目。选择恰当的商品项目是成功的前提。企业进行自有品牌商品选择时必须考虑两个因素。一是被选择商品的价格有低于 NB 商品价格的可能。这可使自有品牌商品比 NB 商品更有吸引力，进而增强培养消费者忠诚度的实力。自有品牌商品只有在价格方面有优势，商品质量有保障，才能吸引更多消费者购买。二是被选择商品有一定的吸引力，这能够影响消费者的品牌忠诚度。这种吸引力可以是品牌效应带来的，也可以是依靠商品本身高质量所取得的。

2．必要条件

一是先行把握消费者需求的能力，二是结合消费者需求的商品开发能力，三是遍布各地的流通网络，四是与众多的生产委托企业保持良好的关系，五是商品开发人才的培育和相关专门组织的构建。

案例 5-5

如何打造爆款？

对于零售商或者电商卖家来说，好商品是最重要的。

首先，选品要精准，结构合理，商品的畅销属性能够确实满足当地、当时（时间节点）目标消费者的需求。这是打造爆款的基础。

其次，销售人员要提炼商品的核心卖点，用图片、视频、话术表现出来，冲击力要强，价格要合理。商品的价值点一定是客户可以感知到的。

对于重点销售的商品，一定要在陈列、导购和促销方面下足功夫。要放在重点位置，反复陈列，加 POP 广告或短视频重点推荐。在电商场景下，还可以大量种草，用社交化模式去推广，在直播间里面加大时长，多次返场推广。

最后，供应链一定要配合到位，重点商品要备足货，及时补货调货。对于卖得好的商品，即便卖场搭建、图片拍摄、上架都做好了，但若刚一开始卖就缺货了，供应链跟不上，也成不了爆品。

只有以上三者都做好，才是真正的商品力。即：商品力=选品力+销售表现力+供应链配合力。

案例 5-6

何为 DTC 品牌？

近年来，直面消费者（Direct-to-Consumer，DTC）品牌席卷全球的消费市场。DTC 品牌是指品牌不依赖于中间的渠道商，直接向终端消费者销售产品，即直面消费者模式。

DTC 品牌源于零售，但又不同于零售。DTC 品牌的特点可以简单总结为三个层面：缩减渠道、直面需求、强化体验。每个新物种背后，都有强大的需求和推动力。近年来，"新消费""Z 世代""个性＆定制"等都是重要的驱动要素。

DTC 品牌成功的实现路径和关键要素在于消费需求和体验的回馈与再设计等。我国跨境电商巨头希音采用的就是 DTC 独立站品牌模式。

【本章小结】

（1）根据商品的耐久性和有形性分类，商品可以分为耐用品、消耗品和服务；根据商品的用途分类，商品可以分为消费品和资本品；根据消费者对商品的选择程度，商品可以分为便利品、选购品、特殊品和未寻求品；根据消费者的购买习惯，商品可以分为日用品、日用百货、专用品和流行品；根据商品生命周期内的销量变化，商品可分为狂热商品、时尚商品、大众化商品和季节性商品。

（2）零售店经营的商品结构，按不同标准可以分为不同类型。按经营商品的构成划分，商品可以分为主力商品、辅助商品和关联商品。

（3）商品本身具有功能（使用价值）、价格、规格、包装、品牌、颜色、形态等多种属性，在确定某类商品结构时要根据该类商品的主要属性（或称商品结构主线）确定该分类商品的宽度。随着时间的推移，商品的主要属性（商品结构主线）会发生变化。

（4）品类管理就是确定卖什么商品以及这些商品在货架上怎么摆放，也就是确定商品的备选系列及其陈列。品类管理通过最大限度地向消费者传递价值实现企业利益最大化。

（5）品类管理通常包括相互关联的六个基本要素：品类策略、业务流程、品类指标、合作伙伴关系、信息技术和组织机构效能。其中，前两个被认为是最基本的，因而被称为品类管理的核心要素；其他四个要素由于其在支持品类策略和业务流程过程中扮演着重要角色，故被称为保障性要素。

（6）商品采购是指商业企业为实现销售，以市场消费需求为依据，向其他生产企业或流通企业购买商品的一种经营活动。开展商品采购工作时，企业一般可以根据"以需定进"原则、"勤进快销"原则、"以进促销"原则、"经济核算"原则进行。

（7）采购流程是零售商从建立采购组织，到将商品引入商场并进行定期检查、评估的一系列连续、系统的步骤，通常包括建立采购组织、制订采购计划、确定货源、谈判及签约、商品导入、再订购商品、定期评估这七个步骤。

（8）采购合同的内容一般包括商品的品种、数量、规格、质量、包装、价格，结算方式，交货期限、地点和发货方式，商品验收办法，违约责任，合同的变更和解除条件。一份完整的采购合同有利于明确双方的权利与义务，确保采购过程顺利完成。

（9）自有品牌商品是指零售商通过搜集、整理、分析消费者对某类商品的需求，开发出满足消费者需求的新商品，自设生产基地或选择合适的生产企业进行加工生产，最终由零售商使用自己的商标对新商品进行注册，并在本企业销售的商品。

【重要概念】

商品结构　　　　商品属性　　　　品类管理　　　　商品采购　　　　自有品牌

【思考与练习】

（1）为企业编写一份采购合同。
（2）如何打造爆款？
（3）何为 DTC 品牌？为什么 DTC 品牌会崛起？
（4）请从产品开发的角度解读希音的崛起。

【拓展阅读】

建立科学合理的采购体系

一、商品需要精心选择

全过程商品管理强调提前替消费者选择。每一件摆在货架上的商品，都是针对目标消费者的消费习惯精心选择的结果。从零售的角度来看，这些商品都有严格设定的角色，有明确的经营目标。非知名品牌而功能一样的商品会产生重复，个性冲突的商品也不能同时经营。经过选择，在不影响总销量的同时，一个零售企业经营的商品数量可以极大地压缩，如此平均单品的销量也就得到了巨大提高。其直接结果是向供应商的采购得到了集中，除了节省费用，那些供应商也给予了更大的优惠。

二、建立科学合理的采购体系

应用全过程商品管理方法，可以建立一个科学、高效、廉洁的采购体系。因为使用这种方式，采购不再是绝对由个人判断的事情，而是在科学分析的基础上制订合理计划，个人工作的主要任务是如何达成计划。采购人员按商品组合计划采购商品，每一类商品都有合理的角色（合适的销量、库存、毛利等指标）。历史数据的更新加上不断改进的方法，会使计划越来越完善。个人随意性减弱了，主动性和积极性被有效引导到如何实现企业目标上。例如，采购人员接触到供应商推荐的一个没有经营过的品种时，首先要根据商品组合计划、企业的定位，确认这是不是应该经营的商品，即先判断经营适合性。如果适合，接下来再考察其功能，确定原有商品中是否有可替代品。如果有可替代品，要从价格、销售、促销、物流等方面分析引进该商品会对现有的哪些商品产生影响，影响有多大。接着分析哪个商品应该被换掉，以及该商品目前的价格、库存、未结账款等项目，以确定相应的处理办法和时间表。最后确定新品的供货条件、供货时间、商品销售价格、促销活动等。新品引进和滞销品淘汰是一个工作的两个侧面。当采购体系最大限度地依赖这样的采购体系，采购经理会做出理性的商业决策，企业的综合经营效益就可得到充分保证。

三、理解购销分离

现代商业的专业化分工在不断深化，从商品计划的制订到商品的采购、组合和配送，直到销售终结，都有专业的部门和专业人员按统一经营的管理原则，各司其职，专业化地完成。这种专业化运营方式带来了零售业的高效率和低成本。购销分离是已被大型国际零售企业的成功实践证明了的一种先进的经营管理体制，是零售企业提高竞争力的主要途径。它通过把购、销这两个零售环节分离，让企业内部各部门各司其职、协调运转，使企业的人、财、物得到最佳配置，进而降低管理成本。购销分离实际上是一种集权式管理方式，它便于企业管理层严格监管，控制商品购销的全过程，有效地防止经营漏洞，杜绝采购中的不正之风，还能提高效率，降低采购成本，并可以将节省下来的费用实实在在地体现在商品的售价上，进而让利于消费者。这些都有别于传统零售业所采用的购销方式。

思考题：请分析如何建立科学的采购体系。

第 6 章

定价策略与促销管理

> 我们不是为商店讨价还价，而是为顾客讨价还价；我们为顾客争取最低的价格。
>
> ——山姆·沃尔顿

【主要内容】

（1）形象定位、定价策略和定价方法
（2）促销策略
（3）促销方案的策划与执行

案例导读

J超市的商品分类及价格策略

J超市是大卖场业态的首创者，是欧洲第一大零售商、世界第二大国际化零售连锁集团。

一、J超市的商品分类

J超市的商品分类为：赚取利润的商品（如某些进口商品）、赚取销量的商品（如某些周转快的商品）、获得费用的商品（也许某商品销量不是很好，但你愿意提供较多的市场费用来培育）。以上商品的比例大概是1：4：5。

J超市的杂货部是一个比较大的部门，其商品销量占超市总销量的50%～60%。以化妆品公司的重点客户经营为例，如果你的商品是世界知名品牌商品，你就可以获得专柜陈列，获得较好的陈列位置。因为J超市比较重视化妆品的销售，所以专门辟出了一块地方集中展示几个品牌的商品，并允许各品牌派专门的美容顾问（促销人员）开展销售工作。

在不同品牌商品的选择上，J超市充分利用"80/20法则"，选取那些有市场开拓能力的少数品牌去实现多数的销售。

二、J超市的价格策略

J超市的价格策略是：敏感性商品超低价，非敏感性商品利润贡献价；目的是将提高销售量与获取最大利润整合到最佳平衡点上。

例如，对可口可乐等购买频率高的日用品（属于敏感性商品），J超市通常以现金结算的方式买断经营，取得进货低价位优势，这样才能以超低价出售，给消费者"名品低价"的感觉，稳定固有消费群；对自有品牌、国外名牌这类非敏感性商品则高价出售。采取"低中取低，高中超高"的市场目标细分策略。

思考题：为什么商家在商店中采取不同的价格策略？

6.1 形象定位、定价策略和定价方法

6.1.1 形象定位

对零售商来说，有三种可选择的形象定位，其相应的定价方法和策略不同。

1．高档的形象定位

企业采用品质导向定价，将其商品高品质的形象作为主要的竞争优势。这意味着企业会获得较小的目标市场、较高的运营成本和较低的存货周转率。企业向消费者提供特色商品和服务，单位商品毛利高，可运用的定价策略有质量—价格联系定价和声望定价。高档百货商店和一些专业店可采用此方法，因为它们的目标消费者认为高价意味着高品质，低价则意味着劣质。

2．中档的形象定位

企业采取市场的平均价格，向中等收入阶层提供可靠的服务及良好的购物环境。商品利润中等，存货质量一般高于平均水平，多采用成本加成的定价方法，即将单位商品成本、零售运营费用及期望利润加总起来确定售价。这种企业可能会受到定位为折扣商店和声望商店的零售商的双重挤压。传统的百货商店即属于此类。

3．低档的形象定位

企业采用折扣导向定价方式，将低价作为企业的主要竞争优势。商店一般进行简单的店内装饰，对以价格为基准的目标市场回报以低单位毛利、低运营成本和高存货周转率。综合超市和折扣商店就属于这一类。

6.1.2 定价策略

1．定价策略的内涵

消费者选择零售商店时的影响因素有很多。其中，重要因素包括商店的地址，商品的种类、特性、品质和价格，商品的广告和相关促销活动，交易前后销售人员所提供的服务以及交易后消费者对该次购物的满意度。定价策略是指根据不同的消

费者愿意支付不同的价格来购买各种商品与服务，企业可设计出不同商品或服务组合，来满足支付不同价格的消费者的需求。

2．定价策略的分类

（1）以盈补缺差别毛利率定价策略。即对不同的商品采用不同的毛利率进行定价，以盈补缺，同时实现盈利和低价双目标。

（2）控制敏感商品价格策略。据调查，仅有 30%左右的消费者在进入商场前有明确的购买目标，其余 70%消费者的购买决定是在进入商场后才做出的，而且他们只对部分商品在不同商场的不同价格有记忆，这部分商品即为敏感商品。敏感商品一般是需求弹性大、消费者使用量大、购买频率高的商品。实行控制敏感商品价格策略的企业在市场上将拥有绝对的竞争优势，有利于塑造价格便宜的良好形象。

6.1.3　定价方法

1．折扣定价法

（1）一次性折扣定价法。即在一定时间内对所有商品规定一定比例的折扣，一般在店庆、季节拍卖和商品展销时采用较多。一次性折扣定价法是阶段性地把商店的销售推向高潮的定价法。对于实施的时间和频率，企业要事先制订计划。

（2）累计折扣定价法。即当消费者在一定时期内累计购买商品达到一定金额时，即按其购买金额的大小给予不同的折扣。这种定价方法能起到稳定企业消费者的作用，超市可以常年运用。

（3）会员卡折扣定价法。即消费者只需缴纳少量费用，或达到一定购买量，即可持有会员卡，成为零售商的会员。会员可享受多种优惠。

（4）季节折扣定价法。企业在采用此方法时要注意：消费高峰时的季节折扣要与竞争对手的同类商品价格拉开差距，要具有明显的价格优势；在销售淡季时，折扣既要体现在反季节促销，又要体现在季节性清货。前者为了促进销售，后者为了清空库存。

（5）限时折扣定价法。即在特定的营业时段对商品进行打折，以刺激消费者的购买欲望，如在下午 1 点到 2 点间某商品五折优惠。限时折扣定价法一方面可增加商场的人气，活跃气氛，刺激消费者的购买欲望；另一方面可促使一些临近保质期的商品在到期前全部销售完。

企业在运用折扣定价法时首先要明确目的，即为实现企业总利润最大化服务；其次，要做好策划，包括折扣商品范围、折扣大小、折扣时机、折扣期限、折扣频率、折扣方式；最后，要考虑自身的定位。

2．特卖商品定价法

特卖商品是指降价幅度特别大，一般要比平时或竞争店的价格低 20%以上的商品。这些商品对消费者有很大的吸引力。一些外资零售企业每隔一段时间就会选择一些商品，以非常低廉的价格招徕消费者，时间多选在节假日、双休日，且长年不断，周期循环。

企业对推出的特价商品需要控制数量，如每周推出一批或每天推出一种。这些特卖商品主要由两种类型的商品组成：一类是低值易耗、需求量大、周转快、购买频率高的商品。这类特卖商品是消费者经常购买的，便于消费者比较，往往成为零售企业价格特别低廉的标志性商品。另一类是消费者购买频率不高，周转较慢，在价格刺激下消费者偶尔购买的商品。将其作为特卖商品主要是为了引发消费者的购买欲望、加速商品周转。

3．心理定价法

心理定价法是根据不同类型消费者购买商品的心理动机来制定商品价格的定价方法。通常对于同样的商品，不同的消费者因需求动机和需求偏好不同，会有不同的价格期望。因此，实施心理定价法，制定迎合消费者心理的价格，往往能起到意想不到的效果。

（1）尾数定价法。其为以零头数结尾的定价方法，往往用某些奇数或人们中意的数结尾。大型超市的商品价格常以 9、8、6 等数字结尾，这一方面可以使消费者产生好感，另一方面会使消费者产生便宜的感觉。

（2）错觉定价法。通常消费者对商品重量的敏感度要远低于对价格的敏感度。在给不同的包装和商品分量的同一种商品定价时，不妨利用消费者的这一特点。例如，500 克装的某品牌奶粉标价为 9.30 元，后推出的 450 克装的同样奶粉标价为 8.50元，后者的销量明显比前者要好。其实，计算一下就会发现，二者单位定价相差无几，后者还略高一点，但后者却更容易吸引消费者注意。

4．系列定价法

该方法一般与系列产品相对应，即限定一个价格范围，该范围内分布着若干价格点，每个价格点代表不同的品质水平。在价格系列中，零售企业可先定出每类商品的价格上下限，然后在这个范围内设定一定数量的价格点，如确定一盒手帕的价格范围是 6～15 元，价格点分别定为 6 元、9 元和 15 元，使消费者感到档次区分明显，有助于他们发现不同价位商品品质的差别，便于商品销售，也为后面的价格调整做了铺垫。在这种定价方法下，各价格点间差距的确定是关键，不能太小，也不能过大，因为太小会让消费者感觉不到品质的差别，过大会让消费者产生疑惑。

案例 6-1

W 超市的天天平价战略

W 超市目前主要的经营运作方式为：消费者第一，免费停车、咨询，提供送货服务。W 超市总是争取低廉进价，从而对营销成本进行有效控制。

一、W 超市的每日低价战略

W 超市旗下各种商店给人的突出感觉是薄利多销，天天低价。W 超市认准的目标就是面向中低收入的大众阶层，经营低价位、多而全的商品。几十年来，W 超市一直恪守薄利多销的经营战略。当一般竞争对手采用定期特价销售方式时，W 超市推出了每天提供最低价商品的竞争策略。

二、W 超市保障每日低价战略实施的采购策略

如图 6-1 所示，W 超市有一套统一采购和配送系统。W 超市绕开中间商，直接从工厂进货。早在 20 世纪 80 年代，W 超市就推出了一项政策，要求从交易中去除制造商的销售代理，直接向制造商订货，同时将采购价降低 2%～6%，大约相当于销售代理的佣金数额。

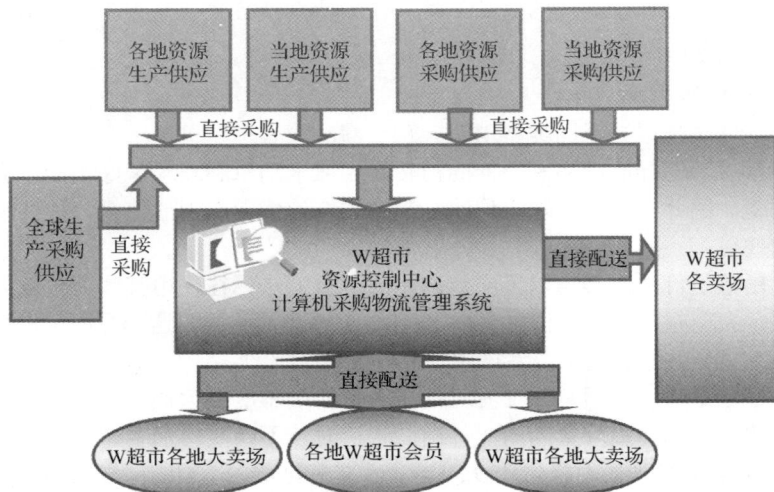

图 6-1　W 超市的统一采购和配送系统

统一订购的商品被送到配送中心后，配送中心会根据每个分店的需求对商品进行就地筛选、重新打包。这种类似网络零售商"零库存"的做法使 W 超市每年可节省几百万美元的仓储费用。

三、W 超市信息技术的应用

采用新技术和新观念是 W 超市降低运营成本、加速发展的一种重要手段。W 超市会在某些店进行针对某种想法的试验，当发现这种想法不起作用时，会很快舍弃这种想法。例如，为提高公司效率及加快消费者的结账速度，W 超市从 1981 年开始尝试使用 POS 机，并将其与库存系统及订货系统进行信息集成，到 1984 年推广到了所有店铺。1987 年，W 超市投资 4 亿美元，由休斯公司发射了一颗商用卫星，实现了全球联网，全球 4 000 多家门店通过全球网络可在 1 小时之内对每种商品的库存、上架、销售量全部盘点一遍，并通知货车司机最新的路况信息，调整车辆送货的最佳线路。

20 世纪 80 年代末，W 超市开始利用电子交换系统（EDI）与供应商一起建立自动订货系统，该系统又称无纸贸易系统。通过网络系统，W 超市向供应商提供商业文件，发出采购指令，获取收据和装运清单等，同时也让供应商及时、准确地把握其商品的销售情况。W 超市还利用更先进的快速反应系统代替采购指令，真正实现了自动订货。该系统利用条码扫描和卫星通信与供应商每日交换商品销售、运输和订货信息。

利用先进的电子信息手段，W 超市做到了商店的销售与配送保持同步，配送中心与供应商运转同步，提高了工作效率，降低了成本，使 W 超市所售商品在价格上占有绝对优势，成为消费者的重要选择对象。

6.2　促销策略

6.2.1　促销的内涵

促销（Sales Promotion，SP）是指企业向消费者传递有关本企业及商品的各种信息，说服或吸引消费者购买其商品，以达到提高销售量的目的。促销不是试图去改变消费者的看法，而是善用已经存在于消费者脑海里的想法及观念，明确而有效地传达企业为其提供的商品与服务信息，达成 100% 的消费者满意承诺。促销实质上是一种沟通活动，即营销者（信息提供者或发送者）发出刺激消费的各种信息，把信息传递给一个或更多的目标对象（即信息接收者，如听众、观众、读者、消费者或用户等），以影响其态度和行为。促销是营销组合四大要素之一，是企业营销策略的重要组成部分，也是企业参与竞争、贯彻各项战略意图的利器之一。

从全球的广告与促销对比看，促销费用的增长率至少比广告费用的增长率高出三个百分点。以美国为例，1980 年的促销费用为 490 亿美元，到 1986 年该费用已达 1 020 亿美元，促销与广告的费用之比约为 64∶36。到 1991 年，促销费用更是占据了整个市场推广费用的 3/4，即 75%。促销活动之所以产生这么大的开支，是因为人们都看好这一销售形式并得益于最后的效果，企业乐意为立竿见影的效果付出。

6.2.2　促销的目的

促销对象可以是最终消费者，也可以是渠道成员。促销对象不同，促销手段也会有所不同。针对渠道成员（代理商、批发商、零售商等）开展促销是企业渠道推广策略的重要内容之一。通常，针对渠道成员开展促销的目的有以下六个：实现铺货率目标、提高销量、新品上市、处理库存、季节性调整、应对竞争。

1．实现铺货率目标

商品推广成败的一个重要指标是铺货率。在商品上市阶段，一定的铺货率对商品推广、广告配合、稳定市场等都有着极为关键的作用。为确保铺货率目标的实现，企业需要按计划组建、扩大或调整分销网络。

2．提高销量

在相应市场上达到较高铺货率之后，企业的主要目标是提高市场占有率（Market Share）。此时，促销目标已经由实现铺货率目标转为提高销量（即增加分销商的订货量，获取企业预期的利润）。

3．新品上市

由于消费者需求具有多样化和多变性特点，企业往往需要及时向市场推出新品。在新品上市的过程中，企业需要进行大量的宣传并制定相应的销售政策。与此同时，企业还需要处理好新旧产品之间的关系（矛盾和竞争）。

4．处理库存

受生产规模、运输及仓储等条件的限制，企业需要定期清理库存。大量处理库存可能会破坏市场价格体系，减少企业利润。企业如果在处理库存时巧妙地运作渠道资源，就可以借此提高市场占有率。

5．季节性调整

有些行业商品的销售会受到季节性因素的影响（典型行业如空调、冷饮、礼品等），这是由商品的特性和消费者的需求变化引起的。商品不同，销售的淡旺季也不同。企业不仅要分析本企业商品的季节性销量变化趋势，还要分析竞争品和行业等方面的变化趋势。

6．应对竞争

竞争对手的市场行为是企业制定促销政策时必须考虑的因素。当某行业生产企业不多、少数企业占据大部分市场份额（市场集中度较高）、商品差异性不大、消费者有相当的识别能力并了解市场情况时，分析竞争对手的市场行为就显得尤为重要。

6.2.3　促销的工具

1．报纸

对于某些特定的大型促销活动而言，报纸是一种很有价值的传播媒介。根据销售的不同阶段，相关人员可以设计一些"最后期限"广告，调整折扣率、存货品种和采用其他一些特殊销售手段，以简短声明的方式在报纸上公布。它应该包含以下要素：商店徽标和店址、销售类型、销售开始时间、提供的商品种类、折扣率等。

有效的报纸广告应该具有以下特征：醒目、突出的标题，广告周围有留白，明确的折扣率和价格空间，使消费者产生紧迫感。

2．广播和电视

广播和电视有许多优点，如灵活性强，目标市场营销辐射面广、频率高，能使消费者产生"立即行动"的紧迫感。

一份好的广播稿会至少三次提到品牌名称，有标语式口号，信息充满紧迫感，商品描述语言简练。

3．互联网广告

互联网广告是指通过网站、网页、互联网应用程序等互联网媒介，以文字、图片、音频、视频或者其他形式，直接或者间接地推销商品或者提供服务的商业广告。与传统的四大传播媒体（报纸、杂志、电视、广播）广告及备受垂青的户外广告相比，互联网广告具有得天独厚的优势，是实施现代营销媒体战略的一个重要部分。互联网是一个全新的广告媒体，速度最快，效果很理想，是中小企业发展壮大的途径。

4．POP 广告

通过单纯的商品陈列很难真正取得消费者的信赖。如何有效、准确地将企业的信息传达给消费者，达到刺激消费者冲动购买的目的？POP 广告张贴成为商品和消费者之间的桥梁。

（1）POP 广告的概念。POP（Point of Purchase）广告即卖点广告，又称店内海报，其主要目的是将企业的销售意图准确地传递给消费者，在销售现场直接促使消费者即时购买。在摆满琳琅满目的商品的店面中，消费者犹如雾里看花，众多的选择、有限的信息使消费者很难作出决断。这时，POP广告可以告诉消费者商品的售价，介绍商品的特性，并传达相关活动信息，使消费者能够准确地了解商品信息，愉快地购物。

企业对于POP广告的合理运用不仅能节省人力，减少支出，还能说明商品的价格和特性，在为消费者创造轻松购物环境的同时，将信息准确地传递给消费者，更能够吸引消费者对商品的注意，增加消费者对企业的信任程度，并激发消费者的即时购买冲动，直接提高企业的销售收入。

设计一份好的POP广告必须遵循以下原则：①形式美观，能够充分吸引消费者的目光；②传递信息完整，可以有效激发消费者的即时购买冲动；③更换周期短，可以随时将企业最新的销售信息和意图传递给消费者；④应用密度高，能更有效地引导消费者进行选择。

（2）POP广告的分类。POP广告按功能可以分为两大类：装饰类POP和促销类POP。装饰类POP的主要作用是烘托卖场气氛，构建卖场与众不同的风格与理念。促销类POP的功能主要是使用简洁的信息，有效地激发消费者的购买欲望，成功实现交易。由于POP广告符合消费者的消费习惯，并且成本低廉、简单快捷，具有其他促销手段无法比拟的优势，因此在国际零售行业中，POP广告担负着商品销售的重要角色，如表6-1所示。

表6-1 POP的重要角色

名称	功能	形式	使用期限
装饰类POP	制造店内气氛	形象POP； 消费POP； 招贴画； 悬挂小旗	多具有长期性和季节性
促销类POP	帮助消费者选购商品； 提高消费者购买欲望	手制价目卡； 拍卖POP； 商品展示卡	拍卖期间或特价日，多为短期行为

（3）POP的功效。美国某商业研究机构对美国本土100家大型零售商店的研究显示：促销类POP，可以使商店内单品销售成绩提高50%~300%，使整体销售成绩提高30%~100%。但是，使用制作粗劣、信息不完整的促销类POP，往往会引起消费者的抵触情绪，难以取得相应的促销效果，甚至会起到相反的作用。

（4）中国零售店的POP广告。目前，我国零售店的POP广告以装饰类POP为主，每逢庆祝之日，样式统一、印刷精美的POP广告悬挂于店内，可以很好地起到烘托气氛的作用。

走进大多数百货商场、超级市场、专业店等零售店，促销类POP已不陌生，企业可通过促销类POP向消费者传递商品价格、折扣等信息。

目前，我国促销类POP仅仅作为辅助手段，无法取代店面销售人员。形式过于简单、传递信息不完整、制作粗劣、更换周期过长、使用密度小、缺乏独立个性几乎成为所有零售店中促销类POP的通病。

6.2.4 促销的作用

1. 传递商品销售信息

在商品正式进入市场以前，企业必须及时向中间商和消费者传递有关商品的销售信息。信息的传递可使社会各方了解商品的销售情况，建立良好的企业声誉，引起社会各方的注意和好感，从而为企业商品销售的成功创造前提条件。

2. 创造需求，提高销量

企业只有针对消费者的心理动机，通过开展灵活、有效的促销活动，诱导或激发消费者某一方面的需求，才能提高商品的销量。并且，企业通过促销活动可创造需求，发现新的销售市场，从而使市场需求朝着有利于企业销售的方向发展。

3. 突出商品特色，增强市场竞争力

企业通过开展促销活动，宣传本企业的商品较竞争对手商品的不同特点，以及给消费者带来的特殊利益，可使消费者充分了解本企业商品的特色，引起消费者的注意，进而提高商品的销量和企业的市场竞争力。

4. 反馈信息，提高经济效益

通过有效的促销活动，更多的消费者会了解、熟悉和信任本企业的商品。同时企业可通过消费者对促销活动的反馈，及时调整促销决策，使企业生产经营的商品适销对路，提高企业的市场份额，巩固企业的市场地位，从而提高企业的经济效益。

6.2.5 促销方式

促销方式是零售企业改造市场、提高业绩的得力手段。目前，零售企业主要采用以下促销方式。

1. 无偿促销

无偿促销是对目标消费者不收取任何费用的一种促销手段。它包括两种形式：酬谢包装和免费样品。①酬谢包装。即以标准包装为衡量基础，但给消费者提供更多价值的一种包装形式，包括额外包装、包装内赠、包装外赠、功能包装。②免费样品。即将商品直接提供给目标对象试用。

2. 惠赠促销

惠赠促销是在目标消费者购买商品时给予优惠待遇的一种促销手段，包括买赠、换赠和退赠三种方式。①买赠：购买获赠。只要消费者购买某一商品，即可获得一定数量的赠品。最常用的方式如买一赠一、买五赠二、买一赠三等。②换赠：购买补偿获赠。只要消费者购买某一商品，再略做补偿，即可换取其他产品，如补钱以旧换新，加 1 元送××产品，加 10 元多一件等。③退赠：购买达标则退利获赠。只要消费者购买或购买一定数量，即可获得返利或赠品。它包括消费者累计消费返利和经销商累计销售返利。例如，当购买金额达到 1 000 万元时返利 5%；当购买 10 个商品时，赠 1 个商品；当消费三次以上时退还一次的价款；等等。

3. 折价促销

折价促销是在目标消费者购买商品时，给予不同形式的价格折扣的促销手段。主要有六种形式。①折价优惠券。通常称优惠券，是一种传统而流行的促销方式。优惠券上一般印有商品的原价、折价比例、购买数量及有效时间，消费者可以凭券购买并获得实惠。②折价优惠卡。折价优惠卡是一种长期有效的优惠凭证。一般以会员卡和消费卡两种形式存在，使发卡企业与目标消费者保持一种比较长久的消费关系。③现价折扣。即在现行价格基础上打折销售。这是一种最常见且行之有效的促销手段，可以让消费者在现场获得看得见的利益并感到心满意足，同时销售者也会获得满意的目标利润。④减价特卖。即在一定时间内对商品降低价格，以特别的价格来销售。减价特卖的一个特点就是阶段性，即一旦促销目的完成，即恢复到原来的价格水平。减价特卖的形式通常有"包装减价标签""货架减价标签"和"特卖通告"三种。⑤减价竞争。即降低现行价格，让利于市场，并获得具有竞争优势的销售量。减价竞争与现价折扣不同。现价折扣属于战术性促销，减价竞争则一般属于战略性促销，它从范围上、数量上、规模上、期效上都比现价折扣大。减价竞争是一种以新的价格参与市场竞争的战略，是发动市场侵略性竞争的"撒手锏"。⑥大拍卖及大甩卖。商品大拍卖是将商品以低价拍卖的方式，以非正常的价格来拍卖；商品大甩卖也是以低于成本或非正常的价格来销售商品。大拍卖和大甩卖都是一种价格利益驱动战术。对企业而言，大拍卖和大甩卖都是清仓策略。通过大拍卖或大甩卖，企业能够集中吸引消费群体，刺激人们的购买欲望，并在短期内消化掉积压商品。

4. 竞赛促销

竞赛促销指的是利用人们的好胜和好奇心理，通过举办趣味性和智力性竞赛，吸引目标消费者参与的一种促销手段。①征集与奖答竞赛。即通过征集消费者意见给予消费者一定的奖励，以此刺激消费者消费的一种促销活动，如有奖问答等。②竞猜比赛。即企业通过举办对某一结局的竞猜以吸引消费者参与的一种促销方式，如猜谜、体育赛事结果竞猜、自然现象竞猜、揭谜竞猜等。③优胜选拔比赛。即企业通过举办某一形式的比赛，吸引爱好者参与，最后选拔出优胜者的促销方式，如选美比赛、健美大赛、选星大赛、形象代言人选拔赛等。④印花积点竞赛。即企业指定在某一时间段内，目标消费者收集的产品印花达到一定数量后可兑换赠品的促销方式。印花积点是一种传统而有影响力的促销手段。只要消费者握有一定量的凭证（商标、标贴、瓶盖、印券、票证、包装物等），便可领取相应的赠品或奖赏。

5. 活动促销

活动促销指的是通过举办与商品销售有关的活动，来达到吸引消费者注意与参与的促销手段。通常有五种形式。①新闻发布会：活动举办者以召开新闻发布会的方式来达到促销目的，主要利用媒体向目标消费者发布消息，告知商品信息，以吸引消费者消费。②商品展示会：通过参加展销会、订货会或自己召开商品展示会等方式来达到促销目的，亦称"会议促销"。③抽奖：消费者消费时，给予其若干奖励机会的促销方式。④娱乐活动：通过举办娱乐活动，以趣味性和娱乐性吸引消费者并达到促销的目的。⑤制造事件：通过制造有传播价值的事件，使事件社会化、新闻化、热点化，以新闻炒作来达到促销目的。制造事件可以引起公众的注意，并调动目标消费者对事件中相关商品或服务的兴趣，最终刺激消费者购买。

6. 双赢促销

双赢促销指的是两个（含）以上市场主体通过使用联合促销方式实现各方共赢的促销手段。换而言之，两个（含）以上的企业为了共同谋利而联合举办的促销即为"双赢促销"。实行双赢促销的联合对象，可以实行横向联合，也可以实行纵向联合，但一般在三大业态之间进行自由组合。三大业态形成了互动的促销阵势。

7. 直效促销

直效促销指的是具有一定的直接效果的促销手段。直效促销具有现场性和亲临性，这两大特点能够营造强烈的销售氛围。①卖点广告，即POP广告，是指在销售现场张贴与悬挂海报、吊旗、台标及广告牌等，通过使用这些现场传播方式，烘托商品气氛，达到促进销售的目的。②直邮导购，即DM，是指通过直接邮寄函件引导消费者购买某种商品。③商品演示，即现场演示商品的特性与优势，吸引消费者购买。商品演示是一种立竿见影的促销方式，可以满足消费者的视觉、听觉、嗅觉、味觉、触觉需求，从而满足其心理需求，实现即刻购买。④商品展列，即通过销售现场商品的展示陈列，以夺目的态势吸引消费者。⑤报纸宣传，即印制具有商品与服务内容的报纸或宣传单，通过发放来导购促销。⑥营业佣金，即为了调动营业人员销售本企业商品的积极性，对经营单位和营业人员给予销售佣金、提成或奖品。⑦特许使用，即商品优先使用，指消费者可以在规定的时间内使用商品，感到满意后再支付费用。这种促销方法类似于延期付款，但不同的是特许使用属于"先用后偿"，是以消费者满意为前提的。

8. 服务促销

服务促销指的是为了维护消费者利益，为消费者提供某种优惠服务，便于消费者购买和消费的促销手段。主要包括九种形式。①销售服务：销售前的咨询与销售后的服务。②承诺销售：对消费者给予一种承诺，使消费者增加信任感并放心购买。③订购定做：专一地为消费者订购商品或定做商品，这种专项服务可以使消费者产生优越感，也能够体现服务促销的宗旨。④送货上门：将消费者所购商品无偿地运送到指定地点。⑤免费培训：免费培训商品有关知识，是商品售出时附赠的服务项目。⑥维护安装：为消费者提供商品安装调试服务及护养、修理服务。⑦分期付款：分期付款方式一般只在高价款商品销售时使用，此方法可以缓解消费者的经济压力。⑧延期付款：消费者可以对所购商品在一定时间内交付款项。与分期付款不同的是，延期付款一般是在规定的时间内一次付清。⑨会员制服务：消费者入会后可以享受内部优惠待遇的一种促销方式。会员制一般列有明晰的入会条款、受惠条款，消费者需交纳一定的入会费用，会员享有购物权、消费权、保护权、服务权、折扣权等权利。

9. 组合促销

组合促销指的是将两种及以上促销方式组合起来使用，以求更有效率的促销手段。但是，有些促销方式是不便于有机组合的，如无偿促销与折价促销，两者存在着一定的矛盾，在促销时不能强扭在一起。因此，企业在运用组合促销时，应选择不同方式进行合理配置。或者，在不同的阶段使用不同促销方式，使促销更具有延续性和递进性。

6.3 促销方案的策划与执行

6.3.1 促销目标的确定

企业开展促销活动前一定要考虑为什么要促销、促销的目标是什么。每一种促销手段都会使消费者产生特定的反应，但并不是所有的促销手段都利于销售。如果企业主动开展促销活动，那就更应提前设定促销目标。不同的促销目标决定了促销工具的不同；只有促销目标准确，企业才可以选择有效的促销工具。

6.3.2 促销方案的策划

好的促销方案必须建立在对整个市场背景及竞品有详细的分析，清楚地了解终端资源，充分掌握商品竞争优势，以及促销时机相对成熟、促销方式新颖有效、能有效监控促销过程等条件之上。要想达到好的促销效果，企业必须有一个比较完整、详细的促销方案。促销方案的策划主要包括以下几个方面的内容。

1．市场调研

市场调研的内容包括市场背景、行业背景、卖场背景、竞争背景。

2．制订方案

一个完整的促销方案包括促销目的、促销对象、促销方式、促销工具、促销时限、促销范围、促销预算、促销预期、人员保证、执行监督、应急措施等内容。

3．沟通认同

方案制订后，企业并不是马上执行，而要让有关执行人员充分了解方案的意图、目标、步骤等，能够充分理解促销目的，明确个人职责，掌握实施步骤，充分调动人员的积极性和主动性。

4．人员保障

促销方案是需要人来实施的，而且需要多方面的人员，如促销员、奖励兑现员、终端理货员、市场监督员等。人员保障就是要让有关人员及时到位，并对人员进行必要的前期培训，保证人员素质过硬，能够胜任本职工作。

5．信息传播

促销时，企业必须通过 POP 广告、传单、口头传达等方式把促销信息快速、高效地传播给促销对象，如终端老板、服务员或消费者，使促销对象快速反应，积极参与促销活动。

6．组织实施

促销活动的组织实施水平直接决定了促销的成败。企业在组织实施过程中要保证"三个到位"——产品到位、人员到位、兑现到位。商品要及时铺到终端，并保证不断货；促销、配送、理货、监督等相关促销人员及时到位；促销品、奖励要及时兑现。

7. 过程监督

企业在促销活动中要派专人指导和督促活动的执行，一般由区域市场主管或促销部、市场部工作人员负责过程监督，及时发现活动中出现的主观和客观问题，监督商品、人员、兑现到位情况，不断提高监督人员的执行力和服务水平，通过过程监督及时调整策略，解决问题，确保活动执行到位。

8. 效果评估

促销活动结束后，企业应该进行效果评估，通过对促销活动的准备、实施和效果的反馈，评估该促销方案的可行性、执行力度是否达到预期目标，费用是否超支，消费者是否满意等，发现存在的问题，总结经验，弥补差距，以不断提高促销方案的创意水平、执行能力和促销效果，实现销量和品牌价值的双重提高。

6.3.3 促销方案的执行及检查

再完美的方案如果没有强有力的执行力作为保障，最终只能是"水中月""镜中花"。那么，在促销的执行阶段要注意哪些问题呢？企业应主要从促销的前期、中期、后期等阶段来进行控制，如表 6-2 所示。

表 6-2 促销活动执行阶段需要注意的问题

促销阶段	需要注意的问题
促销前期（方案创新，以调研为基础）	出货单及发票价格是否需要变更（内勤）； 是否已准备促销商品（内勤）； 首单的配送是否已于促销前到位（物流）； 是否已确认促销海报的价格（促销协议）； 是否已告知导购人员促销活动（导购培训）
促销中期（执行到位、跟踪效果、注意细节）	促销商品的计算机系统价格是否已变价（采购）； 现场价格牌是否为促销价格（门店）； 陈列位置是否已确认（采购及门店）； 随时了解销售状况及安全库存量是否足够（活动效果跟踪）； 是否已做好促销品陈列及美化（导购）； 确保赠品已按照促销规定准确捆绑到位（导购）； 是否已做好促销紧急预案（以防万一）； 是否已准备好促销末期促销品的安全库存
促销后期（总结评估，不断提高）	确认现场价格变回正常价； 确认计算机系统价格变回正常价； 盘点促销后库存量（快速补差）； 财务及时核销； 促销总结及评估（科学依据）

6.3.4 促销评估

促销评估主要需要考虑以下问题：促销的目标完成情况如何？相关人员的工作达到要求没有？人员之间的配合是否默契？物料的配置是否到位？物料是否起到了理想的效果？物料是否按促销的要求发放？这次促销活动在哪些地方做得很好，应该怎样保持？哪些地方做得不足，在以后的工作中如何避免？只有全面总结促销过程中的得与失，才能使每次促销活动比以前更上一层楼。促销评估是一项非常重要的工作，它不是在促销活动结束时才启动的，而是贯穿促销活动的整个过程。企业通过评估活动为今后的促销活动提供科学的依据。

促销评估基本从以下四个方面开展：①活动所设定目标的达成情况；②活动对促销的影响；③活动的利润评估（费用控制）；④品牌价值的建立。

提高终端促销效果的有效手段就是提高促销的执行力，加强对各个环节的监督和控制，提高各级人员的执行力。在活动方案策划阶段要做到周密策划、大胆创意；在活动沟通培训环节要做到对各级人员进行谆谆教导、不厌其烦；在活动执行阶段要做到严格检查、雷厉风行；在活动总结评估阶段要做到知己知彼、百战百胜。

【本章小结】

（1）零售商有三种可选择的形象定位，相应的定价方法和策略不同。

（2）定价策略受多种因素影响，包括商店的地址，商品的种类、特性、品质和价格，商品的广告和相关促销活动等。当前，价格仍然是影响消费者消费的主要因素。

（3）企业可以通过制订以盈补缺差别毛利率、控制敏感商品价格等策略，使用折扣定价法、特卖商品定价法、心理定价法、系列定价法来制定商品价格，刺激消费者进行购买。

（4）企业的促销方式有很多种，包括报纸和杂志、广播和电视、互联网广告以及 POP 广告等。

【重要概念】

形象定位　　定价策略　　定价方法　　促销工具　　POP 广告

【思考与练习】

（1）形象定位对定价策略的开展有什么意义？

（2）比较不同的零售业态，分析其定价策略。

【拓展阅读】

屈臣氏到底用了哪些促销招数？

屈臣氏是一家药妆专业店。它的促销活动往往具有一条权威、专业的主导线，每时每刻都在向消费者传递着自己在专业领域的权威信息，让消费者有更强烈的信任感。屈臣氏的促销活动每次都能让消费者感到惊喜，在白领丽人的一片"好优惠哟""好得意哟""好可爱啊"等叫好声中，商品被抢购一空。有人会疑惑，屈臣氏促销到底用了哪些招数？

招数 1：超值换购。在每一次促销活动中，屈臣氏都会推出三件以上的超值商品。消费者一次性购物满 50 元，就可以加 10 元任意挑选其中一件商品。这些超值商品通常是屈臣氏的自有品牌商品，所以企业能在实现低价位销售的同时保证利润。

招数 2：独家优惠。这是屈臣氏经常使用的一种促销手段。在寻找促销商品时，屈臣氏经常避开其他商家，使消费者产生更多新鲜感，这样也可以提高消费者的忠诚度。

招数 3：买就送。买一送一、买二送一、买四送二、买大送小，送商品、送赠品、送礼品、送购物券、送抽奖券……促销方式非常灵活多变。

招数 4：加量不加价。这一招主要针对屈臣氏的自有品牌商品。屈臣氏经常会推出加量不加价的包装，用鲜明的标签标识，以加量 33%或加量 50%为主。这一招对消费者非常有吸引力。

招数 5：优惠券。屈臣氏经常会在促销宣传手册或者报纸、海报上发布剪角优惠券，使消费者在购买指定商品时，可以享受一定金额的优惠。

招数 6：套装优惠。屈臣氏经常会向生产厂家定制专供套装商品，以较优惠的价格向消费者销售，如资生堂、曼秀雷敦、旁氏、玉兰油等都常会推出一些带赠品的套装。屈臣氏自有品牌商品也经常有套装优惠，例如，买一盒 69.9 元的屈臣氏骨胶原修护精华液送一支 49.9 元的眼部保湿啫喱，其促销力度很大。

招数 7：震撼低价。屈臣氏经常推出震撼低价商品，这些商品价格非常优惠，并且每个店铺都把这些商品陈列在店铺最显眼的位置，以吸引消费者。

招数 8：购某个系列商品满 88 元送赠品。例如，购护肤商品满 88 元、购屈臣氏自有品牌商品满 88 元或购食品满 88 元，送屈臣氏手拎袋或纸手帕等。

招数 9：购物两件，额外享 9 折优惠。购指定商品两件，额外享受 9 折优惠，如买一瓶营养水要 60 元，买 2 瓶只收 108 元。

招数 10：赠送礼品。屈臣氏经常会举行一些赠送礼品的促销活动，一种是供应商提供礼品的促销活动；另一种是屈臣氏自己举行的促销活动，如赠送自有品牌商品试用装、购买某系列商品送礼品装，或者当天前 30 名消费者赠送礼品一份。

招数 11：VIP 会员卡。屈臣氏每两周会推出数十件贵宾独享折扣商品，价格低至 8 折。消费者每次消费有积分。

招数 12：感谢日。屈臣氏会举行为期 3 天的感谢日小型主题促销活动，推出系列重磅特价商品，商品优惠 10 元以上。

招数 13：销售比赛。"销售比赛"也是屈臣氏非常成功的一种促销活动。其每期指定一些比赛商品，各级别店铺（屈臣氏的店铺根据面积、地点等因素分为 A、B、C 三个级别）进行推销比赛，销售排名前三的店铺将获得奖励。每次参加销售比赛的指定商品的销售业绩都会奇迹般迅速增长，供货商非常乐意参与这样有助于销售的活动。

思考题：促销是否是万能的？

第 7 章

商圈与店铺选址

门店最重要的是什么？第一是选址，第二是选址，第三还是选址。

——零售业界的名言

【主要内容】

（1）商圈概述
（2）商圈分析
（3）商圈理论
（4）店铺选址

案例导读

改头换面，只因商圈错位

20 世纪 90 年代初，北京市不断有大型商场开业，且有一店比一店大、一店比一店豪华的趋势。然而，到 1997 年就有多家商场关闭、转行。大型商场不是想开就能开的，更不是开了就能赚钱的。新建商场需要进行商圈分析；已建的商场应了解商圈的变化，适当调整经营策略，满足消费者新的需求，才能维持生存，不断壮大。如果企业不能认真、细致地做好这些基础工作，不了解自己服务的对象及如何为其服务，就只能面临"关、停、并、转"了。

北京的万惠双安商场现在已经不存在了。1997 年，该商场因亏损无法继续经营，只能转业，做了"复员军人"。万惠双安商场地处海淀区，周边人口众多，人均收入水平较高，年人均可支配收入有 8 000 元之多（1998 年数据），但同类竞争者有双安商场、当代商场，竞争之激烈不言而喻。万惠双安商场所在的地区有几个大的汽车站，流动人口比重较大。万惠双安商场的失败是多种原因综合作用的结果，但商圈分析失误是其中重要的原因之一。商场所在地有一定的人流，但人员流动性强，滞留时间短，且作为百货业态的商场没有特色，不能有效吸引顾客，增加客流。

万惠双安商场关门后，改变了经营业态，变成官园批发市场。名字变了，经营重点变了，价格、定位也变了。

思考题：什么是商圈？不同业态的商圈是否相同？

7.1 商圈概述

7.1.1 商圈的概念和商圈研究的重要性

1．商圈的概念

商圈是指以零售店所在地为中心，对消费者的辐射范围，也就是消费者所居住的地理环境。地理位置会给零售店带来极大的影响，也是影响零售店成败的重要因素。商圈与零售店经营活动有着极为密切的关系，新设或已设的零售店都不应忽视对商圈及其变化的研究。所谓商圈研究，就是对商圈的构成情况、特点、范围以及影响商圈规模、形态变化的因素进行实地调查、分析，为选择店址、制订或调整经营方针和策略提供依据。

2．商圈研究的重要性

（1）商圈研究是新设零售店合理选址的前提。新设零售店在选址时，总是希望获得较大的目标市场，以吸引更多的目标消费者。为此，经营者必须明确商圈范围，掌握商圈内的人口分布以及市场、非市场因素的相关情况，通过分析明确商圈的规模、形态，并进行经营效益评估，衡量店址的使用价值，从而选定店址、规模、商品方向，使商圈、经营条件协调融合，创造经营优势。

（2）商圈调查是零售店制定竞争策略的依据。在日趋激烈的市场竞争环境中，价格竞争策略常被人们使用，但零售店在竞争中为取得竞争优势，已广泛采取了非价格竞争手段，如改善零售店形象，完善售前、售中、售后服务，加强与消费者的沟通等。这些都需要经营者通过开展商圈调查，掌握客流性质、了解消费者需求与爱好等。

（3）商圈研究是零售店制定市场开拓战略的依据。一个零售店经营方针、战略的制定或调整，总要立足于商圈内各种环境因素的现状及其发展规律、趋势。通过开展商圈调查分析，经营者可明确哪些是本店的基本顾客群、哪些是潜在顾客群，在力求留住基本顾客群的同时，着力吸引潜在顾客群。

7.1.2 商圈的层次和消费者来源

1．商圈的层次

城市商圈的出现是一种世界性社会经济现象，是商业文明与社会经济进步共同作用的结果，也是衡量一个城市的经济是否繁荣的重要标志之一。它浓缩历史、积淀文化，是一个现代化城市的精华所在，在人类社会进步和城市发展中发挥着独特的作用，如北京的王府井商圈、广州的天河商圈等。根据商圈在经济区域中的地位，商圈可以划分为核心商圈、次级商圈和边缘商圈，如图 7-1 所示。

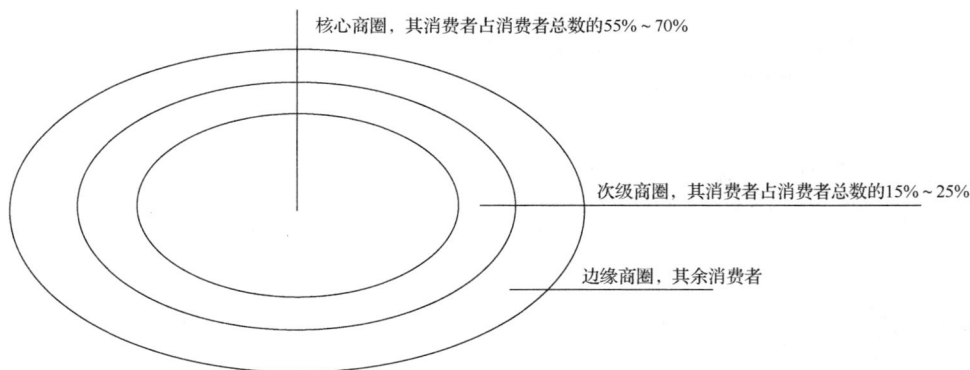

图 7-1 商圈示意图

（1）核心商圈。核心商圈是最靠近零售店的区域。核心商圈一般拥有该经济区域 55%~70%的消费者，每个消费者的平均购买额最高，商业地产的收益最高，价格自然也最高，所经营的商品档次较高。

（2）次级商圈。次级商圈位于邻近核心商圈的区域。次级商圈是核心商圈外围的商业区，一般拥有该区域 15%~25%的消费者，消费者较分散，商业地产的价格水平一般低于核心商圈。

（3）边缘商圈。边缘商圈是位于次级商圈之外的最外围区域。非核心商圈的商业密度较小，适合经营那些挑选性不强的商品，商品档次不需要太高。

2．消费者来源

（1）居住人口。即零售店附近的常住人口，是核心商圈内基本消费者的主要来源。

（2）工作人口。即那些并不居住在零售店附近，但工作地点在零售店附近的人口。这部分人往往会利用上下班时间就近购买商品，他们是次级商圈中基本消费者的主要组成部分。

（3）流动人口。即在交通要道、商业繁华地区、公共场所来往的人口。他们是位于这些地区零售店的主要消费者来源，是构成边缘商圈消费者的基础。一个地区的流动人口越多，在这一地区经营的零售店可以捕获的潜在消费者就越多，同时经营者云集，竞争也越激烈。

7.2 商圈分析

7.2.1 商圈分析的内涵

1．商圈分析的定义

商圈分析是指经营者对商圈的构成情况、特点、范围以及影响商圈规模变化的因素进行实地调查和分析，为选择店址、制订或调整经营方针和策略提供依据。商圈分析是店铺选址过程中的重要环节，是经营者经营店铺，进行店铺选址时必须进行的。在为店铺选址时，经营者必须明确商圈的范围，掌握商圈内人口、市场等因素的有关情况，并由此评估经营效益，确定大致地点。经营者通过对商圈进行调查分析，能够了解不同位置的商圈范围、构成及特点，并将其作为店铺选址的重要依据。

2．商圈形态

了解商圈形态是进行商圈分析的基础。一般而言，商圈形态可分为商业区、住宅区、文教区、办公区和混合区五种，如表7-1所示。

表7-1　商圈形态

商圈形态	区域范围	特点	消费习性
商业区	商业集中区	商圈大、流动人口多、各种商店林立	快速、流行、娱乐、冲动购买及消费金额比较高
住宅区	居民社区	户数多，至少有1 000户	消费群体稳定，充满便利性、亲切感，家庭用品购买率高
文教区	大学、中学、小学校园附近	以学生为主	消费金额普遍不高，休闲食品、文教用品购买率高
办公区	写字楼、企事业单位附近	办公大楼林立	要求便利性，外来人口多，消费水平较高
混合区	住商混合、住教混合	具备单一商圈形态的消费特色	多元化

3．业态与商圈

在本章的案例导读中有这样一个问题：不同业态的商圈是否相同？通过表7-2，可以比较不同业态商圈的特点。通过表7-3可知，即使同是购物中心，也会因规模不同而有着不同的商圈范围。

表7-2　业态商圈分析列表

业态	选址	商圈与目标消费者	规模
食杂店	位于居民区内或传统商业区内	辐射半径0.3千米，目标消费者以相对固定的居民为主	营业面积一般在100平方米以内
便利店	位于商业中心区，交通要道以及车站、医院、学校、娱乐场所、办公楼、加油站等公共活动区	商圈范围小，消费者步行5分钟内到达，目标消费者主要是单身的年轻人，消费者多是有目的地进行购买	营业面积在100平方米左右，利用率高
折扣店	居民区、交通要道等租金相对便宜的地区	辐射半径2千米左右，目标消费者主要为商圈内的居民	营业面积为300～500平方米
超市	市、区级商业中心，居住区	辐射半径2千米左右，目标消费者以居民为主	营业面积在6 000平方米以下
大型超市	市、区级商业中心，城乡接合部，交通要道及大型居住区	辐射半径2千米以上，目标消费者以居民、流动消费者为主	营业面积在6 000平方米以上

续表

业态	选址	商圈与目标消费者	规模
仓储店	城乡接合部的交通要道	辐射半径 5 千米以上，目标消费者以中小零售店、餐饮店、集团购买和流动消费者为主	营业面积在 6 000 平方米以上
百货店	市、区级商业中心，历史积淀形成的商业聚集地	目标消费者以追求时尚和品位的流动消费者为主	营业面积为 6 000～20 000 平方米
专业店	市、区级商业中心以及百货店、购物中心内	目标消费者以有目的地选购某类商品的流动消费者为主	根据商品特点而定
专卖店	市、区级商业中心，专业街以及百货店、购物中心内	目标消费者以中高档消费者和追求时尚的年轻人为主	根据商品特点而定
家居建材商店	城乡接合部、交通要道或消费者自有房产拥有率比较高的地区	目标消费者以拥有自有房产的消费者为主	营业面积在 6 000 平方米以上

表 7-3 购物中心的商圈范围

购物中心类别	规模		业态具体表现形式	数量	特征
近邻型购物中心	半径： 时间距离： 人口： 停车场规模：	1～2 千米 3～5 分钟 1 万～2 万人 50～100 辆	超市、专门店、便利店、药房、洗衣房	50～70 家	近邻型购物中心更小型化，核心店铺由百货店或超市以及 50～70 家专门店构成，属于相对小型化的购物中心
区域型购物中心	半径： 时间距离： 人口： 停车场规模：	3～5 千米 5～8 分钟 5 万～10 万人 300～500 辆	廉价商店、日用品商店、专门店、外食店	100 家以上	区域型购物中心包括百货店、超市、廉价商店等核心店铺各 1 家以及 100 家以上的专门店
广域型购物中心	半径： 时间距离： 人口： 停车场规模：	10～20 千米 10～15 分钟 50 万～100 万人 2 000～5 000 辆	百货店、超市、廉价商店、专门店	2 家 2 家 2 家 150 家以上	广域型购物中心包括百货店、超市、廉价商店等核心店铺各 1～2 家以及 150 家以上的专门店
超广域型购物中心	半径： 时间距离： 人口： 停车场规模：	20 千米以上 15 分钟以上 100 万人以上 10 000 辆以上	百货店、综合性零售店、大型专门店、专门零售店	150～200 家	超广域型购物中心包括 150～200 家专门店、饭店、食品店、影院、健身房、文化中心等

7.2.2 商圈的确定和影响因素

1．商圈的确定

对一个零售店的商圈进行分析时至少要考虑两个因素：一是零售店的地理因素，二是零售店经营的商品因素。地理因素是指零售店所在地区的特点。中心商业区交通便利，流动人口多，存在大量潜在消费者，商圈规模较大。对于一些设在偏僻地区的零售店，消费者主要是在零售店附近的常住人口，其商圈规模一般较小，扩大商圈规模、吸引远方的消费者可能要依赖交通条件改善或零售店独创的经营特色。商品因素是指零售店所经营的商品或提供的服务的种类。商品或服务的种类与商圈规模关系密切。

经营者在确定商圈时，可以通过抽样调查销售记录、售后服务登记、消费者意见征询等途径搜集有关消费者居住地点的资料，对资料进行分析统计，对商圈范围进行预估。采用这些方法时不能忽视时间因素，如平日和节假日时的消费者构成比重不同，这有可能会导致商圈范围的差异。新设零售店确定商圈时主要根据当地市场的销售潜力，可以分析城市规划、人口分布、住宅小区建设、公路建设、公共交通等方面的资料，预测本店将来的市场份额，从而确定商圈的大小。

2．影响商圈大小的因素

（1）店铺的经营特征。经营同类商品的两个店铺即便位于同一个地区的同一条街道，其对消费者的吸引力也会有所差异，相应的商圈大小也会不一致。那些经营富有特色、商品齐全、服务周到，并在消费者中树立了良好形象的店铺，其商圈范围就比较大；相反，其商圈范围就比较小。

（2）店铺的经营规模。一般来说，店铺的经营规模越大，其商圈越大。因为规模越大，它供应的商品范围越大，花色、品种越齐全，因此吸引消费者的空间范围越大。

（3）经营商品的种类。一般来说，经营传统商品、日用生活品的店铺，其商圈范围较小；而经营选购品、耐用品、技术性强的商品和特殊品的店铺，其商圈范围较大。

（4）竞争店铺的位置。一般情况下，有相互竞争关系的两店之间的距离越大，它们各自的商圈越大。例如，若潜在消费者居于两家同行业店铺之间，两店铺分别会吸引一部分潜在消费者，造成客流分散，商圈会因此而缩小。但是，有些相互竞争的店铺毗邻而设，消费者因有较多的比较和选择机会而被吸引过来，商圈反而会因竞争而扩大。

（5）消费者的流动性。随着消费者流动性的增强，光顾店铺的消费者来源会更广泛，边际商圈因此而扩大，店铺的整个商圈规模也会扩大。

（6）交通地理条件。交通地理条件是影响商圈规模的一个主要因素。位于交通便利地区的店铺，其商圈规模会因此扩大，反之则限制了商圈范围的延伸。自然和人为的地理障碍，如山脉、河流、铁路以及高速公路，会成为商圈规模扩大的巨大障碍。

（7）店铺的促销手段。店铺可以通过广告宣传开展公关活动，利用广泛的人员推销与营业推广活动可以不断提高店铺的知名度和影响力，吸引更多的边际商圈的消费者慕名光顾，如此店铺的商圈规模会随之骤然扩大。

7.2.3　商圈分析的内容和步骤

1．商圈分析的内容

（1）人口规模及特征：人口总量和密度、年龄分布、平均受教育水平、拥有住房的居民百分比、总的可支配收入、人均可支配收入、职业分布、人口变化趋势、到城市购买商品的邻近农村地区消费者数量和收入水平。

（2）劳动力保障：管理层的学历与工资水平、管理培训人员的学历与工资水平、普通员工的学历与工资水平。

（3）供货来源：运输成本、运输与供货时间、制造商和批发商数目、可获得性与可靠性。

（4）促销：媒体的可获得性与传达频率、成本与经费情况。

（5）经济情况：主导产业、多角化程度、项目增长、免除经济和季节性波动的自由度。

（6）竞争情况：现有竞争者的商业形式、位置、数量、规模、营业额、营业方针、经营风格、经营商品、服务对象，所有竞争者的优势与弱点分析，竞争的短期与长期变动，饱和程度。

（7）商店区位的可获得性：区位的类型与数目、交通运输便利情况、车站的性质、交通联结状况、搬运状况、上下车旅客的数量和质量，自建与租借店铺的机会大小，城市规划，规定开店的主要区域以及哪些区域应避免开店。

（8）法规：税收、执照、营业限制、最低工资法、规划限制。

（9）其他：租金、投资的最高金额、必要的停车条件等。

2．商圈分析的步骤

商圈分析一般可分为以下几步。

（1）确定资料来源，包括销售记录、市场调查问卷等。

（2）确定调查的内容，包括购物频率、平均购买数量、消费者集中程度等。

（3）确定商圈的组成部分。

（4）确定商圈内居民人口的特征。

（5）根据上述分析，确定是否在商圈内营业。

（6）确定商店的区域、地点和业态等。

案例 7-1

J 超市在中国市场的选址策略

J 超市是大卖场业态的首创者，是欧洲第一大零售商、世界第二大国际化零售连锁集团。J 超市于 1995 年进入中国市场，曾经是国内最大的几家外资零售商之一。

一、目标消费者和店铺选址特征

调查发现，在来 J 超市购物的人群中，45%乘公共交通工具，28%步行，15%骑自行车，只有12%乘坐出租车或小轿车。这表明 J 超市的消费者已经不仅仅是富裕的城市居民了。

J 超市都开在了路口处，巨大的招牌在 500 米外都可以看得一清二楚。一个投资几千万美元的店，店址当然不会是随意选的，其背后精密和复杂的计算常令行业外人士大吃一惊。

二、商圈内人口消费能力调查

商圈调查很多时候需要借助市场调查公司的力量来开展。有一种做法是从某个原点出发，测算步行 5 分钟会到什么地方，步行 10 分钟会到什么地方，步行 15 分钟会到什么地方。根据中国的本地特色，还需要测算骑自行车出发的小片、中片和大片半径，最后以车行速度来测算小片、中片和大片各覆盖了什么区域。如果有自然的分隔线，如一条铁路线，或另一个街区中有一个竞争对手，商圈范围就需要依据这种边界进行调整。

此外，商家还需要对这些区域进行进一步细化，调查这片区域内各个居住小区详尽的人口规模和特征，计算不同区域内人口的数量和密度、年龄分布、文化水平、职业分布、人均可支配收入等指标。J 超市的做法更细致一些，根据这些小区的远近程度和居民可支配收入，划定重要销售区域和普通销售区域。

三、持续性商圈微调

在经营过程中，J 超市还会依据目标消费者的信息不断微调商品线。J 超市内部的一份资料指出：60% 的消费者在 34 岁以下，70% 的消费者是女性……其可以依据这些目标消费者的信息来微调自己的商品线。

J 超市在上海的每家店都有小小的不同。在虹桥门店，因为周围的高收入群体和侨民比较多，其中侨民占到了 J 超市消费群体的 40%，所以该店的外国商品特别多，如各类葡萄酒、奶酪和橄榄油等，这都是 J 超市为了满足这些特殊消费群体的需求特意进口的。

南方的 J 超市因为周围的居住小区比较分散，所以干脆开了一个迷你超市，以吸引较远处的人群。青岛的 J 超市做得更到位，因为有 15% 的消费者是韩国人，因此干脆就做了许多韩文招牌。

7.3 商圈理论

7.3.1 零售引力法则

1929 年，美国学者 W. J. 雷利（W. J. Reilly）对美国的都市商圈进行调查后提出了零售引力法则。雷利认为，"具有零售中心功能的两个城市，对位于其中间的一个城市或城镇的零售交易的吸引力与两城市的人口成正比，与两城市与中间城市或城镇的距离成反比"。之所以与人口成正比关系，从现象上看，是因为该区有吸引力的是人口，但实际上有吸引力的是该区大量的、各式各样的商品和商业性服务，这些往往是和大的人口中心协调一致的。随着所在地区人口的增长，当地供应的商品和服务在数量、品种、方式上相应会有较大的发展，必然会吸引更多的消费者去该地区购买商品，接受商业服务，即该地区有较大的吸引力。当然，消费者消费还要考虑购物成本，距离越远，购物成本越高，所以吸引力会下降。另外，两个城市之间存在着一个商圈分界点，两个城市对处于该分界点上的消费者的吸引力是相同的，但是该分界点与两个城市的空间距离却是不同的。这个分界点就是两个城市各自商圈的边界。

7.3.2　零售饱和指数理论

零售饱和指数理论（the Index of Retail Saturation Theory）是通过计算零售饱和指数来测定商圈大小，进而确定某一地区零售店铺是不足还是过多，以及是否能够开设店铺的理论。该理论主要揭示了某商圈中某类商品或服务吸引投资者的程度，公式为：

$$IRS = 需求/卖场面积 = (H \cdot RE)/RF$$

式中，IRS 为某商圈内某种商品的零售饱和指数；H 为商圈内的消费者数量；RE 为商圈内每位消费者在某类商品上的年支出金额；RF 为某类商品的现有卖场面积。显然，一个商圈内某种商品的零售饱和指数越小，意味着相对于需求来说，竞争越激烈，对投资者的吸引程度越低。

7.3.3　哈夫模型

美国加利福尼亚大学经济学者 D. L.哈夫（D. L. Huff）于 1964 年提出了关于预测城市区域内商圈规模的模型——哈夫模型。哈夫认为，购物场所对消费者的吸引力和消费者去购物场所感觉到的各种阻力，决定了商圈的规模。哈夫模型与其他模型的不同之处在于模型中考虑了各种问题产生的概率。哈夫认为，有购物行为的消费者对商店的心理认同是影响商店商圈大小的根本原因，商店商圈的大小与消费者是否选择在该商店购物有关。通常而言，消费者更愿意去具有消费吸引力的商店购物，这些有吸引力的商店通常卖场面积大，商品可选择性强，商品品牌知名度高，促销活动具有更大的吸引力。据此，哈夫提出了其关于商店商圈规模大小的论点，即商店商圈规模大小与购物场所对消费者的吸引力成正比，与消费者去消费场所感觉的时间、距离阻力成反比。

7.3.4　中心地带理论

20 世纪 30 年代初期，德国学者沃特·科里斯塔勒（Walt Christaller）提出了中心地带理论（Central Theory）。所谓中心地带，是指一个零售机构簇拥的商业中心。在中心地带理论中，有两个重要的概念：一是商圈，二是起点（Threshold）。商圈是指消费者愿意购买某种商品或服务的最大行程，此行程决定了某个商店市场区域的边缘界限；起点是指在某个区域设立某家商店所应拥有的最低消费者数量。显然，某商店要想取得经济效益，商圈必须覆盖比起点更多的人口。所以，他认为在对城市进行规划时，应该把具备商业功能的零售店、百货店设置在城市的中心位置。一般来讲，城市的中心位置都具有便利的交通条件，消费者可以很方便地在城市的任意位置到达城市中心。

中心地带理论认为，经营必需品和基本服务的商店应在距离上靠近消费者，而经营专门商品及非日常生活必需品的商店应该从较远处吸引消费者，同时也解释了消费者愿意到一个地点购买各种所需物品而不愿意到不同地点分别购买这一现象。科里斯塔勒首次将地理学与商业联系在一起，奠定了商圈理论的基础，为今后商圈理论的发展和商业地产项目定位的研究指明了方向。

7.3.5 商圈理论与零售店的选址

选址被认为是零售店经营成败的最为关键的因素，其原因就在于良好的店址能够使零售店获得较为持久的、不能被竞争对手轻易模仿的竞争优势。

商圈理论是零售店选址的基础理论。根据商圈理论，零售店进行选址时首先要考虑其业态特征。那些单体规模小、满足消费者便利需要、以经营选择性较弱的日常生活用品为主的零售业态，如超市、便利店，原则上应在距离上靠近消费者；而那些单体规模大、商品品种齐全、以经营选择性较强的商品为主的零售业态，如能够吸引远处消费者的百货店或仓储店，原则上应选址于商业中心或四通八达的地方。

在实际选址工作中，总有诸如超市选址于城市商业中心，专卖店选址于居民区而惨淡经营的案例，其原因之一就在于违背了商圈理论。而且，在考察具体店址时，应充分考虑那些使商圈缩小的阻碍因素以及使商圈扩大的吸引力因素，在此基础上，综合评估商圈及选址的可行性。

7.4 店铺选址

7.4.1 店铺选址的意义和原则

1. 店铺选址的意义

店铺选址是一项重大的、长期性投资，关系到零售企业的发展前途；店铺选址是零售经营者确定经营目标、制定经营策略的重要依据，是影响经营效率的重要因素。

选址就是进行店铺位置的选择。对有实体店铺的零售商来说，店铺选址是非常重要的。因为消费者选择商店进行购物时，店铺位置是最重要的考虑因素。同时，店铺的空间位置是形成差别化甚至垄断经营的重要条件。因为零售经营者可以随时改变他们的价格、商品组合、服务内容与促销手段等营销组合要素，而店铺的位置一旦确定就很难改变了。占据优势的店铺位置是获得其他竞争者不易模仿的竞争优势的重要途径。

2. 店铺选址的原则

（1）方便消费者购物。满足消费者需求是店铺经营的宗旨，因此确定店铺位置时必须首先考虑方便消费者购物。为此店铺要满足以下条件：一是交通便利。二是靠近人群聚集的场所，可方便消费者购物，如影剧院、商业街、公园名胜等。三是位于人口居住稠密区或机关单位集中的地区。由于这类地区人口密度大，与店铺的距离较近，消费者购物省时、省力，比较方便。店铺如在这类地区，会对消费者有较大的吸引力，很容易培养忠实消费者群体。四是位于符合客流规律和流向的人群集散地段。由于这类地段适应消费者的生活习惯，自然形成"市场"，因此能够进入商场购物的消费者人数多，客流量大。

（2）有利于店铺开拓发展。店铺选址的最终目的是要取得经营上的成功，因此要着重从以下几个方面来考虑如何便利经营。一是提高市场的占有率，以利于企业长期发展。二是要形成综合服务功能，发挥特色。不同行业的商业网点设置，对地域的要求有所不同。店铺在选址时，必须综合考虑行业特点、消费心理及消费者行为等因素，谨慎地确定网点位置。三是利于合理组织商品运送。店铺选址时不仅要注意规模，而且要追求规模效益。发展现代商业，要求集中进货、集中供货、统一运送，这有利于合理规划运输路线，降低采购成本和运输成本。因此，店铺在位置的选择上应尽可能地靠近运输线，这样既能节约成本，又能及时组织货物采购，确保经营活动的正常进行。

（3）有利于获取最大的经济效益。衡量店铺位置优劣的重要标准是企业经营能否取得好的经济效益。因此，进行店铺地理位置选择时一定要综合各种因素，以利于目前或者将来获取最大经济效益。

7.4.2　零售店所在地区选择

地区分析、选择是零售店店址选择的第一步，也可以说是攸关生死的一步，因为其决定着零售店的发展和在这一地区的获利能力。零售店的发展潜力或者获利能力，取决于零售商提供的商品或服务供给和需求之间的相互作用。对一个新建零售店而言，这个地区必须有一定量的人口、一定的购买力，要有消费商品或服务的需要，还必须符合该店目标市场的要求。这是有关需求的一方面。另外，还要注意供给。如果这个地区拥有高水平的供给，即存在着很多商店，那对于新建零售店来说，这个地区的吸引力则较低。

1. 需求测量

零售商通过对一个地区的人口规模、可支配收入等情况进行分析，可以大致判断出这一地区的潜在购买力水平，从而估计出这一地区的大致需求。但是，零售商仅仅对人口规模、可支配收入等进行分析是不够的，还必须根据本店的目标市场要求，集中主要的人力、物力、财力制定目标。事实上，零售商进行需求测量时，通常要搜集人口统计资料，如人的性别、年龄、人均收入、家庭规模、家庭类型等，以便得到确定目标市场需求的准确依据。

2. 购买力

测量地区购买力经常使用购买力指数。购买力指数是测量市场的购买能力，反映市场对商品或劳务有支付能力的重要指标。国家统计部门经常发布全国主要城市的购买力统计资料，零售商可以借助这些资料了解市场的需求。

3. 零售店的饱和程度

零售商虽然可以利用购买力指数或国家统计部门公布的统计资料测量一个地区的零售总需求，但是为了吸引消费者需要考虑比总需求更多的因素。需求和供给的相互作用可以创造市场机会。对于新建零售店而言，一个地区有较高的需求水平，也可能同时有较高的竞争水平，选择这一地区对于力图规避竞争的商店而言可能是不合适的。

4. 市场发展潜力

市场发展潜力与零售商的营销能力密切相关。测算市场发展潜力的方法有两种。

一是测量当地消费者到其他地区或较远距离的商店购物的比例。随着本地消费者到其他地区购物量的增加，本地区的市场范围会缩小，外地区零售商的市场范围因此扩大。二是运用质量指数测量，质量指数表示一个市场的购买力水平是高于平均购买力水平还是低于平均购买力水平。低于平均购买力水平，意味着大量消费者到外地区购物，本地区的市场缩小；反过来，只要吸引其他地区的消费者到本店购物，就会使增加销量、扩大市场范围成为可能。

5. 市场要素分类组合

零售商对市场吸引力的判断往往通过两个甚至多个元素的组合进行，对开设一个新零售店的吸引力评估，要求考虑一个地区的饱和指数和市场发展潜力。综合判断饱和指数与市场发展潜力，更能明确市场的吸引力。饱和指数指示的是存在的条件；市场发展潜力则能够表明未来发展方向。饱和指数和市场发展潜力的组合，可以体现某一地区两种条件下的状况，如表 7-4 所示。

表 7-4　市场要素分类组合

	市场发展潜力大	市场发展潜力小
饱和指数高	II	I
饱和指数低	III	IV

对于零售商来说，最有吸引力的市场是饱和指数高和市场发展潜力大的地区，即表格的左上部分 II。高的饱和指数表明市场处于低饱和状态，零售店之间的竞争不太激烈，有高的市场发展潜力，那么，这个地区的市场总需求会有所增加，投资形势较好。饱和指数低和市场发展潜力小的地区，即表格右下部分 IV，表示竞争激烈而且发展潜力有限的地区，其对零售商吸引力最小，会阻挡新店的开设。

其他两个区间表示的地区的吸引力取决于进入企业的竞争实力。处于区间 I 的地区，有高的饱和指数，表示竞争不激烈，但是由于市场发展潜力小，企业发展空间不大，这削减了这一地区的吸引力；企业只有具有一定的竞争实力，能取得市场竞争的胜利，才可能进入此类型地区。处于区间 III 的地区，有大的市场发展潜力，前途诱人，但是也面临着激烈的竞争，因为多方投资者已进入，这表明新进入的零售店只能从已存在的零售店处夺取销售额。

6. 可能开设的零售店数量

在对某一地区进行市场决策时，既要看到其吸引力，又应考虑可能进入者的数量。一个地区能吸引一家企业进入，开设新店，也会吸引其他企业进入。如果在这一地区同时开设的零售店数量过多，结构雷同，那么这个地区就失去了吸引力。

7. 其他因素

研究市场吸引力使用市场要素分类组合是一种比较合理的方法，但对市场潜力的判断还有赖于许多其他因素，如地区经济基础就是一个非常重要的因素。一个地区以单独产业为经济基础，且行业发展潜力有限，则此地区的吸引力就会被削弱。一些零售商还要考虑仓库系统和商品配送系统能否及时、合理地为连锁分店采购、配置、运送商品，是否影响企业的日常运作和生存。

7.4.3 零售店所在区域的选择

零售店所在区域的选择指的是零售店应选择设立在哪一个区域，即设立在哪一级商业区或商业群中。在做出选择之前，我们需要进行一定的区域分析。区域分析是基于地区分析的。地区分析是比较广泛的，我们可以比较各省、地区、市、县或中心城市的市场吸引力，由此选择零售店设立的地区。地区确定后，并不能确定店址。选择新店的店址时还必须进行地区内的区域分析。区域分析的核心是分析地区的一个商业群零售潜力怎样变化。进行区域分析时，把地区再分成较小的分区或者分片，评估在每一分区或分片内的需求和供给因素，由此得出区域市场吸引力。分区或分片是按照设定的标准把目标地区划分成若干地理区。

怎样根据评选标准筛选区域市场呢？首先，划分市场区域，将其划分为若干地理区；其次，按评价标准搜集每一个区域的信息，按照要求给这些地区评分；最后，确定得分高的区域。进行区域分析时要对竞争因素进行测量。测量区域竞争程度有许多种方法，如测量商店的数量、商店的资金规模、每平方米的销售额等。在一个区域内建立一个新店之前，应描绘一张竞争图，分析竞争零售店的位置以及引起竞争的因素及发展状态。此外，在区域分析中选择零售店店址时，应充分考虑消费者对不同商品的需求特点及购买规律。

7.4.4 零售店店址的选择

仅仅确定了店址的区域位置还不够，因为在同一个区域内，一个零售店可能会有好几个开设地点供选择。有些地点对某个零售店来说，是非常有利的开设地点，而对另一个零售店来说，就不一定是最满意的地点。因此，一个新设的零售店做好地区选择、区域选择之后，还要综合多种影响和制约因素及对地点的要求，做出具体设立地点的选择。

1. 交通条件分析

交通条件是影响零售店选择开设地点的重要因素。它既决定了零售店的货流是否畅通，又决定了零售店的客流是否畅通，从而决定着零售店的经营效率。

（1）从企业经营的角度来看，对交通条件主要从以下两个方面评估进行。一是在开设地点或附近是否有足够的停车场所可以利用。外国绝大多数购物中心设计的停车场所面积与售货场所面积的一般比例为 4∶1。如果不是购物中心地点，其对停车场所的要求可以降低，零售店可以根据自己的要求做出决策。二是商品运至零售店是否容易。这就要考虑可供零售店利用的运输动脉能否适应货运量的要求，并便于装卸，否则货运费用的明显上涨会直接影响零售店的经济效益。另外，零售店提供售后服务时需要送货上门，如果交通不便，会直接影响零售店的竞争力。

（2）为方便消费者购买，促进购买行为的顺利实现，对交通条件要做如下具体分析。一是设在边缘区商业中心的零售店，要分析零售店与车站、码头的距离。一般距离越近，客流量较大，购买越方便。选择开设地点还要考虑客流的来去方向，例如：选在面向车站、码头的位置，以下车、船的客流为主；选在邻近市场公共车站位置的零售店，则以上车的客流为主。二是设在市内公共汽车站附近的零售店，要分析车站的性质、客流量——是中途站还是终点站？是主要车站还是一般车站？一般来说，主要车站客流量大，可使零售店吸引较多的潜在消费者。三是要分析交通管理状况引起的有利与不利条件。例如，单行街道、禁止车辆通行街道及与人行横道距离较远的地点都会造成客流量一定程度上的减少。

2. 客流规律分析

客流量大小是一个零售店选址成功与否的关键因素。零售店选择开设地点时总是力图选在客流最多、最集中的地点，以使多数人就近购买商品。但客流规模大并不一定能使零售店生意兴隆，零售店应对其做具体分析。

（1）分析客流类型。一是自身客流，即那些专门为购买某种商品而来店的消费者形成的客流。这是商店客流的基础，是商店销售收入的主要来源。零售店选址时，应着眼于评估自身客流的大小及发展趋势。二是分享客流，即一家零售店从邻近零售店形成的客流中获得的客流，这种客流往往产生于经营相互补充类商品的零售店之间，或大零售店与小零售店之间。例如，经营某类商品的补充商品的零售店，消费者在购买了主商品之后，就会附带到邻近经营补充商品的零售店购买相应的补充商品，以实现完整的消费；又如，邻近大型零售店的小零售店，会吸引一部分专程到大零售店购物的消费者。不少小零售店依大零售店而设，就是为了利用这种分享客流。三是派生客流，即那些顺路进店购物的消费者形成的客流，这些消费者并非专门来店购物的。在一些旅游点、交通枢纽、公共场所附近设立的零售店主要利用的就是派生客流。

（2）分析客流目的、流速和滞留时间。不同地区的客流大小虽有可能相同，但其目的、流速、滞留时间会有所不同。零售店要做具体分析，再做出最佳选择。例如，在一些公共场所、车辆通行干道，客流规模很大，大家虽然也会顺便或临时购买一些商品，但主要目的不是购物，其客流速度快，滞留时间短。

（3）分析街道两侧的客流规模。同样一条街道，两侧的客流规模在很多情况下，由于交通条件、光照条件、公共场所设施的影响，会存在很大差异。另外，人们骑车、步行或驾驶汽车均靠右，往往习惯光顾行驶方向一侧的商店。鉴于此，零售店应尽可能选择开在客流较多的街道一侧。

（4）分析街道特点。零售店选择开设地点时还要分析街道特点与客流规模之间的关系。交叉路口客流集中，可见度高，是最佳的开设地点；有些街道由于两端的交通条件不同、基础文化娱乐设施不同或通向的地区不同，客流表现为一端多，纵深逐渐减少，这时候店址宜选在客流集中的一端；还有些街道，中间地段客流规模大于两端，店址若选择在街道中间就能更多地得到客流。

3. 竞争对手分析

零售店周围的竞争情况对零售店经营的成败会产生巨大影响，因此零售店选择开设地点时，必须分析竞争对手。一般来说，开设地点附近如果竞争对手众多，且商品结构、服务水准等相似，则新店很难获得巨大成功；但若新店经营独具特色，竞争力强，也能吸引大量客流，促进销量增长，提升店誉。当然，零售店还是应该尽量选择开在零售店相对集中且有发展潜力的地方，经营选购性商品的零售店尤其如此。另外，当店址周围的零售店类型协调并存，形成相关零售店群时，往往会对经营产生积极影响，如经营相互补充类商品的零售店相邻而设，在方便消费者的基础上，也提高了自己的销量。集中在一起的零售店群相互间既存在竞争，又有着合作，应善于权衡、把握这种关系。

4．开设位置的物质特征分析

一个位置的物质特征决定了零售店的建筑类型。物质特征包括周围的建筑环境、停车场、能见度和消费者进出的方便性以及地形特点等。

（1）建筑环境。新建零售店要与周围的建筑环境相融合，不同的环境要求不同的建筑风格，从而影响开设成本等。例如，在豪华建筑群中，仓库或裸墙零售店往往难以生存。

（2）停车场。停车场的数量、面积及方便程度也是位置物质特征的一个重要方面，大多数购物中心能够提供充足的免费停车场。而在商业中心地区，停车场是一个主要难点。因为商业中心内商家云集，地面空间狭小，难以开辟空地建设停车场；有的零售店腾出一小块地作为停车场，但由于地价昂贵，便要收取停车费，地下停车场及立体式停车场的建立有可能解决这一问题。

（3）能见度和消费者进出的方便性。一片空白而平坦的地方有高能见度和易接近性，但是这样的地方对于开发和发展却是不利的。零售商必须在此开发道路、商店、停车场，甚至提供交通工具，其投资规模和成本很大。如果在一个有效的地点，且已有建筑物，零售商必须考虑现有建筑物能否被改造和利用或者需要全部或部分地拆毁。另外，若一个潜在的开设地点位于购物中心末端且只有狭小部分临街，则其能见度远远低于购物中心入口处或主要街道。虽然有时候零售商可以通过建筑物的一个大的、清晰可见的标志指引消费者，但还是会流失一些消费者。

（4）地形特点。通常十字路口的易接近性强，拥有较大的客流量，许多零售商也愿意为此支付较高的租金。路口拐角处能够提供较多的橱窗陈列的机会，从而增加零售店的能见度与易接近性。但是，有立交桥或将要建立公路立交桥的路口不是好的地点，因为交通管理的障碍会降低易接近性。

5．城市规划分析

在选择零售店开设地点时，要考虑城市规划。城市规划既包括短期规划，又包括长期规划。有的地点当前是最佳位置，但是随着城市的改造和发展，将会出现新的变化而不适合开店；反之，有些地点当前来看不理想，但从规划前景看，会成为有发展前景的新的商业中心区。因此，零售商必须从长远考虑，在了解地区内的交通、街道、绿化、公共设施、住宅及其他建设或其他建设项目的规划的前提下，做出最佳的地点选择。

零售商还要对未来商店的效益做出评估，主要包括平均每天经过的人数、来店光顾的人数比例、光顾的消费者中购物者的比例、每笔交易的平均购买量等。

案例 7-2

S 便利店的选址策略

一、便利店开店四要素

一般来讲，便利店在开发过程中主要考虑四个因素：店址、时间、备货、便利。便利店在店址的选择上，一个基本出发点是便捷，从大的方面讲，就是要在消费者日常生活的行动范围内开设店铺，如距离居民生活区较近的地方、上班或上学的途中、停车场附近、办公室或学校附近等。

二、S便利店的开店战略

S便利店是世界上知名的连锁便利店，它采取了一些战略性的措施，以确保店铺设立的正确性和及时性。

一是考虑店铺的建立是否与其母公司Y超市的发展战略相吻合。在Y超市已进入的地区，由于商业环境和商业关系都已经建立和完善，S便利店可以立即进入。

二是在进入新地区时，S便利店根据地方零售商的建店要求进行店址考察，并在此基础上，探讨有无集中设店的可能，即在目标市场上实行高密度、多店铺建设，迅速占领市场。

三、集中设店的理由

由于集中设店能降低市场及店铺开发的投资，有利于保持市场发展的连续性和稳定性，便于S便利店进行高效率管理，因此，集中设店已成为S便利店在店铺建立管理中的主要原则。

在实际操作过程中，S便利店往往会收到很多要求建店的申请，但并不是接到申请后就立即建店，而是根据S便利店的地区发展规划，在同申请者进行充分沟通后再做决定。

四、店铺开发组织的分工

S便利店店铺的开发由其总部负责，总部内设有开发事业部。在开发事业部中，店铺开发部与店铺开发推进部是分开的，前者对既存的零售店进行开发，后者从事不动产开发和经营。

从工作的难易程度上讲，前者更为困难。因为前者建立在对现有商家进行改造的基础上，那些商家投入了大量的资金、人力和物力，颇有背水一战之意，这就要求S便利店能及时给他们以指导，确保其经营获得成功。

对S便利店来说，从大量的申请者中选出富有竞争力的商家是一件极具挑战而工作量又很大的工作。

【本章小结】

（1）商圈是指店铺能够有效吸引消费者来店的地理区域。

（2）选择店址是一项大的、长期性的投资，关系到零售企业的发展前途。

（3）零售企业需要依据目标消费者的信息来持续优化商品线。

【重要概念】

商圈　　商圈分析　　零售引力法则　　零售饱和指数理论　　选址

【思考与练习】

请阅读材料，搜集国内一些零售企业的选址模式，加以对比分析。

【拓展阅读】

智慧商圈促进市场复苏

春节临近，全国各地充满了浓浓的年味和快速复苏的市场活力。

在上海豫园，前来逛街购物的消费者熙熙攘攘。豫园商城利用科技创新手段，打造智慧商圈场景，更好地服务消费者。"乐游豫园——导游导览导购平台"利用5G+AR技术，整合了70余个文旅点位和消费场景，涵盖楼宇街区、园庙经典、字号传奇、豫里廿肆等内容，形成市民游客视角的豫园片区"城市微旅行"游览体验。

为了满足春节期间消费者多样化、个性化、定制化的消费需求，各地区各部门引导企业创新供给，充分运用数字技术，提供品质化、智能化的商品和服务。

商务部公布首批全国示范智慧商圈、全国示范智慧商店名单，北京市三里屯商圈等12个商圈、三里屯太古里南区等16个商店，成为"全国示范智慧商圈"和"全国示范智慧商店"。丰富的智慧消费场景不仅刷新了消费体验，也促进了市场复苏，繁荣节日市场。

"这些示范商圈、示范商店面向政府部门、消费者、商业企业和运营机构，全面推进设施、服务、场景和管理的智慧化提升，营造便捷舒适、多元融合、精准高效、放心安全的消费环境，已成为恢复和扩大消费需求的重要平台。"商务部相关负责人表示。

在四川省成都市锦江区春熙路商圈，重点商家停车场实现智能停车和智慧管理全覆盖，成都国际金融中心、成都太古里等停车场还提供线上停车、反向寻车等功能，为消费者提供了不少方便。

成都国际金融中心通过会员精准营销，打造集招商运营、宣传营销、数据分析、能耗管理等功能于一体的智慧运管体系，实现直播、微商城、小程序等线上消费途径全覆盖，推动全年营收同比增长超过20%。

硬件有提升，软件有改善。在北京三里屯太古里，面积超400平方米、拥有L形转角的裸眼3D大屏连续播放实时热点。三里屯太古里的会员中心小程序，可以为消费者提供自助积分、停车缴费、积分换礼、代客泊车等功能。相比此前烦琐的人工手续，现在消费者只需通过手机便可完成多项操作，不仅提升了消费者体验，也能为商场节省人力。

商务部相关负责人表示，商务部已启动节日期间全国生活必需品日报监测制度，密切关注市场运行态势，指导各地运用智慧技术，持续提高优质商品和服务供给水平，打造新业态、新模式、新场景，更好地满足居民品质化、多样化消费需求。

思考题：选择一个熟悉的智慧商圈进行分析，提炼智慧商圈发展的成功要素。

第 8 章

店铺设计与商品陈列

> 影响消费者购买动机的是他们的心理，因此掌握了消费者的购买心理也就掌握了消费者满意的诀窍。
>
> ——华人管理大师石滋宜
>
> 好的店铺设计和合理的陈列是无声的推销员。
>
> ——陈海权

【主要内容】

（1）零售店铺设计
（2）零售店铺的外观设计
（3）零售店铺的内部设计
（4）实体店商品的陈列技巧

案例导读

W 超市大数据应用："啤酒+尿布"陈列法

走进不同的超市、商场，消费者会发现有些货架上的商品色彩艳丽，有温暖、舒适之感，容易激起消费者的购买欲望；有些则不然。有些商场会将看上去很不搭配的两种货品放在同一个陈列区，如尿布和啤酒，但销量却出奇的高。

这些其实都是商家经过深度研究和论证后得出的商品陈列方式。千万不要小看商品陈列，科学的陈列方式能大大增加销量，提高商品周转率；反之会导致客单价低下，货品周转率低，甚至导致货品滞销。要做到商品陈列合理并不容易，其中的秘密和学问不是普通消费者能够参透的。

在零售业内有一个著名的商品陈列法则——"啤酒+尿布"。这听起来匪夷所思，但当这两个看似风马牛不相及的东西撞到一起时，居然引发了高销量的化学反应。

W 超市经过长期研究和大量数据分析后发现，购买婴儿尿布的大部分消费者并不是妈妈，而是爸爸。爸爸们在买完尿布后通常还会买啤酒，假如啤酒货架距离婴童用品货架太远，那么有些爸爸就懒得购买啤酒了。而当将啤酒直接陈列在尿布货架边上时，啤酒销量大幅增加。

类似于"啤酒+尿布"的陈列法则之后被广泛运用于各个门店中，这个法则体现了商品的交叉和关联陈列技巧。要运用这种陈列技巧，商家要对商品关联度有深刻认识，如有些看似并无联系的商品间究竟有何种关联，人们的消费习惯怎样，等等。

思考题： W 超市的大数据陈列方式对我国零售企业有什么启示？

8.1　店铺设计

店铺设计是指零售店铺为了营造商业活动氛围，向消费者提供舒适的购物环境而进行的科学、合理、艺术化的内部和外部设计。商家在进行店铺设计时，首先必须确立店铺设计的理念，其次要遵循店铺设计的原则。

8.1.1　店铺设计的理念

店铺是消费者找到所需商品的地方，也是消费者与商家进行交易的地方。店铺为了消费者而存在，因此店铺设计除了要与经销的商品相关联，也要以消费者为主来做考虑，此时商品结构必须根据消费者需求进行调整。店铺是消费者行为心理与商店经营效率的连接点，店铺设计需考虑各种有关经营效率的问题。具体而言，一是如何提高进货、上架、陈列、销售等作业效率；二是提高空间效率，即在一定的空间内，如何应用最有效率的方法来摆放商品。

8.1.2　店铺设计的原则

对于零售商来说，店铺是接待消费者的场所，也是零售商的"前沿阵地"。因此，店铺设计的好坏是决定零售商经营成功与否的重要因素。进行店铺设计时，应遵循以下原则：①满足需要原则；②适时、适地原则；③魅力原则或吸引力原则；④亲密、清洁原则；⑤便于挑选原则；⑥店内流动自由原则；⑦销售效率原则；⑧安全原则；⑨经济原则；⑩弹性原则。

8.2　店铺的外观设计

店铺外观设计的内容主要包括店铺的建筑造型与门面设计、店铺的出入口设计、店铺招牌设计和店铺橱窗设计等。店铺的外观设计取决于零售业种与业态，即零售商应根据经营商品的种类与经营方式来设计店铺的外观。不同类型的零售店铺，其外观设计是不同的。外观设计必须遵循两个基本原则——"让消费者确知店铺的存在"和"让消费者来店"。

8.2.1 店铺的建筑造型与门面设计

店铺的建筑造型是店铺向消费者传递店铺存在的第一个信息，因此，零售商应使店铺的建筑造型富有特色，具有吸引力与辐射力；同时，要保证店铺的建筑造型符合城市或街区建筑规划的要求，既要与周围地区的建筑物相协调，又要与本店的行业特点相匹配。具体操作时，应考虑的因素主要有建筑物形状、建筑物的高度、建筑材料、建筑物的外表颜色。

店铺门面通常有以下三种形式。

（1）封闭型。经营珠宝首饰、工艺制品、音响器材等高档商品的店铺多采用这种门面形式。

（2）半开放型。经营化妆品、服装等中高档商品的店铺多采用这种形式，如图 8-1 所示。

（3）开放型。店铺正对大街的一面全部开放，没有橱窗，消费者出入方便，没有任何障碍。经营水果、蔬菜和水产品等大众化商品的店铺多采用这种形式。在我国南方，大多数店铺采用开放型门面形式。

图 8-1 广州天河城

8.2.2 店铺的出入口设计

1. 店铺入口设计

店铺的入口与卖场内部配置关系密切，零售商在设计时，应以入口设计为先。店铺入口要设在消费者流量大、交通方便的一边。通常入口较宽，出口相对窄一些，出口宽度大约是入口宽度的 2/3。另外，入口处应靠近超级市场的大门，并留有一定的空间，以方便消费者进入。

一般来说，消费者会在 3～5 米的距离处进行判断，寻找自己要去的地方。所以零售商要根据出入口的位置来设计卖场通道，设计消费者流动方向。入口处一般会放置推车、购物筐等工具，以方便消费者购物，一般按 1～3 辆（个）/10 人的标准配置。

在店铺内，入口处最好陈列对消费者具有较强吸引力的商品，这能够增强卖场对消费者的吸引力。

2. 店铺出口设计

大型零售店铺的出口必须与入口分开，出口通道宽度应大于 1.5 米。出口处设置收银台，按每小时通过 500～600 人设置。出口附近可以设置一些单位价格不高的商品，如口香糖、图书报刊、饼干、饮料等，供排队付款的消费者选购。

3. 店铺出入口设计的内容

店铺出入口设计主要包括三个方面的内容：①出入口的数量；②出入口的类型；③出入口的位置。将出入口设在店铺的中央、左边还是右边，要根据具体的客流情况而定。一般来说，大型店铺的出入口可设在中央，如此消费者进入店铺后可自由地向左方、右方行进；同时，左、右两侧可以增设侧边门，以方便消费者走出店铺。

小型店铺的出入口可设在两侧，否则，会浪费有限的店铺空间。

8.2.3　店铺招牌设计

招牌是指用来展示店名的标记。鲜明、醒目的招牌能吸引行人的注意，提高能见度。因此，具有高度概括力和强烈吸引力的招牌，可以对消费者的视觉产生强烈的冲击，从而吸引消费者来店。为了使招牌充分发挥其应有的功能，零售商应在招牌的文字设计、招牌材料的选择、招牌的装饰渲染等方面多下功夫。

招牌的文字设计应注意以下几点：①店铺名的字形、凸凹、色彩、位置应相互协调；②文字应尽可能精简，立意要深，同时要朗朗上口、易记易认，使消费者一目了然；③文字内容必须与本店所销售的商品相吻合；④字体要大众化。

8.2.4　店铺橱窗设计

橱窗是店铺的眼睛，是店铺展示商品、介绍商品、传递信息、刺激消费者购买的重要手段。橱窗既是表现店铺外观形象的重要手段，又是一种重要的广告形式。橱窗设计是以商品为主体，通过布景道具和装饰画面的运用，配合灯光、色彩和文字说明进行商品展示和商品宣传的综合艺术形式。构思新颖、主题鲜明、风格独特、装饰美观、色调和谐并与店铺的建筑造型和内外环境相协调的橱窗设计，对树立良好的店铺形象，促进商品销售具有重要作用。

橱窗设计与店铺类型有很大关系，不同类型的店铺，其橱窗设计是不同的。一般来说，百货店橱窗采取封闭式，橱窗内侧四周与卖场隔离，橱窗底座的高度以成人消费者平视商品的高度为宜，小件商品的陈列高度可高些，大件商品的陈列高度可低些，同时应注意橱窗的照明与艺术性。品牌专业店的橱窗设计更为讲究，一般也是封闭式的，但是，专业店的橱窗设计要更高雅、别致，应有动感与立体感，以起到渲染所售商品的作用。

8.3　店铺的内部设计

店铺内部设计主要包括卖场设计，通道设计，柜台、收银台设计，照明设计，音响设计，色彩设计，气味控制等。

8.3.1　卖场设计

卖场设计是店铺内部设计的核心，主要目的是吸引更多的消费者购买更多的商品。卖场设计的内容包括卖场划分、面积分配、卖场布局。好的卖场设计与商品陈列不仅体现了一定的艺术美，还反映了零售店铺独特的经营理念与风格。

1. 卖场划分

在进行店铺内部设计时，首先要对店铺内部的有效空间进行分配，划分出卖场与非卖场。卖场就是直接用来陈列商品进行商品销售的场所；非卖场是指不能直接用来陈列和销售商品的场所，如楼梯、电梯、卫生间、休息室、办公室、卖场仓库等。为了保证店铺的营业效率，科学地规划卖场与非卖场的比例很重要。一般来说，一个店铺的卖场面积应占店铺使用面积的60%～70%。规模较大，经营的商品较多，特别是多层建筑的店铺，零售商要对卖场进行划分。

2. 面积分配

为了提高卖场的销售效率，零售商必须合理地分配卖场面积。在分配卖场面积时，不能使用平均分配的原则进行分配，必须根据每个商品销售部门的销售能力与获利能力来分配。零售商分配卖场面积时，通常使用两种方法。

（1）销售额分配法。零售商可根据商品销售部门的计划销售总额，以及每平方米可能实现的销售额来进行卖场面积的分配。具体计算公式是：

$$某商品销售部门的卖场面积 = \frac{某商品销售部门的计划销售总额}{每平方米可能实现的销售额}$$

（2）存货分配法。零售商可根据销售部门需要陈列的每种商品的商品数量和备货数量来分配卖场面积。具体做法是：第一步，确定销售部门需要陈列的每种商品的商品数量和备货数量；第二步，确定适当的陈列方式和存货方式；第三步，确定要使用多少陈列货架和备货箱；第四步，确定收银台、试衣室等所需要的空间；第五步，分配面积。

卖场面积与销售额之间不一定呈线性关系。例如，当某一部门的商品销售处于饱和状态时，零售商即使增加卖场面积，也不会使销售额得到相应增加。因此，零售商在分配卖场面积时，还要考虑获利能力（即毛利率），应保证毛利率高的商品部门有足够的卖场空间。

3. 卖场布局

（1）影响卖场布局的因素。一是空间价值因素。由于卖场内每一个位置吸引消费者的数量不同，实现的销售额也不同，因而为店铺提供的空间价值不同。在一个多楼层的店铺里，各楼层及同一楼层的不同位置所提供的空间价值是不同的。楼层越高，消费者相应越少，从而所提供的空间价值越低。无论是自建店铺还是租赁店铺，各层的租金或费用都是不同的。

二是商品因素。属冲动购买的商品应该布置在消费者流量高的卖场，以便广泛地引起注意，吸引消费者购买；高频率购买的商品应该布置在一层卖场，以方便消费者购买。商品之间的关联性也会对卖场布局产生影响。一些连带消费或连带购买的商品卖场应该毗邻而设，以方便消费者购买，促进关联商品的销售。

（2）平衡卖场布局。要实现好的卖场布局，设计者必须平衡许多目标，而目标之间通常是相互冲突的。好的布局的第一个目标是良好的卖场布局应当引导消费者在商店内充分地浏览，购买比其事先计划更多的商品。实现该目标的一种方法是使消费者置身于一种交通方式便利的布局中。店铺应引导消费者穿过冲动购买型商品区，从而让他们购买更多的商品。另一种方法是提供充满变化的空间。

好的布局的第二个目标是在给予消费者足够的空间进行购物与运用有限的空间放置更多的商品之间取得平衡。

（3）卖场布局设计。第一种：方格形布局。对方格形布局运用得最好的是杂货店和药店。尽管方格形布局不是最美观、最令人愉悦的布局形式，但对于那些计划逛遍整个商店的消费者来说，它却是一种很好的布局形式。

第二种：跑道式布局。跑道式布局（Race Track Layout）通过设置通向卖场多个入口的大型通道，达到吸引消费者游逛大型百货商店的目的。这一穿越商店的通道提供了通向各个小隔间的通路。跑道式布局有利于冲动式购物。

第三种：自由格式布局。自由格式布局（Free-Form Layout）即不对称地安排家具和通道，它成功地运用了小专业店或大商店中小隔间的基本布局方式。在这个放松的环境中，消费者能便利地浏览和购物。

8.3.2　通道设计

零售店的通道是指消费者在卖场内购物时行走的路线。通道设计得好坏会直接影响消费者能否顺利地进行购物，进而影响零售店的销售业绩。

1. 通道设计分类

（1）直线式通道设计。直线式通道也被称为单向通道。这种通道的起点是卖场的入口，终点是收银台，消费者依照货架排列的方向单向购物。其以商品陈列不重复，消费者不回头为设计特点，使消费者在最短的线路内完成商品购买行为，如图 8-2 所示。

（2）回形通道设计。回形通道又被称为环形通道，通道以流畅的圆形或椭圆形按逆时针的方向环绕零售店的整个卖场，使消费者依次浏览商品、购买商品。在实际运用中，回形通道又分为大回形和小回形两种形式，如图 8-3 所示。

| 图 8-2　直线式通道 | 图 8-3　回形通道 |

2. 通道宽度的确定

通常，通道的宽度根据商品的种类、性质以及消费者的人流数量来确定。通道宽度是这样计算的：柜台前站立消费者所需的宽度为 450mm，通常一股人流所需宽度为 600mm，则通道宽度 W 由人流系数 N 来确定。即：

$$W=2 \times 450+600N$$

卖场通道可分为主通道与副通道，如表 8-1 所示为通道宽度标准。

表 8-1　通道宽度标准

种类	程度	一般店铺宽度（mm）	综合店铺宽度（mm）
主通道	最小	800	1 600
	普通	900～2 000	1 800～3 600
	最大	3 600	4 500
副通道	最小	600	1 200
	普通	750～1 500	1 500～2 100
	最大	1 500	2 100

（1）通道的宽度。通道的宽度因客流量及卖场面积的大小而不同（见表 8-2），但最低应保持两人并行时所需要的宽度，即 800～900mm。

表 8-2　卖场通道宽度设定值

单层卖场面积（m²）	主通道宽度（m）	副通道宽度（m）
300	1.8	1.3
1 000	2.1	1.4
1 500	2.7	1.5
2 500	3.0	1.6
6 000 以上	4.0	3.0

（2）通道的形式。通道的形式主要有三种，即直线式、斜线式和自由式。

（3）通道设计的其他要求。为了保证通道设计科学、合理，除了要根据卖场的空间特征选择适当类型的通道，并保证通道具有足够的宽度外，通常还应遵循以下要求：笔直、平坦、少拐角，保证足够的照明，没有障碍物。

8.3.3　柜台、收银台设计

柜台（包括货架）起着基本框架的作用，因此，柜台划分空间、组织空间、调整空间的作用不容忽视。应该说，柜台本身不是艺术，也不是装饰，但是只要包含在营销环境中，就有可能使空间个性、空间氛围得以形成。因为它通过有规律的组合，可以给消费者一个方便的购物环境和统一、完整的空间感受。

柜台的功能具有双重性：一是用来陈列商品，二是用来划分空间。从环境这一角度论及的只是后一种功能。零售商必须考虑如何通过柜台各种形式的组合，形成不同的空间划分，如通道区、售货区、活动区等，从而使卖场布局达到功能分区明确、感觉舒适的目的。

同时，收银台的配置与设计也是非常重要的，收银台的数量应使消费者在购物高峰时能够迅速付款结算。大量调查表明，消费者等待付款结算的时间不宜超过 8 分钟，否则就会产生烦躁的情绪。在购物高峰时期，由于客流量增大，零售店内人头攒动，这无形中会加大消费者的心理压力。此时，消费者等待付款结算的时间更要短些，以使消费者能够快速付款，走出店铺，缓解压力。

8.3.4　照明设计

不仅空间要通过光来表现，空间氛围、空间个性也要靠光来渲染和控制。物体的质地和造型也会由于光影的强弱和角度不同而有所变化，并影响空间体型的构成。零售店内的光源可分为自然采光和人工采光两种。阳光通过窗、门等进入室内，直射式扩散到需要的空间，称为自然采光。自然采光能给空间创造富有情感氛围的自然光影。自然光虽然光色丰富，但光量不足且不易控制，所以在设计空间光影效果时起决定性作用的是人工采光。人工采光的主要方式如下。

（1）直接式：利用灯罩或反光镜将光线全部投射到工作面或照明区内。

（2）间接式：将灯光投射到天花板、墙面或其他物体上，产生柔和、均匀的光照效果。

（3）半直接式：让部分光线向上投影，削弱受光面与天花板的亮度差别。其做法是使灯罩上部透光，又能向工作面投射大量光线。这样既减少了受光面与环境光的差别，又能满足开展一定活动的光照需求。

（4）扩散式：使用乳白色玻璃或其他扩散透光材料制成的均匀发光灯具，能有效地避免眩光，形成柔和的光照气氛。一般而言，布局空间以扩散式为主。

（5）半间接式：采用上部透明、下部扩散透光的灯具，使空间的光线更为均匀、柔和。

现代零售店空间照明的发展趋势是变单光源为多光源，变平面照明为立体照明。所以，以上照明方式可以在同一空间里合理组织、综合运用，如图 8-4 所示。需要注意两点：第一，在处理光照环境时，不仅要考虑照明充足，光线柔和、均匀、变化多样，还要考虑光的投射方向和角度，设计重点照明，形成视觉中心；第二，不同的光照区域之间不宜亮度突变，要有过渡。

图 8-4　人工照明效果示例

8.3.5　音响设计

零售业特别重视音响的作用。音响的处理是否得当，直接影响着消费者的购物情绪。一项调查研究显示，在美国有 70%的人喜欢在播放音乐的零售店里购物，但并非所有音乐都能取得此效果。调查结果显示，在零售店里播放柔和而慢节拍的音乐，会使销售额增加 40%；快节奏的音乐会使消费者在商店里流连的时间缩短，从而减少购买量。这个秘诀早已被零售商熟知，因此每天快打烊时，零售店铺就会播放快节奏的摇滚乐，引导消费者早点离开。

在购买高峰时，可播放奔放的音乐，以加速消费者流动；在购买低峰时，则播放清逸的轻音乐，以留住消费者。音乐与人的情感的对应关系比较明显，所以在不同的零售空间，应该选播具有不同情绪色彩的音乐。音乐可以起到促销、减轻经营人员疲劳、调节工作节奏等作用。

8.3.6　色彩设计

在店铺布局的各元素中，没有什么比色彩更能强烈地影响人的感觉。色彩传达的信息量通常比其他对象传达的信息量更加丰富，更加直接，更加容易为人所接受。色彩存在于营销空间环境中，能影响消费者进入店铺的第一感觉。消费者在进入店铺时是感到舒畅还是沉闷，都与色彩有关。科学家在研究色彩对生物的影响时发现，不同的色彩会使人的心理产生不同的反应。如果在零售店中恰当地组合和选用色彩，调整好人们与环境色彩的关系，会对形成特定的氛围空间起到积极的作用。

8.3.7　气味控制

1．气味的作用

店铺的气味是至关重要的。如果气味异常，那么，商品的销售很难有突破。人们会对某些气味做出反应，有时只是凭借嗅觉就可感知某些商品的味道，如巧克力、新鲜面包、橘子、爆米花和咖啡等。气味对人们的心情也是有愉悦作用的。花店中花卉的气味，化妆品柜台的香味，面包店的饼干、糖果味，蜜饯店的奶糖味，皮革制品部的皮革味，烟草部的烟草味，均与这些商品相协调，对促进消费者的购买是有帮助的。

2．卖场的通风设施配置

店铺内消费者流量大，空气极易污浊。为了保证店内空气清新、通畅、冷暖适宜，店铺应采用空气净化措施，加强通风系统的建设。通风可以分为自然通风和机械通风。自然通风可以节约能源，一般小型店铺采用这种通风方式。有条件的现代化大中型店铺，在建造之初就普遍采用紫外线灯光杀菌设施和空气调节设备来改善店内部的环境质量，为消费者提供舒适、清洁的购物环境。

3．空调温度的设定原则

店铺内的空调温度设定应遵循舒适性原则，冬季应温暖而不燥热，夏季应凉爽而不骤冷。否则，会对消费者和员工产生不利的影响。例如，冬季时，消费者进入零售店时都穿着厚厚的棉衣，若店内温度很高，则消费者在店内停留几分钟就会感到燥热无比，匆匆离开，这无疑会影响零售店的销售。

8.3.8　其他影响因素

1．服务设备

服务设备是指供消费者坐、行、看的设施，一般是不由零售商直接控制和使用的一系列服务性设备，如休息椅、试衣室、电梯等。

服务设备的重要作用在于体现零售商的人情味。不难想象，一家商场，尤其是大型商场，不管其商品多么丰富，如果缺乏服务设备，就会给人一种冷漠的感觉。这种对人的漠视，自然会使空间环境失去宜人的氛围。对于服务设备，不能简单地认为只是功能性设备，还要考虑服务设备与整体环境的协调，使其既给人以好感，又给人以美感。

2．陈设

陈设具有很强的灵活性、有效性，这是针对服务设备而言的。陈设可分为展示功能的陈设，导向功能的陈设，点缀环境、强化个性的艺术陈设，等等。

3．绿化

零售布局的设计，应尽可能与大自然保持亲近，消除内部空间的沉闷感，以维持人与大自然生态系统的平衡。绿化还可以起到划分区域、填充空间的作用。

8.4　商品的陈列技巧

合理陈列商品可以起到展示商品、刺激销售、方便购买、节约空间、美化购物环境等重要作用。据统计，店面如能正确地运用商品配置和陈列技巧，销售额可以在原有基础上提高 10%。

8.4.1　商品陈列的基本原则

有效的商品陈列可以激发消费者的购买欲望，促使其购买。做好商品陈列必须遵循一些基本原则，包括显而易见原则、最大化陈列原则、垂直集中陈列原则、下重上轻原则、先进先出原则、丰满陈列原则，如表 8-3 所示。

表 8-3　商品陈列的原则及原理

原则	原理
显而易见原则	商品陈列要让商品显而易见，这是完成销售的首要条件。让消费者看清楚商品并引起消费者注意，才能激发其购买欲望。所以商品陈列要醒目，展示面要大，力求生动、美观
最大化陈列原则	商品陈列的目标是占据较多的陈列空间，尽可能增加货架上的陈列数量。只有比竞争品牌占据更多的陈列空间，消费者才更容易购买你的商品
垂直集中陈列原则	垂直集中陈列可以抢夺消费者的视线。除非商场有特殊规定，否则一定要把公司所有规格和品种的商品进行集中展示
下重上轻原则	将重的、大的商品摆在下面，小的、轻的商品摆在上面，这样便于消费者拿取，也符合人们的习惯和审美观
先进先出原则	按出厂日期将先出厂的商品摆放在最外一层，最近出厂的商品放在里面，以避免商品滞留过期。对专架、堆头上的商品至少每两个星期翻动一次，把先出厂的商品放在外面
丰满陈列原则	即将商品摆满陈列架，做到丰满陈列。这样既可以增加商品展示的饱满度和可见度，又能防止陈列位置被竞品挤占

8.4.2 商品结构布局设计

零售店经营着成千上万种商品，确定每种商品配置面积的大小对于零售店的经营起着至关重要的作用。不同类别的商品应配置不同的经营面积，如表 8-4 所示。良好的结构布局设计是零售店经营思路的体现；其在功能性布局完成的同时，应该充分考虑商品的价值实现，即设定卖场中每一个区位应该达到的销售额。如果能将经营指标细化到每一个单品上，经营效果会更好。

表 8-4　零售店内不同类别商品的面积配置

商品类别		面积配置（m²）
食品	水果蔬菜	5
	精肉配菜	3
	熟食品	3
	面包	2
	水产海鲜	1
	小吃	1
	冷冻食品	5
	酒水	5
杂货	干性杂货	15
	洗涤品	10
用品	手工制品	2
	日用品	6
	文教音像用品	3
	体育用品	4
	家电	20
	服饰	15

1. 商品陈列布局

商品放满陈列要做到以下两点。

（1）货架每一格至少陈列 3 个品种（畅销商品可少于 3 个品种）。就单位面积而言，平均每平方米要达到 11～12 个品种的陈列量。当商品暂时缺货时，要采用销售频率高的商品来临时填补空缺商品位置，应注意商品品种和结构之间的配合。放满陈列只是一个平面上的设计，实际上，商品是立体排放的，更细致的研究在于商品在整个货架上如何立体分布。

（2）系列商品应该纵向陈列。如果它们横向陈列，消费者在挑选某个商品时，会感到非常不方便。因为人的视线上下夹角为 25°时便于上下垂直移动。消费者在距货架 30～50cm 挑选商品时，能清楚地看到 1～5 层货架上陈列的商品。而人视线横向移动时，就要比前者差得多，因为人的视线左右夹角为 50°，当消费者距货架 30～50cm 挑选商品时，只能看到横向 1m 左右距离内陈列的商品。实践证明，两种陈列方式所产生的效果是不一样的。纵向陈列能使系列商品体现直线式的系列化，使消费者一目了然。系列商品纵向陈列会使 20%～80%的商品销售量提高。另外，纵向陈列有助于给每一个品牌的商品一个公平、合理的竞争机会。

2. 黄金分割商品陈列线

提高门店日常销售额最关键的手段是提高货架上黄金段位的销售能力。一项调查显示，商品在陈列位置进行上、中、下三个位置的调换，商品的销售额会发生以下变化：从下往上挪的商品的销售额一律上涨，从上往下挪的商品的销售额一律下跌。这份调查虽然不是以同一种商品进行试验的，但"上段"陈列位置的优越性显而易见。

目前普遍使用的陈列货架一般高 165～180cm，长 90～120cm。在这种货架上最佳的陈列段位不是上段，而是处于上段和中段之间的段位，这种段位被称为"陈列的黄金线"。以高度为 165cm 的货架为例，对商品的陈列段位进行划分：黄金陈列线的高度一般为 85～120cm，它是货架的第二层、第三层，是眼睛最容易看到、手最容易拿到商品的陈列位置，因此是最佳陈列位置。此位置一般用来陈列高利润商品、自有品牌商品、独家代理或经销的商品，该位置最忌讳陈列无毛利或低毛利的商品。其他两段位的陈列中，最上层通常陈列需要推荐的商品，下层通常陈列销售周期进入衰退期的商品。

8.4.3 卖场的功能性布局技巧

零售学中一般用磁石点理论来说明卖场的功能性布局技巧。所谓磁石，是指卖场中最能吸引消费者注意力的地方。磁石点就是消费者的注意点。创造这种吸引力是通过使用商品的配置技巧来完成的。商品配置中磁石点理论运用的意义是，在卖场中最能吸引消费者注意力的地方配置合适的商品以促进销售，并且这种配置能引导消费者逛完整个卖场，以达到增加消费者冲动性购买率的目的。卖场磁石点分为五个，零售商应在不同的磁石点配置相应的商品，如图 8-5 所示。

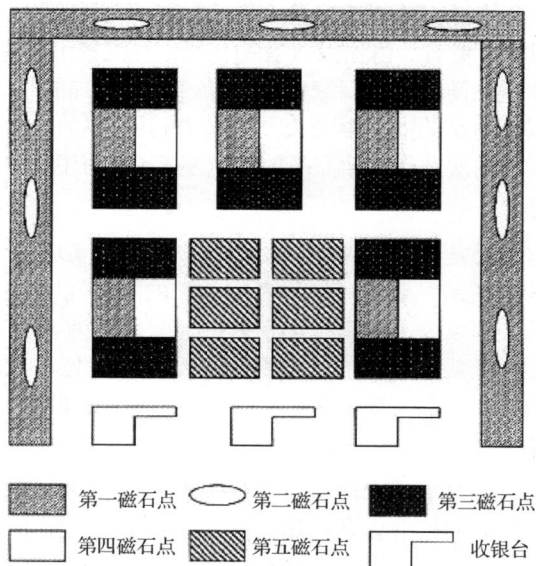

图 8-5　磁石点

1. 第一磁石点

第一磁石点位于卖场中主通道的两侧，是消费者必经之地，也是最主要的商品销售的地方。此处配置的商品主要是：①主力商品；②购买频率高的商品；③采购力强的商品。这类商品大多是消费者随时需要又时常购买的商品（见图 8-6）。例如，蔬菜、肉类、日用品（牛奶、面包、豆制品等）应放在第一磁石点内，以增加销量。

2. 第二磁石点

第二磁石点穿插在第一磁石点中间，分段引导消费者向前走。第二磁石点在第一磁石点的基础上摆放，主要配置以下商品：①流行商品；②色泽鲜艳、引人注目的商品；③季节性强的商品。第二磁石点需要超乎一般的照明度和陈列装饰，以最显眼的方式突出表现商品，让消费者一眼就能辨别出其与众不同的特点，如图 8-7 所示。第二磁石点上的商品应根据需要隔一段时间便进行调整。

图 8-6　第一磁石点实例

图 8-7　第二磁石点实例

3. 第三磁石点

第三磁石点指的是卖场中央陈列货架两头的端架位置。端架是卖场中消费者接触频率最高的地方，其中一头的端架对着入口，如图 8-8 所示。配置在第三磁石点处的商品，要起到刺激消费者、留住消费者的作用。可配置下列商品：①特价商品；②高利润商品；③季节性商品；④厂家促销商品。值得一提的是，我国目前有一些零售店根本不重视端架商品的配置，失去了很多盈利机会；一些零售店选择的货架两头是半圆形的，根本无法进行端架商品的重点配置，应积极地加以改进。

4. 第四磁石点

第四磁石点通常指的是卖场中副通道的两侧，是充实卖场各个有效空间的摆设商品的地点，如图 8-9 所示。这是让消费者在长长的陈列线中引起注意的位置，因此必须配置单项商品，即以商品的单个类别来进行配置。为了使这些单项商品能引起消费者的注意，零售商应在商品的陈列方法和促销方法上下功夫。其配置的主要商品有：①热销商品；②有意大量陈列的商品；③广告宣传的商品。

5. 第五磁石点

第五磁石点位于收银台前的中间卖场，是各门店按总部安排，根据各种节日组织开展大型展销、特卖活动的非固定卖场。其目的在于通过采取单独一处多品种大量陈列的方式，产生一定程度的消费者集中，从而烘托门店气氛。同时，展销主题不断变化，也会使消费者产生新鲜感，从而达到促进销售的目的。

图 8-8　第三磁石点实例

图 8-9　第四磁石点实例

五个磁石点的特点如表 8-5 所示。

表 8-5　五个磁石点的特点

磁石点	店铺位置	配置要点	配置商品
第一磁石点	位于卖场中主通道两侧，是消费者的必经之地，是商品销售最主要的位置	由于具有特殊的位置优势，不刻意装饰即可产生很好的销售效果	主力商品、购买频率高的商品、采购力强的商品
第二磁石点	穿插在第一磁石点中间	有引导消费者走到各个角落的任务，需要突出照明度及陈列装饰	流行商品、色泽鲜艳、引人注目的商品，季节性强的商品
第三磁石点	位于卖场中央陈列货架两头的端架位置	是卖场中消费者接触频率最高的位置，盈利概率高，应重点配置，商品摆放时三面朝外	特价商品、高利润商品、季节性商品、厂家促销商品
第四磁石点	卖场中副通道的两侧	重点以单项商品来吸引消费者，需要在陈列方法和促销方式上下功夫	热销商品、有意大量陈列的商品、广告宣传商品
第五磁石点	位于收银台前的中间卖场，是非固定卖场	能够引起一定程度的消费者集中，烘托门店气氛，展销主题需要不断变化	用于开展大型展销、特卖活动或者陈列节日促销商品

8.4.4　货架陈列位置的分类

商品陈列面积大小、陈列高低与时间长短均能引起销售上的变化。商品陈列高低不同，其产生的销售额不同。依商品陈列的高度，货架分为三段。

（1）中段：为手最容易拿到的高度。中段高度，对于男性，为 70～160cm；对于女性，为 60～150cm。有人称这个高度为"黄金位置"，一般用于陈列主力商品或有意推广的商品，如图 8-10 所示。

（2）次上段、次下段：为手可以拿到的高度，一般用于陈列次主力商品。次上段的高度，对于男性，为 160～180cm；对于女性，为 150～170cm。

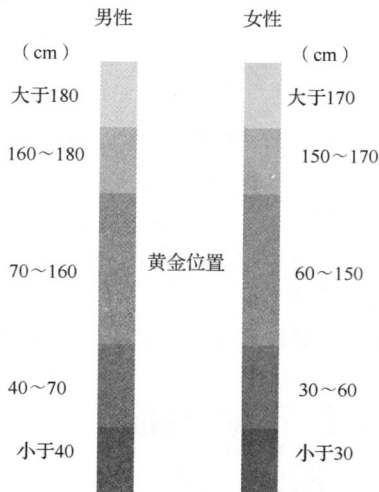

图 8-10　男女性货架取物的黄金位置

次下段的高度，对于男性，为 40～70cm；对于女性，为 30～60cm。其中，次下段须消费者屈膝弯腰才能拿到商品，所以次下段比次上段较为不利。

（3）上下段：为手不易拿到的高度。上段的高度，对于男性，为 180cm 以上；对于女性，为 170cm 以上。下段的高度，对于男性，为 40cm 以下；对于女性，为 30cm 以下。其一般用于陈列低毛利、补充性和体现量感的商品，上段还可以有一些色彩调节和装饰性陈列。

8.4.5　主力流动线的设计

主力流动线的模式及路线如表 8-6 所示。零售店可以考虑根据表 8-6 来设计主力流动线，配置主力商品。设计主力流动线时要从中央陈列架器具的物理性配置、商品群的配置和主力品种的配置角度考虑。主力商品的配置要遵循让消费者到店铺最里面去选购商品或尽量延长消费者流动线的原则。一般情况下，让消费者环绕主要通路选购、围绕中央陈列架选购，能够帮助商店取得最高的销售额。

表 8-6　主力流动线的模式及路线

模式	路线
	消费者绕生鲜食品主要通路一圈，再进入中央陈列架，消费者购买单位模式最高
	消费者在绕生鲜食品主要通路的途中进入中央陈列架选购商品，再回到主要通路，最后到收银台
	消费者沿生鲜食品主要通路行走，再原路返回，进入陈列架选购

8.4.6　商品的色彩语言

通过不同商品各自独特的色彩语言，消费者更易辨识商品，对商品产生亲近感。这种作用在零售店里特别明显。例如，暖色系的货架上，放的是食品；冷色系的货架上，放的是清洁剂；色调高雅、肃静的货架上，放的是化妆品……这种商品的色彩倾向性，可体现在商品本身、销售包装及其广告上。

商品色是指不同大类商品经常使用的能促进销售和便利使用的色彩或色调。商品色虽未有强制性规定，也称不上标准色，但在零售店经营环境设计中也应注意。有些色彩会给人以酸、甜、苦、辣不同的味觉感受，以及不同的嗅觉感受。例如，淡红色、奶油色和橘黄色点缀少量的绿色等，会促进食欲，因而食品类的陈列普遍采用暖色系的配色。

在色彩布置上，零售店应以让消费者感到舒适、轻松为前提，对不同的商品可以用不同的颜色做背景，如表 8-7 所示。很多零售店将肉柜布置成鲜红色，将熟食柜布置成金黄色，将水产品柜布置成浅蓝色，可让消费者身临其境，勾起强烈的购买欲望。零售店的色彩应以淡色调为主。若零售店的面积不大，就不应用太多的色彩；相反，若面积较大甚至有多层，则可视商品、楼层的不同而采用不同的色彩。

表 8-7　大类商品的习惯色调

商品类别	特点	习惯色调
服装	讲求时尚与适合	均取高雅的色调。男性取明快的色调显示有活力、有气魄、粗犷有力；女性取和谐、柔和的色调，烘衬女性美
食品	安全与营养	多采用暖色
化妆品	护肤美容	多用中性色调和素雅色调，如淡淡的桃红色给人以健康、优雅与清香感
机电产品	讲求科学、实用与效益	多用稳重、沉静、朴实的色调。常采用稍有活力的纯色，如红、黑、蓝色，给人以坚定、耐用的感觉
玩具和儿童文具	讲求兴趣与活泼感	多用鲜艳、活泼的对比色调
药品	讲求安全与健康	多采用中性色调。偏冷色调给人以安宁、不躁之感，如蓝色、银色给人以安全感；浅红、金红色给人以元气、生气、健康与活力的感受

如果硬要标新立异，用青绿色设计饼干的陈列，用银灰色设计午餐肉的陈列，可能就会使消费者产生误解，使人产生厌恶感，食欲减退。例如，美国一家无人售货商店发现肉类的销售量下降了，经过调查才发现，是因为店里新安了一扇蓝色的窗子。蓝色使消费者对肉类感到反感。

8.4.7　商品陈列的方法

（1）主题陈列：渲染气氛，营造一个特殊的环境，以利于某类商品的销售。

（2）端头陈列：利用货架的端头，使商品超出通常的陈列线，面向通道突出陈列。

（3）突出陈列：突出陈列有很多种做法。例如，有的在中央陈列架上附加延伸架，据调查这可以增加 180%的销售量；有的将商品直接摆放在紧靠货架的地上，但其高度不能太高。

（4）关联陈列：关联陈列也称配套陈列，即将种类不同但效用相互补充的商品陈列在一起，或将与主力商品有关联的商品陈列于主力商品的周围，以吸引并方便消费者购买。

（5）悬挂陈列：悬挂陈列是用固定的（或可以转动的）、有挂钩的陈列架陈列商品的一种方法。悬挂陈列能使消费者从不同角度欣赏商品，具有化平淡为神奇的促销作用，尤其是一些小商品，使用悬挂陈列既方便消费者挑选，又方便零售店修改陈列。

（6）量感陈列：量感陈列更注重陈列的技巧，使消费者在视觉上感到商品数量很多。量感陈列的具体手法有很多，如店内吊篮、店内岛、店面敞开、铺面、平台、售货车及整箱大量陈列等。

（7）箱式陈列：箱式陈列也称盘式陈列。其一般做法是将包装用的纸箱按一定的深度进行裁剪，以底为盘、以盘为单位，将商品一盘一盘地堆上去。

（8）岛式陈列：在零售店卖场的入口处，有时不设中央陈列架，而使用特殊陈列用的展台，即岛式陈列。岛式陈列可以使消费者从不同角度看到和取到商品，因此，其效果是非常好的。这种陈列方法能强调季节感、廉价感、时尚和丰富感，从而诱发消费者的购买欲望。

（9）散装或组合陈列：将商品的原包装拆下，或者将单一商品或几个品类组合在一起，陈列在精致的小容器中出售。商品一般以一个统一的价格或在一个较小的价格范围内出售，这种陈列方法可以使消费者对商品的质感观察得更仔细，从而诱发购买的冲动。

（10）墙面陈列：是用墙壁或墙壁状陈列台进行陈列的方法。这种陈列方法可以有效地突出商品，使商品的露出度提高。一些价格高，希望突出高级感的商品，可以采用这种陈列方法。

（11）缝隙陈列：缝隙陈列是将卖场的中央陈列架撤去几层隔板，留下底部的隔板，形成一个槽状的狭长空间，用来突出陈列商品的方法。缝隙陈列打破了陈列架上一般商品陈列的单调感，有一定的变化，能够吸引消费者的注意力。

（12）交叉堆积陈列：是一层一层地使商品相互交叉堆积的方法。这种陈列方法可增强商品的感染力，具有稳定感。这是为再现生活中的真实情景而将一些相关商品组合陈列在一起的陈列方法，如用家具、室内装饰品、床上用品布置室内环境，用厨房用具布置一个整体厨房等。这种陈列使商品显示出真实感、生动感，对消费者有强烈的感染力。

（13）投入式陈列：将商品投入某一容器进行陈列，给人一种仿佛将商品陈列在筐中的感觉。投入式陈列给消费者一种价格低廉的感觉，即使陈列量较少，也易给人留下深刻印象。

（14）情景陈列：情景陈列是模仿现实生活中的真实情景，将一些相关商品组合陈列在一起的陈列方法。

【本章小结】

（1）店铺设计是零售店为了营造商业活动氛围，向消费者提供舒适的购物环境而进行的科学、合理、艺术化的内部和外部设计。

（2）店铺外观设计的内容主要包括店铺的建筑造型与门面设计、店铺的出入口设计、店铺招牌设计和店铺橱窗设计等。店铺的外观设计取决于零售业种与业态，即零售商应根据经营商品的种类与经营方式来设计店铺的外观。不同类型的零售店铺，其外观设计是不同的，但是必须遵循两个基本原则，即"让消费者确知店铺的存在"和"让消费者来店"。

（3）店铺的建筑造型是零售商店铺向消费者传递店铺存在的第一个信息。零售商应使店铺的建筑造型富有特色，具有吸引力与辐射力，同时要使店铺的建筑造型符合城市或街区建筑规划的要求，既要与周围地区的建筑物相协调，又要与本店的行业特点相匹配。

（4）店铺的内部设计主要包括卖场设计，通道设计，柜台、收银台设计，照明设计，音响设计，色彩设计，气味控制等。

（5）合理陈列商品可以起到展示商品、刺激销售、方便购买、节约空间、美化购物环境等重要作用。

（6）有效的商品陈列可以激发消费者的购买欲，促使其购买。做好商品陈列必须遵循一些基本原则，包括显而易见原则、最大化陈列原则、垂直集中陈列原则等。

【重要概念】

店铺设计　　商品陈列技巧　　磁石点　　黄金位置　　流动线　　商品陈列方法

【思考与练习】

（1）为什么店铺设计和商品陈列需要考虑消费者的心理因素？
（2）请选择一家超市进行实地观察，对其陈列提出改进措施。

【拓展阅读】

SPAR 店铺设计的消费者要素

SPAR 是一家国际性的连锁大超市。凡是接触过 SPAR 的消费者，无不对其高格调和热烈的卖场气氛印象深刻。从 SPAR 在世界各地统一使用的电视广告宣传片中也可以看出，SPAR 店极注重店面层次和品位。在欧洲的某个 SPAR 店中，消费者能够见到一个分类回收生活废弃物的小玩具，当消费者将废弃纸板、瓶罐等投入时，它能"吐出"相应金额的购物券或现金。旁边还有一棵"能说会吃"的大树，在投入废电池后可以开口说话，甚至陪儿童做游戏，还会根据投入废电池的数量"吐出"一定的奖券或礼品。在大众环保意识极强的欧洲，这种让孩子们在愉快的玩乐中参与环保实践、学习环保知识的设施，让年轻父母由衷地欣喜。

零售业经营的最基本定理无疑是"销售额=交易数×客单价"。一个零售企业能够吸引多少忠诚的目标消费者，是决定其效益的基本问题。吸引对自己情有独钟的消费者的过程就像谈恋爱的过程，双方从初次见面时感知对方，进而在更深层次的交流与沟通中相互选择。因此，超市设计，应该是使一个店铺从视、闻、尝、听、触等各种角度让目标消费者全方位体验和感受店铺"人格"并获取其"芳心"（常来购物）的一套系统方法。在与目标消费者互相沟通的过程中，SPAR 抓住并充分利用了以下几大要素，取得了事半功倍的效果。

（1）视觉要素。店铺的视觉要素好比人们的衣着和言谈举止。SPAR 有一套"柔性指示"体系，用具体、优美的图像来代替文字说明。例如：婴儿用品区不用文字"婴儿用品"标明，而是用一张活泼、可爱的婴儿照片来标识，这样形象、生动得多；女性内衣安排在卖场中较为私密的区域，配以温暖、柔和的灯光，温馨、浪漫的氛围使诸多女性流连忘返；蔬菜水果区则采用舞台射灯，商品摆放突出和谐的农场氛围，使消费者犹如身在农场中，其中的畅快与自在不言自明。

此外，SPAR 的外观设计非常有艺术性，大多采用全透明设计；门前的稻草和落地玻璃窗设计使整个 SPAR 店既古香古色，又充满现代气息。店内商品琳琅满目，人们透过玻璃窗看得一清二楚，这强烈刺激了消费者的眼球。颜色的使用在 SPAR 店内和店外也有严格的规定：红和绿，这两种颜色的搭配比例为 8：2。科学实验表明，这两种颜色的合理搭配不仅能使人感觉舒服，还会让人联想到生鲜和熟食。

（2）嗅觉要素。尤其在面包、水果、化妆品区，恰到好处的气味会对消费者的购买行为产生极大的影响。

（3）味觉要素。欧洲的 SPAR 大多在熟食区设置专供消费者品尝的位置，类似于快餐店。

（4）听觉要素。在合适的时间，配上恰当的背景音乐和宣传语言，不但能迅速告知消费者店内的最新消息，而且会使消费者有一种宾至如归的亲切感。

（5）触觉要素。在 SPAR，不管蔬菜、水果多么高档，一律采用敞开式摆放方式。消费者可以轻松触摸到这些商品，便于选购。

思考题：店铺设计为何要考虑消费者要素？

第 9 章

零售业信息化与数据应用

> 大数据的应用，最关键的是要有跨领域的思考能力。
>
> ——百度创始人李彦宏

【主要内容】

（1）企业信息化的内涵和作用
（2）零售业信息化和数字化转型
（3）代表性信息系统及其应用
（4）零售业信息化和数字化应用案例

案例导读

零售业信息化完成三级跳

多年前，中国连锁企业在考虑导入店铺信息管理系统时，讨论的重点之一是：用 ECR 收款机还是用 POS 机？用 ECR 收款机投入不到 4 万元，用 POS 机则需要投入将近 40 万元（包括扫描枪、服务器等）。今天，连锁企业已全面使用基于条码技术的扫描设备和 POS 机，数据基本上可以实现实时传输，各业务模块完整连接，效率和准确率都得到了质的飞跃，数据挖掘和商业智能也提上日程。这可以算是中国零售业信息化发展的一个缩影。中国零售业信息化是伴随着零售业的发展而发展的，可以分为三个阶段。

第一阶段：探索阶段（1995—1999 年）

1995 年前后是零售业的发展初期，从南方和东部主要城市开始，陆续出现了一些连锁企业，当时它们以这一新的经营模式开创了零售业的新局面，企业自身也实现了快速发展。

当时的零售企业门店数量不多，配送中心的规模也不大，企业对于"联网"还没有迫切需求。总部与门店之间主要通过电话、传真等方式进行沟通。企业流程中单据是核心，票据传递员在当时是一个重要的岗位。当时的软件功能主要集中在门店的销售管理上，包括销售排行、简单的统计分析等。

第二阶段：规模扩张阶段（2000—2009 年）

从 2000 年开始，中国连锁经营进入快车道，企业规模迅速扩张。根据中国连锁协会的统计，1999—2003 年，百强连锁企业同比销售增幅达到了 52%。企业的快速发展，一方面得益于经过初期的培育，很多企业具备了扩大规模的能力，面对巨大的市场，它们迅速扩充店面；另一方面在 WTO 谈判中我国承诺的"到 2004 年年底零售业全面开放"起到了催化剂的作用。

越来越多的企业开始跨区域发展，大多数企业建立了配送中心，传统的管理方式已经无法满足规模扩大的需求，IT 开始真正发挥作用。其作用主要表现在以下三个方面。①企业内部网络建设：总部与门店、配送中心联网，实现实时数据传输；门店和配送中心内开始采用无线网络；配合企业并购，进行流程再造（BPR）和重组；企业网络建设根据不同需求采用 B/S 和 C/S 结构。②关注供应链效率的提高：物流设计和物流管理系统（WMS）受到关注，并有庞大的投入；订单开始采用 EDI（电子数据交换）形式；与大型供应商合作，尝试自动补货；财务系统大多实现"微机管理"。③关注消费者服务：开展会员制管理，促销行为以数据为基础，尝试以品类管理为核心的 ECR（高效消费者响应）技术。

联商网发布的《2007 年中国零售企业信息化应用调查分析报告》显示，在被调查的我国 436 家零售企业中，89.8%以上应用了 POS-MIS（销售点系统-管理信息系统）。也就是说，参与调查的企业中有近九成应用了第三代 POS 机并实行了单品管理。另外，部分企业使用了企业管理解决方案、零售管理、企业流程系统等其他软件。企业资源计划（Enterprise Resource Planning，ERP）系统的应用更是成倍增长，在其他方面（如客户关系管理、供应链管理），应用软件的使用情况相比 2005 年均有所提高。出现这样的情况是由于国内的零售企业对信息化的认知有所提高，除了部分管理比较先进的企业在应用更为复杂化的信息化软件，大部分零售企业在信息化的应用上不再盲目跟风，而开始关心企业实现信息化的真正意义。此外，这一时期的另一个热点是电子商务。B2B、B2C、B2B2C 等众多电子商务平台崛起，一些大型连锁企业相继建立自己的网站。

第三阶段：精细化管理阶段（2010 年至今）

进入 21 世纪后，零售企业从规模数量型向效益效率型转变。突出的变化体现在两个方面：一是企业由全国扩张向区域领先转变，出现了一批优秀的区域优势企业；二是由同质化向差异化转变，新的业态和经营模式不断出现。

在这一阶段，信息化的重点是建设供应链系统（由企业向供应商方向延伸）、数据集成与分析（用于商品分析以及客户管理）、业务流程重组（满足并购、多业态发展需要）等，具体包括 ERP 的选型和实施、流程重组和优化、IT 外包服务、VMI 管理、数据仓库（Data Warehouse）和数据挖掘（Data Mining）、商业智能、自助结账（Self Checkout）等。

这期间发生了很多重要事件，例如：扫描设备和 POS 系统的普及大大提高了效率；手持终端（PDA）的使用和普及，减少了盘点和日常操作的劳动量；生鲜条码秤的使用和普及，改变了生鲜售卖方式；电子标签的出现和使用，是店铺价格管理的一场革命；RFID 的发展道路虽然漫长，但它的提出促成了零售信息化新的革命。

近年来，零售业进入数字化转型时期，之前信息化建设普遍偏重门店前台业务管理，对后台集中管控的关注度不够。但是在数字化转型的今天，零售商的前台优化以及中台和后台建设已被提上重要日程。

思考题： 信息化、数字化转型对零售业经营与管理有哪些影响？

9.1 企业信息化的内涵和作用

9.1.1 企业信息化的内涵

企业信息化（Enterprise Informatization）是指将企业的生产过程、物料移动、事务处理、现金流动、客户交互等业务过程数字化，通过各种信息系统网络加工生成新的信息资源，提供给各层次的人们洞悉、观察各类动态业务中的一切信息，以做出有利于生产要素组合优化的决策，使企业资源合理配置，以使企业适应瞬息万变的市场经济竞争环境，求得最大的经济效益。

企业信息化是技术手段和管理模式的统一，是管理变革与信息技术相互促进的互动过程。只有先进的硬件设备和先进的技术手段而不进行自身机制的变革，或只进行机构和职能的重组，却没有规范的管理模式，企业都无法实现信息化。信息化是一种管理手段，数字化是推进信息化的方法。信息流是商品流、资金流、票据流、人才流的综合体现。

任何信息都可以分解，因此最重要的是信息的质量，而不是信息的数量。管理的本质不是管人，而是管过程。因此，可以认为，企业的信息化过程就是为了适应急剧的环境变化，通过引入信息技术，在提高企业信息处理能力的同时，不断进行自我创新的过程。

9.1.2 企业信息化的层次

企业不是孤立于社会的孤岛，而是处于与社会和行业信息紧密联系的信息链、价值链上。从企业信息化到信息化企业是商业企业的必然进化过程。企业信息化包括以下四个层次。一是社会集成，即将这个社会的信息集成起来，建立企业战略级的数据中心，使信息可以在整个商业价值链上流动起来。这牵涉整个供应链上企业的全面协同和价值匹配。二是信息集成，是指将企业中所有的系统集成起来，建立应用服务和流程再造的总线，使信息的获得和发布更加便利，摆脱无序信息及信息孤岛的困扰，应用更加先进的开发工具和网络技术进行数据挖掘和工作流驱动，形成协同商务平台和企业信息管理门户。三是应用集成，是指一些专用的信息系统的实施和集成，如 OA（Office Automation，办公自动化）、HR（Human Resources，人力资源）等。这是企业信息化的关键，也是目前大多数企业所处的层次。四是系统集成，是企业信息化的第一步，而且是不可逾越的一步，内容包括企业内部网和外联网的建设、基本软硬件的配置等。

9.1.3 企业信息化的作用

从表面上看，企业信息化似乎就是买设备、上系统，但事实上，它绝不是简单地以计算机网络代替手工劳动，而是一场全面而深刻的管理革命。信息化的本质是信息共享。信息化可以降低成本和提高效率，是一个自我组织化的过程；企业信息化更是一项复杂的系统工程，并且具有层次性、阶段性，企业在不同的发展阶段需要进行不同的信息化内容建设。企业信息化建设的根本目的是改变企业管理粗放、落后的面貌，建立一种符合市场经济体制的现代企业管理模式，实现企业的跨越式发展。

9.1.4 信息化、数字化建设需要注意的地方

企业的信息化建设和数字化转型必须注重战略与策略相结合。首先，企业应当确定信息化建设的战略，合理进行企业的 IT 规划；其次，企业根据不同的发展阶段来分步进行信息化建设。在信息化建设的过程中，企业需要投入大量的人力和物力，还需要对原有的组织机构、管理体制、工作方式等进行变革。

9.2 零售业信息化和数字化转型

9.2.1 零售业信息化的历史

随着计算机技术的发展和计算机价格的下降，越来越多的各类型的零售商开始开发内容丰富的信息系统。1978 年，美国仅有 200 家超级市场使用计算机扫描系统。20 世纪 70 年代中期，大部分计算机系统仅用于减少收款员的错误和完善存货管理。进入 20 世纪 80 年代，收银机（Point of Sale，POS）、条形码、基于 POS 服务的管理信息系统（Management Information System，MIS）、财务管理软件等广泛应用于零售业。

W 超市是世界上信息化水平最高的零售企业之一，是最早使用计算机跟踪存货（1969 年）、最早使用条形码（1980 年）、最早采用 EDI（1985 年）、最早使用无线扫描枪（1988 年）及实时存货和现金流量信息管理零售连锁系统的零售企业。这些投资都使 W 超市得以明显降低成本、提高销售额、减少缺货损失，进一步减少库存，大幅提高资本生产率和劳动生产率。应用零售信息系统能够预测零售经营者的信息需求，连续地收集、组织和存储相关数据，并将信息流提供给决策者。

在我国，零售业信息化开始于 1981 年，这一年原商业部从日本进口了 4 000 台 Omron528 收款机，以计划分配形式在全国主要城市各大商场使用。从此，POS 机、条形码技术、色码技术、基于 POS Server 的 MIS、财务管理软件、系统集成产品广泛应用于零售业。1997 年发布的《关于中小企业信息化的实施意见》，再一次推动了商业自动化、商业 MIS 系统的开发和应用。

进入 21 世纪，以光纤通信、局域网、广域网、互联网为载体的现代通信技术、网络技术、数据管理技术得到极大发展，商业 ERP、商业智能 BI、供应链管理（SCM）与客户关系管理（CRM）等高端产品不断被零售企业采用，极大地扩展了企业的信息化管理范围，使大批量、多品类的统一采购和分散销售得以实现，代替了传统零售业的大量手工制单、只管金额不管商品和消费者的落后交易方式。IT 带来了新的管理变革和流程优化（BPR），极大地改变了中国零售业的面貌和内涵，使发展大规模连锁化的零售组织成为现实。2003 年，中国连锁经营协会专门成立了"信息化专业委员会"，开始系统地总结和推动零售企业的全面信息化建设，迎接全行业信息化、网络化时代的到来。

从 2010 年开始，线上业务对线下传统超市进行了一波又一波的冲击，使得零售业的经营模式发生巨大的变化，传统零售业向规模化、连锁化、线上化方向发展。面对激烈竞争，零售业不仅需要调整业务模式，还需要借助信息化手段扩展经营手段。现如今，大数据技术的应用成为大势所趋，大数据带来的信息风暴正在改变我们的生活、工作和思维。大数据开启了一次重大的时代转型，将为人类的生活创造前所未有的可量化维度，已经成为新发明和新服务的源泉，更多的改变也正蓄势待发。

9.2.2　零售业信息化的特点与需求变化

与其他行业相比，零售业对信息系统的依赖性较强，信息系统已经成为其不可或缺的经营手段，一旦系统出现故障，零售商店将无法营业。大多数行业的信息化顺序是从后台推向前台，零售业却恰好相反，是从前台推向后台。当前，我国大多数零售企业形成了一大堆前台和后台应用系统，面临系统集成或更换平台的重要任务。对传统零售企业而言，信息化带来的不仅是电商渠道的增加，还是企业组织架构、组织制度、运营方式、业务流程、盈利模式的系统性、全方位重构。

从信息化应用角度看，目前国内零售企业的信息化普遍专注于操作层面（如收银、收货、库存管理等），在管理决策层面（如供应链管理、客户关系管理）上的应用普遍很少，缺乏战略级的信息化规划和应用，在销售、管理、财务、客户关系以及数据挖掘等系统上的应用落后于国外企业。

目前，我国零售企业的信息系统存在以下突出问题：数据静态化、模块分割、现有信息技术系统落后。现行的以商品、管理、流程为中心的信息技术系统已经不能适应当前发展环境的需要，整体的系统效率、企业效率没有得到根本改变。典型零售信息系统如图 9-1 所示。

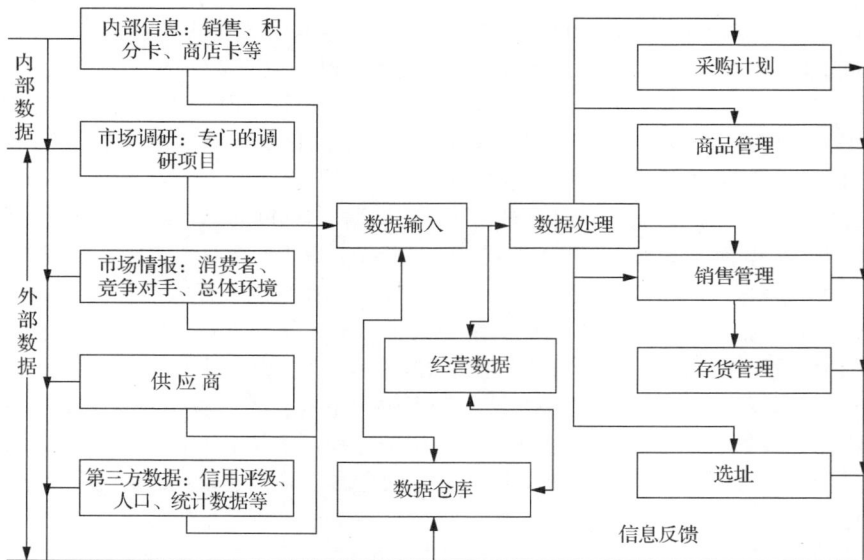

图 9-1　典型零售信息系统

9.2.3　我国零售业信息化和数字化转型趋势

随着零售市场规模越发庞大，消费者正逐渐改变这个巨量市场的游戏规则。伴随着中产阶级的崛起和消费者对购物便利性要求的提高，传统消费方式被颠覆，科技正持续改变消费者购买商品的方式，零售企业也在摸索中坚定不移地向信息化、数字化方向转型。由于零售业信息化的发展，人们越来越关注跨区域发展、专业分工、体验消费、整体效益和人才培养。

1. 更专业的服务、更个性化的需求

面向特定群体的专门店、专业店，已经走上前台；大商场、购物中心无论面积多大，其服务的个性化已经成为一种趋势；不同的群体、不同的嗜好、不同的生活方式与消费习惯，越来越多的个性化需求将主导商场向专门化、专业化方向发展。

2. 从注重内部品类管理走向服务消费者管理

零售企业过去更多的是想知道如何进行品类管理，今后可能更需要知道消费者的需要和购买路径。例如，消费者进入店铺后，他会在哪里购买哪一件商品？会在哪里停留？会按什么顺序查看不同的商品类别？这对于了解消费者的需求，进而进行相应的店堂布置、品类分布，为消费者提供更有价值的服务至关重要。美国索伦森公司（Sorensen Associates）研发的"路径跟踪者"，由安装在购物手推车底部的"路径跟踪者"RFID 标签和接收器组成，可以记录手推车在整个商店内的移动路径，并可利用手提式跟踪设备，使研究人员实时跟踪消费者的行为模式。消费者再次进入商店时，由于零售商已经知道消费者来过多少次，都买了什么、浏览了什么、放弃了什么，因此可以给消费者提供相关建议，以非常个性化、有效的方式与消费者互动，并为其他正在寻找类似商品的消费者提供有用的提示。

3．向整个链条要效益

要满足消费者的需求，零售企业必须进行供应链管理研究。零售企业不再盯着一个点上的效益，而是着眼于从整个供应链上获取效益。供应链管理把原料供应商、生产商、分销商等在一条供应链上的所有节点企业整合起来，优化人、财、物等诸多因素的配置，使商品以最快的速度通过生产、分销环节送达消费者手中。零售企业将自己的数据库向合作的供应商开放，使供应商可以随时了解其商品在商店里的销售情况，以便做进一步改进。运用开放的数据库平台，供应商的成本大大降低，这种合作使传统的零售企业与供应商之间简单地以利润分配为核心的博弈，转变为整个供应链价值增值的过程。

4．从数据搜集到挖掘价值

零售企业可利用数据挖掘技术分析消费者的购物模式，对将来的购物趋势和购物行为进行预测，支持企业的决策。经过对企业数据库系统的分析，数据挖掘工具可以回答诸如"哪个客户对我们的促销活动最有可能做出反应？为什么？"等问题。将数据挖掘工具运用到客户关系管理中，就能在海量的客户数据中对看似无关联的数据进行筛选、净化，提取有价值的客户关系，对客户需求做出恰当的回应，并预测需求趋势。真正的价值，不是拥有不菲的 IT 设备和系统，而是利用这些设备和系统采集的信息，加强企业运营管理，使零售企业更加健康地发展，创造更多的利润，并最终推动零售行业的信息化建设和数字化转型。

9.2.4　我国零售业信息化、智能化热点

1．供应链协同

在国家"扩大内需"政策的持续支持下，门店向三、四线城市发展、覆盖。门店的扩张将产生店面管理和供应链管理等多种零售业信息化应用的需求。其中，供应链协同将更受重视。供应链管理是零售业重点关注的信息化建设方向之一，优化供应链管理、降低企业运营成本、强化企业补货能力，已成为零售业信息化应用的重点。

2．数据大集中

零售业如今处于并购和整合的动荡时代，数据大集中在不断的并购和整合中被提上日程。将营业数据收归集团就意味着以后所有的服务器都将在总部部署，从而使单店的维护费用降低。数据大集中对于零售业信息化而言是一个质的飞跃，由原来的分散部署走向集中部署，由原来的不交互走向协同交互，这不仅是应用的深化，更是与以往完全不同的部署模式。数据大集中也意味着后续一系列集团管控的加强，这些都需要系统来支撑。例如，由过去的分布式管理架构转变为中央集权管理架构，其中涉及诸多管理结构的转变，如财务、人力资源、采购等各个方面。

3．商业智能

瞬息万变的市场环境、捉摸不透的客户需求以及海量的业务数据，决定了零售业是商业智能应用的热点行业之一。近年来，商业智能在零售业的发展中得到了充分应用，越来越多的零售企业开始实施商业智能项目。目前，外资零售企业在客户

行为精准分析方面具有较大的优势，而大部分内资零售企业依然处于会员折扣类的粗放式管理阶段。未来，国内大型零售企业的信息化建设将向商业智能（BI）分析系统和商场布局管理系统等精细化管理方向转移。

4. 客户关系管理

随着零售行业竞争压力的加大，客户关系管理将向深入挖掘客户消费行为的方向发展。POS 系统的前端销售数据与消费者的消费习惯之间的关联分析研究，将成为零售企业未来信息化建设的新趋势。通过对目标消费者的行为习惯进行精准研究，零售企业可为客户提供个性化服务，增强客户黏性，以提高企业的市场竞争力。

5. 系统升级换代

目前，国内零售企业在信息化的投入上还没有完全认同持续投入的理念，不少企业购买了必需的系统之后，后续投入没有持续跟进。国内很多零售企业的原有信息系统已经使用多年。然而，伴随着零售市场的剧烈变化，信息技术必须支撑这些变化。一般而言，3～5 年为信息系统升级换代的一个周期。

6. 电子商务

电子商务将成为零售业信息化投入的重要趋势之一，这也是一个绝对不容忽视的潜力市场。进军互联网的零售企业主要有三种类型：第一类是生产企业开展商品直营业务的产销一体化尝试；第二类是传统零售企业的互联网渠道扩展；第三类是企业电子商务网站的建设，特别是"生产企业互联网直营的尝试"和"传统零售商互联网渠道的拓展"，这是目前零售企业信息化投入的亮点。

9.3 代表性信息系统及其应用

9.3.1 自动补货系统

自动补货系统（CRP）是一种库存管理系统，是将掌控销售信息和库存量作为市场需求预测和库存补货的解决方法。由销售信息得到消费需求信息，供应商可以更有效地计划、更快速地反映市场变化和用户需求。因此 CRP 可以用来改善库存周转，进而维持最佳库存量。供应商与批发商通过 CRP 分享重要信息，双方都可以改善需求预测、补货计划、促销管理和运输装载计划等。

自动补货系统能使供应商对其所供给的所有分门别类的货物及其销售点的库存情况了如指掌，从而自动跟踪补充各个销售点的货源，增强了供应商供货的灵活性和预见性。由供应商整理零售库存，并承担零售店里的全部产品定位责任，可使零售商大大降低零售成本。

案例 9-1

W 超市以自动补货实现精益供应链管控

W 超市为保证卖场里的商品低价，采用在全球范围内采购、运输和销售策略，在品质最佳、价格最低的地区采购商品，运送到最好销售的地方去。这对物流成本和效率提出了很高的要求。

20 世纪 80 年代末，W 超市开始利用电子交换系统（EDI）与供应商一道建立自动订货系统。该系统又称无纸贸易系统，即通过网络系统，向供应商提供商业文件、发出采购指令、获取收据和装运清单等，同时让供应商及时、准确地把握其商品销售情况。W 超市还利用先进的快速反应系统代替采购指令，真正实现了自动订货。

一、自动补货系统的解决方案

W 超市的自动补货系统利用条形码扫描和卫星通信，随时自动生成订单，并将其汇总发给供应商，同时与供应商每日交换商品销售、运输和订货信息；供应商根据数据进行备货。凭借先进的电子信息手段，W 超市做到了商店的销售与配送保持同步、配送中心与供应商运转一致。通过技术的完善实现货物的高能见度和精确度，从而减少了库存，保证了店里的零库存和整个供应链的无缝连接。

（一）自动记录销售信息并汇总，生成订单

W 超市的自动补货系统可进行自动识别。只要消费者在收银台为其购买的商品买单，自动补货系统就会立即直接向供应商发出新的订单信息。每个商品都有条形码，销售终端会记录每一个经过收银台的商品条形码，并向 W 超市总部的中央计算机发送交易处理信息。该计算机将收集 W 超市商店的所有订单，然后将它们发送给供应商。因为这一系统可以快速补充库存，所以 W 超市不需要为在自己的仓库中保持大量存货而支付很多费用。使用电子识别技术可以实现自动化工作流程，可以自动下订单，自动排序和挑选。

（二）构建数据交换系统，支持数据高效传输与共享

为了传送公司的数据和信息，W 超市构建了美国最大的私有卫星系统。这种以卫星技术为基础的数据交换系统，使公司与供应商及各个商店实现了有效连接，W 超市总部及配送中心在任何时间都可以了解每一个商店现在有多少库存、有多少商品正在运输过程中、有多少商品存放在配送中心等；同时，还可以了解某种商品上周卖了多少、去年卖了多少，并能够预测将来能卖多少。

W 超市的供应商也可以利用网络直接了解自己昨天、今天、上周、上个月和去年的销售情况，还可以利用网络得到 W 超市的库存数据。在供应链中，各成员得以互享信息，从而可以维持长久、稳定的战略合作伙伴关系。

（三）终端翔实的数据为总部及供应商的业务分析带去便利

计算机系统能随时给 W 超市采购员提供资料，保存两年的销售历史记录了所有商品（具体到每个规格、不同颜色的单品）的销售数据，包括最近各周的销量以及存货数量。这样的信息支持能够使采购员知道什么品种该增加、什么品种该淘汰、热销的品种每次进多少才能满足需求又不致积压。这样翔实的数据也使生产商能细致地了解哪些规格、哪些颜色的商品好销，然后按需组织生产。

二、自动补货系统的成效

W 超市店内货物种类在 8 万到 10 万之间，每周大概有 900 件商品进入自动挑

选行列。采用电子识别技术后手工订单减少了很多，库存下降，供应链成效显著。数据表明，W超市使用电子识别技术削减了大概10%的手工订单。

20世纪80年代后期，W超市从下订单到货物到达各个店面需要30天，采用自动补货系统后，这个时间缩短为2～3天，大大提高了物流的速度和效益。W超市采用过站式物流管理方式，即由公司总部"统一订货、统一分配、统一运送"的物流供应模式，使补货时间从行业的平均水平6周缩短为36小时。

三、自动补货系统实现成本节约

零售业的平均利润只有3%，可称为"刀片一样薄"的利润。W超市通过使用自动补货系统可实现物流和人力成本的节约，从而在激烈的竞争中立于不败之地。

一般来说，物流成本占销售额的10%左右，有些食品行业甚至达到了20%～30%。但是W超市的配送成本仅占销售额的2%，灵活、高效的物流配送使W超市在激烈的零售业竞争中占据优势。

案例 9-2

希音：全链路数字化造就柔性供应链

跨境电商巨头希音的后台是由大大小小几百个系统支撑起来的，它们共同支撑了整个供应链的稳定运行。大数据、云计算、人工智能团队主要负责数据挖掘、数据实验、云平台搭建、智能推荐等整个公司后端功能支撑；商品供应团队负责需求预测、采购管理、商家管理、供应商管理等主体管理，以及希音云工厂模式下的各类系统；智能仓库物流团队主要负责仓库及货物运输，仓库方面主要以机器人、自动化来提高库内作业效率，而物流方面则基于成本、时效、服务三个维度规划全球运输路线，最终将商品配送到客户手中；客服团队保障整个希音售前、售中、售后的服务质量，通过提升转化率、复购率以提高品牌影响力和知名度。希音通过智能数字营销占据消费者心智，以全链路数字化能力整合上下游资源，以小单快返的模式控制企业运营成本，最终造就了业界流传的柔性供应链。

9.3.2　快速反应系统

快速反应（Quick Response，QR）系统是指通过零售商和生产厂家建立良好的伙伴关系，利用电子数据交换（Electronic Data Interchange，EDI）等信息技术，进行销售时点以及订货补充等经营信息交换，用多频度、小数量配送方式连续补充商品，以实现销售额增长、客户服务最佳化，以及库存量、商品缺货、商品风险和减价最小化目标的物流管理系统模式。

1. QR 实施的三个阶段

第一阶段：所有的商品单元条码化，利用EDI传输订购单文档和发票文档。

第二阶段：增加内部业务处理功能，利用EDI传输更多的文档，如发货通知、收货通知等。

第三阶段：与贸易伙伴密切合作，以对客户的需求做出迅速反应。

2．QR 实施成功的条件

QR 实施成功需要五个条件。第一，改变传统的经营方式、企业经营意识和组织结构。企业不能局限于依靠本企业自身的力量来提高经营效率的传统经营意识，要树立通过与供应链各方建立合作伙伴关系、努力利用各方资源来提高经营效率的现代经营意识。企业必须改变传统事务作业的方式，利用信息技术实现事务作业的无纸化和自动化。第二，开发和应用现代信息处理技术。第三，与供应链各方建立战略伙伴关系。第四，改变传统的对企业商业信息保密的做法，将销售信息、库存信息、生产信息、成本信息等与合作伙伴交流共享，并在此基础上，要求各方一起发现问题、分析问题和解决问题。第五，供应方必须缩短生产周期，降低商品库存。具体来说，供应方应努力做到：缩短商品的生产周期；进行多品种、少批量生产和多频度、少数量配送，降低零售商的库存水平，提高服务水平；在商品实际需要将要产生时采用 JIT（Just in Time，准时制生产）方式组织生产，减少供应商自身的库存。

3．实施 QR 的收益

研究结果显示，实施 QR 的收益如表 9-1 所示。

表 9-1　实施 QR 的收益

商品	实施 QR 的企业	零售业者的 QR 效果
休闲裤	零售商：Wal-Mart 服装生产厂家：Semiloe 面料生产厂家：Milliken	销售额：增加 31% 商品周转率：提高 30%
衬衫	零售商：J. C. Penney 服装生产厂家：Oxford 面料生产厂家：Burlinton	销售额：增加 59% 商品周转率：提高 90% 需求预测误差：减少 50%

应用 QR 后之所以产生这样的效果，是因为：第一，销售额大幅度增加；第二，商品周转率大幅度提高；第三，需求预测误差大幅度减少。

9.3.3　有效客户反应系统

有效客户反应（Efficient Consumer Response，ECR）系统是流通供应链上的各个企业，以业务伙伴方式紧密合作、了解消费者需求，建立的一个以消费者需求为基础、具有快速反应能力的系统。ECR 是零售企业满足消费者需求的解决方案和核心技术，目标是高效满足消费者不断增长、多样化的需求。只有更好地满足消费者的需求，零售商、分销商和制造商才能生存和发展，才更有竞争力。

1．ECR 系统产生的背景

ECR 系统的产生可归因于 20 世纪商业竞争的加剧和信息技术的发展。20 世纪 80 年代，特别是到了 90 年代以后，美国日杂百货业零售商和生产厂家的交易关系由生产厂家占支配地位，转换为零售商占主导地位；在供应链内部，零售商和生产厂家为取得供应链的主导权，为商家品牌（PB）和厂家品牌（NB）占据零售店铺货架的份额展开激烈竞争，使得供应链各个环节的成本不断转移，供应链整体成本上升。

从零售商的角度看，新的零售业态（如仓储商店、折扣店）大量涌现，日杂百货业的竞争更趋激烈，零售商开始寻找新的管理方法；从生产厂家的角度看，其为了获得销售渠道，直接或间接降价，牺牲了厂家自身利益，生产厂家希望与零售商结成更为紧密的联盟，这样对双方都有利；从消费者的角度看，过度竞争忽视了消费者的需求——质量好、新鲜、服务好和价格合理，许多企业通过诱导型广告和促销来吸引消费者转移品牌。可见，ECR 产生的背景是提供满足消费者需求的商品和服务。

为此，美国食品市场营销协会（Food Marketing Institute）联合可口可乐等公司对供应链进行调查、总结、分析，得到了改进供应链管理的详细报告，提出了 ECR 的概念，被零售商和制造商采用，广泛应用于实践。

在当今的中国，制造商和零售商为渠道费用而激烈争执，零售业中的工商关系日趋恶化，消费者利益日趋受到损害。ECR 是真正以消费者为核心，转变制造商与零售商的关系，实现供应与需求相统一的有效途径。

2. ECR 系统实践效果

（1）建立了稳定的伙伴关系。在传统的商品供应体制中，生产者、批发商、零售商联系不紧密，发生的每一次订货都有很强的随机性，这就会造成生产与销售之间的商品流动极不稳定，增加了商品的供应成本。而 ECR 恰恰克服了这些缺点，在生产者、批发商、零售商之间建立了一个连续的、闭合的供应体系，改变了三者相互敌视的心理，使其结成了相对稳定的伙伴关系，规避了商业交易中的钩心斗角，实现了共存共荣，形成了一种新型的产销同盟和产销合作形式。

（2）实现了非文书化。ECR 充分利用了信息处理技术，使产购销各环节的信息传递实现了非文书化。无论是企业内部的传票，还是企业之间的订货单、价格变更通知、出产通知等文书，都通过电子数据交换（EDI）进行自动处理。由于利用了电子数据交换，生产企业在出产的同时，可以把出产的内容电传给进货方。作为进货方的零售企业，只要在货物运到后扫描集运架或商品上的电码就可以完成入库验收等处理工作。由于全面采用了电子数据交换，企业可以根据出产明细自动地处理入库，从而使处理时间近似为零。这对于迅速补充商品、提高预测精度、大幅度降低成本起到了很大作用。

9.3.4 QR 与 ECR 的比较

1. QR 与 ECR 的差异

（1）服务对象及目标不同。ECR 主要以食品行业为服务对象，其主要目标是降低供应链各环节的成本，提高效率。

QR 的服务对象主要集中在一般商品和纺织行业，其主要目标是对客户的需求做出快速反应，并快速补货。这是因为食品杂货业与纺织服装行业经营的商品特点不同：食品杂货业经营的商品多是功能性商品，每种商品的寿命相对较长（生鲜食品除外），因此，订购数量过多（或过少）的损失相对较小；纺织服装行业经营的商品多属创新型商品，每一种商品的寿命相对较短，因此，订购数量过多（或过少）造成的损失相对较大。

（2）侧重点不同。QR 侧重于缩短交货提前期，快速响应客户需求；ECR 侧重于减少和消除供应链的浪费，增强供应链运行的有效性。

（3）管理方法的差别。QR 主要借助信息技术实现快速补发，通过联合开发商品缩短商品上市时间；ECR 除了能够快速有效引入新商品，还可以实现商品的有效管理。

（4）适用的行业不同。QR 适用于商品单位价值高、季节性强、可替代性差、购买频率低的行业；ECR 适用于商品单位价值低、库存周转率高、毛利少、可替代性强、购买频率高的行业。

（5）改革的重点不同。QR 改革的重点是提高补货和订货的速度，目的是最大限度地消除缺货现象，只在商品有需求时才去采购；ECR 改革的重点是效率和成本。

2．QR 与 ECR 的共同特征

QR 与 ECR 的共同特征表现为超越企业之间的界限，通过合作追求物流效率化，具体表现在三个方面：一是贸易伙伴间商业信息的共享；二是商品供应方进一步涉足零售业，提供高质量的物流服务；三是企业间订货、发货业务全部通过 EDI 进行，实现订货数据或出货数据传送的无纸化。

9.4　零售业信息化和数字化案例

零售企业的信息化、数字化不单单与企业内部的分销物流系统相结合，要充分重视和利用整条供应链中的内外部信息流，并通过信息系统反馈到自己的战略应用中。从整个供应链的角度看，信息系统的全面应用将对零售企业产生深远影响。

案例 9-3

便利店先行者：美宜佳的信息化建设

美宜佳作为国内便利店行业的先行者之一，门店总数现已超过了 10 000 家，尤其是在珠三角地区，"美宜佳"几乎跟"便利店"画上了等号。

为了给消费者提供更优质的服务，美宜佳携手数字标牌行业先驱飞利浦在全国多个门店部署数字标牌。美宜佳尝试在每个门店安装 5 块飞利浦显示器，采用 1×5 横屏的排列组合方式，用于商品销售价格单、新品广告、活动促销等信息的展示与发布。该项目不仅提高了美宜佳的信息化水平，还是美宜佳快速提高品牌知名度的有效方法。

对每一个门店店主来说，商店的形象直接影响消费者的采购决策。因此，店内环境、商品陈设和店面设计，不仅是消费者在购物时的重要参考因素，还是影响他们是否再度购物的关键。飞利浦显示器采用先进的 LED 显示屏，拥有 1 920

像素×1 080 像素的分辨率。经过优化，飞利浦显示器用一种更环保的方式产生更为令人惊叹的清晰画质。通过这种高画质视讯，门店可以让消费者产生一种高科技与现代化的感受，可以让消费者的购物变得更加轻松、愉悦。

以往商店店主发布信息大多依赖印刷品，如海报、传单，不但操作烦琐、时效性差，而且贴满促销海报的店铺整体环境看起来很乱，不利于品牌形象的提升。飞利浦显示器操作灵活，拥有 USB 多媒体播放功能、流媒体网络传输功能，既可以满足连锁便利店统一管理所有数字终端的需求，又可以根据单个门店的需求管理内容，让便利店的管理更加科学化、现代化。

另外，飞利浦显示器支持一键开关机，内置时钟，使用户可以自定义自动开关机时间，有效规避了无效使用区间，延长了面板使用时间并降低了功耗，可为每个门店节省一笔可观的开支。当前，数字标牌商品已逐渐成为商业体中消费者获得有效信息最经济、最快捷的方式，为商业模式的拓展和完善提供了有效助力，日渐成为各大商家竞相选择的传播方式。

案例 9-4

良品铺子的数字化转型

良品铺子成立于 2006 年，是我国一家集休闲食品研发、加工分装、零售服务于一体的专业品牌。良品铺子较早致力于数字化转型。

一、人的数字化：向构建全面消费者体验管理体系转型，提升消费者体验

消费者数字化的价值是重新通过数据去了解、重视消费者对产品的反映、消费者对企业的反映，以及消费者对运营体系的反映。良品铺子研究消费者大数据，从消费者购物行为、年龄、性别、地址等维度划分客群，形成洞察消费者消费偏好的"消费者画像"，指导新品研发、产品优化。良品铺子构建起全面消费者体验管理体系，使会员数据成为良品铺子的数据资产，通过线上线下一体化的会员运营，打通消费者在全渠道、全链路、全触点的数据，实现了跨端会员营销、权益分发和人货匹配，助力精准营销。

二、货的数字化：从贴牌生产的轻资产模式向智慧化供应链转型

在新零售背景下，良品铺子从只负责设计、质检一头一尾的贴牌式生产模式向智慧化供应链转型，持续迭代升级产品，构建完善的供应链运营体系。

在产品质量保障方面，良品铺子建立完整的产品质量控制体系和原料精准溯源体系，实现所有批次可追溯；在仓储物流方面，通过物流系统，实现最近仓最优方式配送；在产品研发方面，良品铺子基于对消费者数据的研究，指导新品研发、工艺提升、产品优化，实现产品迭代；在产销方面，良品铺子将消费者反馈的信息及时传递给生产商，生产贴近消费者的产品组合，满足消费者差异化的休闲食品需求。

良品铺子搭建了华中地区首个支持全渠道"货到人"拣选的智能化、数字化物流中心，实现效率提升，实现库存共享及一体化发货分拣。同时，良品铺子搭建算法研发平台，使其在供应链层面实现智慧化，提升了店铺的整体运营效率。

三、场的数字化：实体门店向数字化、智慧化门店转型

在新零售背景下，良品铺子从实体门店向智慧化门店转型，实现全域数字化，推广线上下单、门店提货的新体验。在新零售背景下，拥有超过 2 000 家实体店的良品铺子一直在探索门店智慧化、数字化转型。通过与阿里巴巴合作，完成了会员数据、传统营销的数字化改造，建成由第五代智慧门店体系组成的智慧化消费场景，从购物环境、导购服务、品类布局等方面不断优化消费者的购物体验，使消费者无论是进店购买还是从线上下单、门店取货，在任意渠道，都能享受到智能的门店体验服务。

四、渠道的变革：从多渠道到全渠道转变

在新零售背景下，良品铺子正从多渠道向全渠道转型。良品铺子销售渠道主要包括终端门店、电商平台、移动 App、O2O 销售平台等。线上平台坚持"电商平台+社交电商+自营移动 App"的发展策略，借助第三方电商平台的用户规模效应，实现销售规模快速增长。另外，通过微信、微博、抖音、快手等社交平台实现与消费者的高频次互动，让消费者在闲暇时间全方位感知休闲食品，利用休闲食品即时性、冲动性、社交化、碎片化的特征，使消费者完成随时随地购买的行为，拓宽销售途径，实现品牌宣传，加强品牌形象。线下销售渠道主要包括直营门店、加盟门店、大客户团购和 O2O 销售四种。

五、营销策略的创新：创新体验式促销，推进联动促销

良品铺子通过线上线下组合促销：①满足消费者即时性需求，实现线上下单、线下门店取货，为消费者提供良好购物体验；②作为本地生活的基点，通过外卖平台、O2O 拓展消费客群，为门店引流；③以实体零售门店为基础，开展社区、社群营销，培养忠诚消费者。

【本章小结】

（1）企业信息化是指将企业的生产过程、物料移动、事务处理、现金流动、客户交互等业务过程数字化，通过各种信息系统加工生成新的信息资源，提供给各层次的人们洞悉、观察各类动态业务中的一切信息。

（2）企业不是孤立于社会的孤岛，而是处于与社会紧密联系的信息链、价值链上。

（3）自动补货系统（ARP）是一种库存管理系统，是将掌控销售信息和库存量作为市场需求预测和库存补货的解决方法。

（4）快速反应系统是一种用来减少零售商用于接收商品的时间，从而降低存货投资、改善服务水平、降低分销成本的库存管理系统。

（5）有效客户反应系统是流通供应链上的各个企业，以业务伙伴方式紧密合作、了解消费者需求，建立的一个以消费者需求为基础、具有快速反应能力的系统。

（6）零售企业的信息化、数字化要求不单单与企业内部的分销物流系统相结合，更要充分重视和利用整条供应链中的内外部信息流，并通过信息系统反馈到自己的战略应用中。

【重要概念】

信息化　　零售信息化　　快速反应系统　　自动补货系统　　有效客户反应系统　　数字化转型

【思考与练习】

（1）零售企业为什么要进行信息化和数字化转型？

（2）我国零售企业信息化水平和今后的发展方向是怎样的？

（3）传统零售企业数字化转型有哪些困难？如何突破？

（4）以天猫、京东为代表的"搜索型传统电商"（货架式电商）与以抖音、拼多多、希音为代表的"算法电商"有何区别？

【拓展阅读】

见福便利店：用智慧零售带动全产业链进化

随着互联网的快速发展，人们的购物习惯在发生改变，零售业如果无视互联网，墨守成规，就会落伍。2015 年，见福便利店在业内率先实施 O2O 模式，利用微信公众平台倾力打造"光合农场"，为消费者提供方便、快捷的线上支付、线下取货的服务，满足了"80 后""90 后"等群体多元化、便利化的网上购物需求。

2017 年 5 月，见福便利店又做出了一个令同行惊讶的举动：董事长张利宣布，见福便利店将采用基于 Microsoft Azure 的全流程解决方案，帮助全国近千家见福社区便利店实现基于云计算、物联网、大数据、人工智能等技术的"智慧零售"创新，成为国内率先将传统便利店业态与现代科技紧密联系、采用微软技术发展智慧零售、推进业务创新的便利店品牌，用智慧零售带动全产业链进化。

何为"智慧零售"？张利董事长说，智慧零售并不是无人零售，它是一种有认知、有感知地为消费者提供安全、快捷、时尚、有趣服务的零售方式。其以消费者为中心，以大数据为基础，可给消费者带来惊喜。见福便利店的智慧大数据一端连着供应商，另一端连着消费者，消费者进入见福便利店后，人脸就是 ID、会员卡、支付端。通过人脸识别，消费者的购物偏好可以全部显示，消费者对商品的认可度会实时汇总到大数据中，为生产企业提供指导。智慧零售可让人更加智慧，让企业更加智慧，并提供智慧的服务，理解消费者的行为，推论出如何才能满足消费者的需求，从而实现供应链的优化。

张利董事长说，智慧零售运用云计算、物联网、大数据、人工智能等技术，可充分感知消费习惯、预测消费趋势、引导生产制造，从而为消费者提供多样化、个性化的商品和服务，而微软能够为智慧零售提供强大的技术支持。

思考题：请思考智慧零售与全产业链的关系。

第 10 章

连锁经营及管理策略

> 连锁经营是"一本万利"的生意。
>
> ——肯德基亚太区前总裁王大东

【主要内容】

（1）连锁经营的原理和作用

（2）连锁经营的形式与采购管理

（3）连锁经营在中国的发展状况

案例导读

S 便利店的扩张策略

S 便利店是美国南方公司于 1927 年成立的。经过多年的苦心经营，S 便利店目前已发展成为全球最大的便利店体系，遍及美国、日本、加拿大、澳大利亚、瑞典、菲律宾、新加坡、中国等 10 多个国家和地区。

一、扩张策略 1：特许连锁

零售业是一种以规模出效益的行业，小型便利店要想取得一定的规模，必须走连锁经营的道路。S 便利店是通过采取特许连锁这一市场扩张战略在有形市场上进行"圈地运动"而迅速发展起来的。自从 1974 年 5 月日本开设第一家 S 便利店以来，其拓展速度不断加快：1976 年 5 月第 100 家便利店开业，1980 年 11 月第 1 001 家便利店开业，1984 年第 2 001 家便利店开业，1993 年发展到 6 000 家，1997 年发展到 7 000 家，2000 年发展到 8 600 家，2012 年 2 月发展到 14 005 家，2016 年 11 月发展到约 19 000 家。这些店铺中，95%以上是加盟店。日本 S 便利店通过特许连锁打败了大型超市和百货商店，真正实现了"撒豆成兵"。

日本 S 便利店的特许连锁系统规范化程度较高，总部对加盟店的内外装潢、店面设计、标识牌等拥有决定权。店内商品陈列布局都由总部统一规定、设计。商店的建设、陈列及管理须遵循四项原则：一是必需品齐全；二是实行鲜度管理；三是店内保持清洁、明快；四是提供亲切、周到的服务。总部注重对加盟店人员的培训。店铺装修期间，总部对店主进行培训，培训内容包括 POS 系统的使用方法、接待消费者的技巧、店铺运营的技巧等。培训具体流程如下：首先，店主要在 S 便利店训练中心接受为期 5 天的课堂训练，以了解 S 便利店系统和店铺经营的基本原理；然后，店主要到 S 便利店遍布全国的 36 家训练店进行为期 5 天的实习演练，总部会为 2～4 名店主配备 1 名有丰富经验的指导员。另外，总部应店主的要求，为提高店员、临时工的店铺经营能力，会围绕商品运营和商品管理、接待消费者技巧等内容，对店员、临时工进行短期的集中基础训练。

二、扩张策略 2：集中开店

日本 S 便利店开展特许连锁的一个重要策略是集中开店。集中开店是指在某个重点区域内以密集开店的方式，迅速达到增加规模效益的目的。集中开店的优势是显而易见的。首先，它能降低总部的宣传推广费用。在一个区域内店铺数量越多，相应地，分摊到每一家分店上的宣传费用就越低，这将有效地节省总部的宣传费用，增强宣传效果。其次，集中开店有利于增强企业形象的相乘效果。在同一地区开设十几家甚至上百家加盟店，会很容易树立品牌形象，提高知名度。再次，集中开店有利于提高总部对加盟店的服务质量。如果各个加盟店之间距离太远，则督导人员花在路上的时间较长，将会影响督导人员到各店的巡视频率，也会降低加盟店的服务质量。最后，集中开店能降低总部的配送成本。便利店的营业面积通常有限，必须进行零库存经营，因此要求总部配送中心采取多种类、小数量、多批量的配送方式。同一地区内的加盟店越多，分摊到加盟店上的运输费用越低。

日本 S 便利店始终坚持稳扎稳打的开店策略，在一个地区取得市场支配地位之后，再进入下一个地区，而不是追求全面开花，因此能降低经营成本，迅速实现盈利。与日本同行业比较，在销售额、毛利率、资本周转率、单位面积销售额、人均销售额等诸多经营指标上，S 便利店都居于日本便利店之首，而销售管理费用率、设备费用率、库存、工资占费用比率等指标却低于同行业平均水平，这使 S 便利店有更多的优势参与同行业竞争，并从中脱颖而出。

思考题：日本 S 便利店在高速扩张的背后采取了什么样的经营方式？

10.1 连锁经营的原理和作用

10.1.1 连锁店的兴起

连锁店的兴起源于第二次流通革命。实践证明，发展连锁店对于促进生产与流通的结合、增强企业竞争力、提高流通组织化程度具有十分重要的意义。连锁店已成为发达国家和地区零售商业采取的主要形式。

10.1.2　连锁店的特征

第一，组织形式的联合化和标准化（前提条件）。使用同一个店名，具有统一的店貌，提供标准化的商品和服务。

第二，经营方式的一体化和专业化（核心内容）。一是把零售业职能有机地组合在一个统一的经营体系中，实现采购、配送、批发、零售一体化；二是以大零售业为先导，以大工业为基础，实现了一体化经营与分工的有机结合。

第三，管理方式的规范化和现代化（基本保证）。一是建立专业化的职能管理部门、规范化的管理制度和调控体系，并配备相应的专业人员；二是通过实施信息化管理，公司总部、配货中心及各连锁店都建立相应的信息管理系统，通过网络系统将公司组成一个整体。

10.1.3　连锁经营的原理

连锁经营的最大特征是化繁为简，通过总部与分店管理职能、专业职能的分工，连锁经营的设置以及建立通畅的信息网络来实现规模经济效益。具体来说，连锁经营须实现"四化"（4S）：标准化、专业化、简单化、独特化。

1．标准化（Standardization）

标准化体现在作业标准化和企业形象标准化等方面。作业标准化即由总公司负责订货、采购，再统一分配到各分店，这种流程对于所有连锁经营体系中的分店均无例外。在企业形象标准化方面，各分店所使用的招牌、装潢均应一致，甚至外观、字体、用色、标价牌、员工服装、办公用品、广告宣传、商品价格、质量等均应保持统一。

2．专业化（Specialization）

连锁经营的商品开发由专门的部门负责，以市场调查部门所获得的资料为依据，再进行试验。商品在推出之前，还有专业人员制作 POP 并进行广告促销。分店销售人员遵循专门的操作指南进行商品陈列、商品销售。这样的分工使连锁经营极具竞争力。

3．简单化（Simplification）

由于体系庞大，连锁经营在财务、货源控制以及具体操作等方面都需要建立一套特殊的运作系统，以省去不必要的过程和手续，简化整个管理和作业的程序，以达到投入最少、产出最多的经济目的。事实上，连锁这种形式最有可能从作业简单化上获取利益；如果能将整个连锁经营的作业流程制作成一个简明扼要的操作手册，就能使所有员工依照手册规定各司其职。

4．独特化（Speciality）

现代权变管理理论和现代营销理论告诉我们：企业内部和外部环境是复杂的和不断变化的，企业要适应环境的变化，最大限度地、有针对性地满足消费需求，就不能完全照搬一种业务模式，无论这种模式在其他地方有多么成功。连锁经营意味着要在不同的地区开设众多的店铺，在不同的环境下，面临不同的经济发展水平、消费心理和购买行为，应该根据不同的环境实施独特化策略。总部的运营体系是连锁店经营成败的关键，主要作用是维护各直营分店、特许经营加盟店，同样的商品和服务品质，使消费者光顾任何一家店时都会感受到同样的待遇。

连锁经营总部与分店的区别如表 10-1 所示。

表 10-1　连锁经营总部与分店的区别

项目	总部	分店
管理权	由总公司负责	由分店的负责人负责
经营权	授权	独立自主
利润	投资回报率高	投资回报率低
经营方式	将采购、批发、配送、零售等职能组合到一个统一的经营体系中	可以单独销售、采购、调整、转账
宣传	由总公司负责各连锁店的宣传	宣传自家"门牌"

10.1.4　连锁经营的作用

1. 克服了小规模分散经营的劣势

连锁经营使零售业的采购和销售功能分离，以公司本部统一采购为优势基础，通过对分散在各地的小规模店铺进行有效的组织管理，克服了传统零售业小规模分散经营的劣势。实际上，连锁店运用了工业大生产原理，遵循标准化运作和统一管理的理念进行组织扩展。工业的标准化生产和流水线作业，使批量生产成为可能；店面的统一和管理的一致性，可以使连锁店飞快地进行空间扩展。这样工业大生产源源不断地生产商品，而商业大流通持续地将这些商品分销到四面八方，实现了工业大生产和商业大流通的对接与融合。

2. 克服了消极、被动的经营模式的弊端

以拥有大规模的销售能力为背景，大型零售连锁企业在进行商品采购时，在商品品质、价格及数量等方面拥有更大的话语权和主导权。另外，零售企业可以自己设计商品，从而介入生产领域。大型零售连锁企业可以根据商品采购计划，组织中小制造商进行计划生产。这解决了传统零售业"只把制造商生产的东西卖给消费者"的消极影响，利用垂直统合的方法对生产领域起到积极、能动的作用。

3. 为大零售企业集团的形成和商业的产业化创造条件

发达国家的经验表明，连锁经营是企业规模扩张的一条有效途径。连锁经营把大规模的生产体制和分散、个性化的零售业结合起来，形成大规模销售体制的经营方法，从而使企业的经营实现规模化和集约化。国外的一些巨型零售企业，正是依靠连锁经营才达到了如此巨大的规模。

4. 使消费者的购物距离缩短、时间花费变少

由于连锁店开到了家门口，人们不必远距离购物，从而增加了其休闲和享乐时间，也使生活更加丰富多彩。同时，它使城市的交通结构、信息结构发生变化，新商品的普及速度加快，商品的淘汰率提高。

5．对零售业以外的影响

连锁革命不局限于零售业，已经渗透到旅游业、快餐业、娱乐业、培训业、出版业等，对社会的影响与冲击令人震惊，这无疑加速推动了社会的变革与更新。

10.2 连锁经营的形式与采购管理

10.2.1 连锁经营的形式

连锁经营包括三种形式：直营连锁（Regular Chain Store，RC）、自由连锁（Voluntary Chain Store，VC）、特许连锁（Franchise Chain Store，FC）。

1．直营连锁

（1）概念

直营连锁是指总部直接经营连锁店，即由公司总部直接经营、投资、管理各个零售店的经营形态。此经营形态中并无加盟店存在，总部采取纵深式的管理方式，直接掌管所有的零售店。直营连锁的主要任务在于"渠道经营"，意指通过经营渠道的拓展从消费者手中获取利润。

（2）特点

① 所有权和经营权集中统一。表现在：所有分店必须是单一所有者，归一个公司、一个联合组织或个人所有；由总部或总店集中领导、统一管理，如人事、采购、广告、会计和经营方式都集中统一。

② 实行统一核算制度。

③ 各分店的经理是雇员，而不是所有者。

④ 各分店实行标准化经营管理——外观相仿、品种相同、陈列一致。

（3）优点与缺点

直营连锁的优点与缺点如表 10-2 所示。

表 10-2　直营连锁的优点与缺点

优点	缺点
统一调动资金，统一经营战略，统一开发和运用整体资源	分店自主权小，利益关系不紧密，积极性、创造性和主动性受到限制
所有者拥有雄厚的资本实力	需要拥有一定规模的自有资本，发展速度受到限制
在人才培养使用、新商品开发推广、信息和管理现代化方面，易发挥整体优势	管理系统庞杂，容易形成官僚化经营，使企业的交易成本大大提高

2．自由连锁

（1）概念

自由连锁即自愿加入连锁体系的商店自发组织成总部，实行共同进货、配送的连锁经营形式，也称自愿连锁、志同连锁、任意连锁等。各加盟店是独立经营的个体，在保留单个资本所有权的基础上实行联合，总部同加盟店之间是协商、服务的关系。各加盟店不仅独立核算、自负盈亏、人事自主，而且在经营品种、经营方式、经营策略上有很大的自主权，但需按销售额或毛利的一定比例向总部上交加盟金及指导费。

（2）特点

① 总部名称有别于加盟店。

② 商品所有权归加盟店店主所有，运作技术及商店品牌由总部持有。

③ 既联合又独立。一方面，自由连锁加盟体系的运作维系以各个加盟店合作发展为基础；另一方面，各加盟店均有独立运营的自主性。

（3）优点与缺点

自由连锁的优点与缺点如表 10-3 所示。

表 10-3　自由连锁的优点与缺点

优点	缺点
加盟店直接获取利益	统一性差，决策迟缓
自主权大，有利于调动加盟店的积极性和创造性	组织不稳定
管理民主，无须大量的资金	受地域限制较大

3. 特许连锁

（1）概念

特许可以解释为授权者（或总部）授予被授权者（或加盟店）的一种特权，它为工薪阶层提供了拥有自己事业的机会，同时提高了更多企业创业成功的概率。特许连锁通过加盟合约的形式将总部的品牌、商品、管理经验等有形或无形资产授权给加盟店，而加盟店通过总部的授权和帮助，可降低经营风险，借总部之力，实现自身的成功。

（2）特点

特许连锁即由拥有技术和管理经验的总部，传授给加盟店各项技术、管理经验，并收取一定比例的权利金及指导费，此种契约关系即为特许加盟。特许加盟总部必须拥有一套完整、有效的运作技术，从而让加盟店更好、更快地运作起来，同时从中获利，这样加盟网络才能日益壮大。因此，技术、管理经验如何传承，是特许连锁成败的关键。总部必须提供一项独特的商业特权，并给予人员训练、组织结构、经营管理、商品供销上的协助，加盟店也需给予相应的回报。

（3）优点与缺点

采用特许连锁方式，对总部、加盟店以及整个社会都有着积极影响。

首先，特许连锁以特许权向市场辐射。企业通过将已成熟的规范化的管理方式、独具特色的经营技术以及已经品牌通过转让和受让等方式占领市场，有较强的市场倍增力。对总部来说，特许连锁能以较少的资本达到迅速发展公司业务的目的，从这点来看，特许连锁具有一种融资的功能。经营权的转让也能为总部积累大量的资本，使公司的无形资产变为有形的资本，从而增加公司的实力。因此，特许连锁使企业既能够借助他人的资金和人力，又能受到法律的保护，无疑是一个安全而迅速地提高知名度、拓展市场的发展战略。

其次，对那些具有一定资本、希望从事商业活动，但又苦于没有经营技术和经验的企业和个人而言，特许连锁会给予其一个很好的发展机会。加盟店既可以利用总部的技术、品牌和商誉开展经营，又可享受总部全方位的服务，所以经营风险较小，利润比较稳定。另外，由于加盟店是独立的经营实体，有内在的激励和发展机制，因而不需要总部在调动其经营积极性方面花费精力。

最后，对社会而言，通过特许连锁方式来发展商业网点，不但能提高商业的组织化程度，而且有利于中小企业的稳定发展。

特许连锁也存在劣势。其劣势在于：如果总部片面追求品牌授权金，大量发展加盟店而又缺乏有效的管理和强有力的服务能力，不仅会使企业形象受到严重损害，而且会使投资者的权益受到侵犯，最终很有可能导致整个特许连锁系统崩溃；对加盟店来说，虽然有机会以最小的投资风险和最大的机会获得成功，但是相应的必须放弃若干选择，如商业决策等。

10.2.2　连锁企业的采购管理

1. 中央采购制度

中央采购制度要求采购权集中在连锁企业总部，即由总部的采购部门或总部授权的配送中心设立的采购部门来负责整个企业所有商品的采购。商品的引入与淘汰、价格制定及促销计划等，完全由连锁企业总部统一规划实施，配送中心负责商品配送。各店铺对商品采购无决定权，但有建议权。

连锁企业实行中央采购制度时，需要管理工作的有效配合。一方面，各店铺销售信息及库存资料要及时、准确、分品种地向总部传递，总部必须对商品的购、销、存、退、调等信息进行连续分析，以便使总部采购商品的品种结构与数量等符合各店铺的销售需要；另一方面，总部的配送能力必须与店铺的销售能力相适应，尽可能地减少各店铺的库存。

连锁企业实行中央采购制度可以享受专业化分工带来的效率。中央采购制度将采购职能集中在训练有素的采购人员手中，有利于保证采购商品的质量和数量，提高采购效率，同时使各店铺致力于销售工作，提高店铺的运营效率。不过，中央采购制度在提高专业化分工效率的同时，也增加了专业化分工协调的难度。连锁企业分店数量众多，地理分布又较分散，各分店面对的消费需求存在一定程度的差异。因此，有些连锁企业也采取一定程度的分权，以弥补中央采购制度的缺陷。例如，将各分店按地理位置分区，每个区拥有一定数量的分店，以区为单位设地区总店，实行连锁企业总部集中采购与地区总店采购相结合的采购制度。经常采用的方法是直接赋予分店一定程度的采购权；具体的做法是按销售额的一定比例（如10%）下放，各分店可用来采购本店的特色商品，也可以让某些商品类别、品种（如当地产当地销的商品）由分店自行采购。

2. 采购组织结构设计

连锁企业采购组织依照中央采购制度的原则设立，具有高度集中的特征。一般情况下，采购与仓储配送等环节需要紧密协调，可同属于一个管理机构，即商品管理部，直接对总经理负责。根据企业的经营范围和业务量，采购部一般按照商品类别设立分部，业务量庞大的采购分部可以再按商品品种进行进一步细分。有些连锁企业在组织结构中设立采购委员会，对商品采购的重大事项（如新产品的引进和滞销品的淘汰等）进行决策，其成员一般是各相关部门的负责人。还有些大型连锁企业设有采购部参谋部门，从事消费需求的调查研究等工作，对未来的消费需求及其发展提出建设性指导意见。

3. 采购组织管理制度

采购组织管理制度一般包括两个方面的内容：一是采购人员的管理制度，二是采购业务的管理制度。采购组织管理制度仅对采购人员的职责、能力要求、职业道德、权限等提出框架性建议。连锁企业应根据自身实际情况，制定标准化采购人员管理制度。

采购人员是连锁企业采购计划的拟订者和执行者，其基本职责包括：定期拟订采购计划，包括采购商品的品种、数量、价格、渠道等详细内容，报经主管部门审批以后执行；搜集信息，寻找货源，与供应商接洽谈判等，在计划时间内保质保量地购进商品。采购人员对所有分店的商品采购负有责任，连锁企业应对其知识结构、工作阅历、工作能力等制定较高的标准。

10.3 连锁经营在我国的发展状况

10.3.1 连锁经营在我国发展迅速

20 世纪 90 年代以前，"连锁经营"这个名词，不仅对于消费者而言是陌生的，经营者知晓的也不多。我国连锁经营在 20 世纪初期就出现过萌芽，但是规模小，管理落后。20 世纪 80 年代初期，我国引入"自选商场"。真正的连锁超市起步于 20 世纪 90 年代初期，在走过了艰难的创业期后，现在已经成为全国商业领域各种零售业态中增长最快的经营形态之一。

1990 年，广东东莞虎门镇糖烟酒公司创建了我国第一家连锁超市——美佳超级市场。随后，国内的超市如雨后春笋般涌现。1991 年 9 月，上海联华超市有限公司在一个居民区开出了第一家正规的超级市场（超市的运营采用了国际上的标准做法），在 800 平方米的营业面积内供应近 3 000 种日用品和副食品，从此拉开了中国商业创新的序幕。

1992 年 7 月，我国开始允许外资进入中国市场，日本八佰伴是第一家进入中国市场的外资企业。截至 1999 年底，经国务院正式批准的中外合资零售企业只有 28 家，经地方人民政府批准的共有 277 家，引进资金约 20 亿美元。1999 年，在全国商业零售企业排名榜上，第三名和第九名分别是家乐福（总部在法国）和沃尔玛（总部在美国）。与此同时，各地纷纷出现区域性的单体或连锁超市，如上海华联、武汉中百超市等。

仅十余年时间，连锁经营在我国便从星星之火发展呈现燎原之势。如今，从城市到农村，大大小小的连锁店已经融入人们的日常消费生活。连锁经营成为 20 世纪我国商业领域耀眼的亮点。随着改革开放的不断深入，在经济体制由计划经济向市场经济转型的过程中，国内的流通产业发生了巨大的变化。

10.3.2 大型本土零售企业集团诞生

从 20 世纪 90 年代开始，新型零售业态的涌现与迅猛发展对市场经济产生了深远的影响，彻底打破了中国商业在计划经济时期形成的传统格局，从网点布局、行业结构和商品流通规模等方面影响和改变着中国的商业格局。

在国外零售巨头携带各种各样的新业态进入中国的时候，中国零售业不仅善于学习世界发达国家和地区零售业的先进管理理念和技术，而且在激烈的市场竞争中努力拼搏，不断创新，积累了具有中国优良传统和现代特色的经验，从而诞生了一大批具有一定竞争力的企业，培育了一大批观念新颖、目光远大、经营有方的零售精英。2002 年，上海华联销售额达到 214.73 亿元；2003 年，新组建的上海百联集团销售额达到 700 亿元，成为中国零售业的"巨无霸"。另外，苏宁、国美等家电连锁店以独特的经营模式实现了高速发展。2008 年，国美、苏宁的销售额双双突破 1 000亿元。中国连锁经营协会编写的《2021 年中国连锁百强榜》显示，入围的百强企业主要有百货、超市、便利店、专业店等零售业四个业态，销售规模达到近 2.3 万亿元，门店总数近 19 万个，销售额突破千亿元的企业有 4 家，501 亿～1 000 亿元有 7 家企业，100 亿～500 亿元有 36 家企业，100 亿元以下有 53 家企业。

10.3.3 连锁经营方式向更多行业和业态延伸

随着商品经济的快速发展，企业单一化的经营模式难以满足社会和消费者多元化的需求。连锁经营的方式从基本的超市连锁拓展到其他行业，如药店连锁、医疗连锁、宠物服务连锁、民宿连锁、健康管理品牌连锁、农业相关企业连锁、健身房连锁等。这些新兴行业的连锁品牌能够满足社会群体在文化、教育、休闲等方面的需求。

未来，连锁经营的模式涉及的领域或行业将更加广泛。事实上，在消费者消费需求多样化及消费升级的背景下，市场逐渐细分化，衍生出不同领域的新业态企业。连锁经营的发展将从零售领域转向批发领域、生产领域和服务领域。消费者对新业态领域的服务需求不断增加，企业逐渐向专业化、垂直化的连锁品牌发展。连锁化和规模化具有很强的集聚性和优势性，品牌经营连锁化将成为各行业发展的大趋势。

在我国，不同地区连锁经营的发展处于一种不均衡状态。从上海、广东、北京等地连锁经营的发展情况看，连锁经营适合我国现阶段国情和生产力发展水平，显示了强大的生命力和竞争力，具有很大的发展潜力。现阶段我国连锁经营发展中的一个突出问题是地区发展不均衡。连锁经营企业主要集中在东部沿海地区及其他地区的大城市，虽然中西部地区也有所发展，但相比而言，上海、北京、广东、山东、江苏、浙江等地的连锁企业的发展速度、规模和水平要明显高于其他地区。

【本章小结】

（1）连锁经营是经营组织的重大创新，主要体现为采购功能和销售功能完全分离。

（2）连锁经营分为三种形式：直营连锁、自由连锁、特许连锁。

（3）连锁经营方式除了在零售行业应用以外，目前已经向更多行业和业态延伸。

【重要概念】

连锁店　　直营连锁　　自由连锁　　特许连锁　　集中采购管理

【思考与练习】

（1）在连锁经营中，基本功能（采购和销售）分离有什么意义？

（2）连锁经营包括哪三种形式？各有什么特点？

（3）连锁店的中央采购制度对零售经营有何影响？

（4）互联网背景下连锁经营的未来发展趋势如何？

【拓展阅读】

1999 年：连锁超市时代的到来

一、连锁超市时代来了

1999 年，中国零售业界迎来了历史性时刻。当年，国内贸易部公布了中国零售业 50 强，这是我国第一次将传统百货公司和连锁超市混合排名。排行榜中，传统百货公司在 10 强排行中只占了 4 席，将半壁江山拱手让给了大型连锁超市。1999 年底，中国有连锁企业 1 500 家、各种形式的门店 2.6 万个，销售额达到 1 500 亿元，同比增长 50%。长期稳坐中国零售业龙头位置的上海第一百货商店股份公司被联华超市股份有限公司超过，位居次席。这意味着以传统百货商店为主的中国零售业，逐渐进入以连锁超市、百货公司为主，多种经营方式并存的业态多样化时代（见表 10-4），连锁超市在国内零售市场中逐步确立了领导地位。

表 10-4　1999 年国内零售企业前 10 名

名次	零售企业	业态
1	联华超市股份有限公司	超市、综合超市、便利店
2	上海第一百货商店股份有限公司	百货商店
3	家乐福（中国）有限公司	大卖场
4	上海华联商厦股份有限公司	百货商店
5	华联超市股份有限公司	超市
6	上海豫园商城股份有限公司	百货商店

续表

名次	零售企业	业态
7	三联商社	专业店
8	上海农工商超市公司	综合超市
9	沃尔玛（中国）有限公司	大卖场
10	大连商场集团公司	百货商店

资料来源：中国连锁经营协会。

二、百货公司的惨败

对比 1998 年和 1999 年的销售额增长幅度，传统百货公司呈现日薄西山的没落之态。50 强中销售增长呈负数的 10 家企业中有 9 家为百货公司。北京王府井百货股份有限公司高居"榜首"，增长率为-28.2%；北京城乡贸易中心股份有限公司、广州百货大厦、广州友谊商店股份有限公司、上海第一百货商店股份有限公司、中兴—沈阳商业大厦、北京蓝岛大厦、北京燕莎友谊商城和天津滨江商厦有限公司紧随其后，增长率均为负数。连锁超市后来居上的原因包括：①相较于传统百货公司包袱较少，人员素质比较高；②大量借鉴和引进了国外成功的管理经验和技术。国外超市最早进入经济发达的沿海地区，因此沿海城市学习国外管理经验有一定的优势。例如，深圳万佳在与同城的世界零售巨头贴身肉搏的过程中不断学习，丰富了经验，抓住了市场机会，增强了实力。

思考题：请思考百货公司失败的原因。

第 11 章

零售战略与管理创新

自主创新是零售企业发展的动力源泉，只有敢于创新的企业才能长盛不衰。

——陈海权

【主要内容】

（1）来自跨国零售巨头的经验教训
（2）零售战略与企业成长
（3）我国零售业面临的困境和创新思维

案例导读

苏宁易购：线上线下融合发展的先行者

苏宁易购是苏宁云商集团股份有限公司旗下新一代 B2C 网上购物平台，是最早探索线下与线上融合的企业之一。

自 1999 年起，苏宁电器开始了长达 10 年的电子商务研究，先后对 8848、新浪网等网站进行拜访，并承办新浪网首个电器商城，尝试门户网购嫁接，并于 2005 年组建 B2C 部门，开始进行电子商务尝试。

2005 年，苏宁网上商城一期面世，销售区域仅限南京。2006 年 12 月，苏宁网上商城二期在南京、上海、北京等大中城市上线。2007 年，苏宁网上商城三期上线，销售网络覆盖全国并且拥有了单独的线上服务流程。2009 年，苏宁电器网上商城全新改版升级，更名为"苏宁易购"；8 月 18 日，新版网站进入试运营阶段。其此次改版整合了全球顶级资源，携手 IBM 打造新一代系统，建立了一个集购买、学习、交流于一体的社区，全面打造了一个专业的家电购物与咨询网站，旨在成为中国 B2C 市场上最大的专业销售 3C 产品（计算机类、通信类和消费类电子产品）、空调、彩电、冰箱、生活电器、家居用品的网购平台。

苏宁易购采用了贴合网络购物特点的页面风格、采购体系、物流规划、商品清单、页面设计、购物流程、支付手段、配送售后等，为消费者营造了一个轻松、和谐、愉悦的购物环境，不断丰富品牌类型，优化产品结构，不仅为消费者提供家电类产品，还提供家居用品及办公用品，极大地改善了消费者的购物体验，改变了传统的网购模式，让消费者在充分享受网购的同时，还能体验人性化服务。

2011 年，苏宁易购强化虚拟网络与实体店面的同步发展，不断提高网络市场份额。未来，苏宁易购将依托强大的物流、售后服务及信息化支持，继续保持快速的发展步伐。2020 年，苏宁易购成了中国领先的 B2C 平台之一。2015 年 8 月 17 日，苏宁易购正式入驻天猫。随着转型的深入，苏宁易购品牌也从线上走到线下。从 2015 年起，苏宁线下门店统一更名为"苏宁易购"，完成了线上线下品牌的统一，逐步实现线上线下 O2O 融合运营。

2018 年 1 月 14 日，苏宁云商发布公告称，计划将苏宁智慧零售的品牌名称"苏宁易购"升级为公司名称，以便"统一公司名称与渠道品牌名称，突出智慧零售主业，进一步提高品牌知名度及美誉度"。变更后，公司名称将变为"苏宁易购集团股份有限公司"，证券简称变为"苏宁易购"。

苏宁易购是我国 O2O 实践的先行者，但是其改革并不是一帆风顺的。新零售的改革任重道远。

思考题：请分析苏宁易购实施全渠道战略的背景和做法。

11.1　来自跨国零售巨头的经验教训

市场的多变性使零售巨头受到非常大的冲击，有些甚至因为不能适应市场的变化而被市场抛弃。下文将介绍跨国零售巨头的发展历史及面临的危机，希望读者能从中体会到如何经营企业才能更好地面对市场。

11.1.1　K 超市的失败与启示

K 超市是美国屈指可数的老牌名店，其历史远远超过了第一大零售商 W 超市集团，曾经是美国第三大零售商。K 超市一直是 W 超市集团的最大竞争对手，其于 20 余年前转变策略，要求每一家店铺"真正理解什么是生活中要紧的"。2000 年，K 超市旗下拥有连锁店 2 100 多家、雇员 25 万余人，年度营销总收入达到了 359 亿美元，名列《财富》全球 500 强企业的第 84 位。然而，K 超市在 2001 财年亏损额达到 24.2 亿美元，并在 2002 年 1 月向芝加哥联邦破产法院申请破产保护，成为美国历史上寻求破产保护的最大零售商。

1. K 超市的发展史

K 超市的前身是 1897 年创办的"五分一毛"杂货店。1962 年，公司开办了第一家折扣商店；1977 年，正式更名为 K 超市。20 世纪 80 年代，K 超市以"农村包围城市"的方式，取得了节节胜利，1987 年成为美国第二大零售商，时年销售额高达240 亿美元。

2. K超市的辉煌

K超市在发展过程中不仅创造了自己的辉煌，也创造了美国零售业乃至世界零售业的辉煌。K超市的折扣销售改写了美国零售业的历史。

20世纪70年代，K超市成为美国零售业高质低价的代名词。在日后的规模扩张与竞争中，K超市先后成为利用报纸广告、电视促销等营销方式的先驱。

3. 从辉煌到衰败，K超市只用了短短10年

1990年，K超市制订了新的五年计划，决定加快业务扩张的进程。但也正是从这时开始，K超市为自己的衰败埋下了祸根。1991年，作为该五年计划的一部分，K超市在美国俄亥俄州开设了第一家超级购物中心，提供7×24小时服务。但到1994年上半年，虽然K超市的销售额达到了160亿美元，纯利润却首次出现了高达8 200万美元的亏损。2000年，K超市净利润亏损达2.34亿美元。2001年，亏损进一步加剧，第二财季亏损9 500万美元，销售额较2000年同期下降1%；第三财季亏损更是接近2000年全年水平，达2.24亿美元，即每股亏损45美分。到2001年10月31日，K超市在美国国内资产总额为170亿美元，负债高达113亿美元。

4. K超市的启示

"冰冻三尺，非一日之寒。"长期以来，K超市管理层决策失误、内部治理体制僵化以及技术手段落后，致使该企业经营成本居高不下，在与后起之秀的激烈竞争中逐渐丧失了优势。K超市的迅速衰败，在给中国零售企业敲响警钟的同时，也带给了我们更多的启示。

（1）应该开的店要多开，不该开的店一家也不能开。20世纪80年代初，当W超市开拓性地推出仓储店时，几乎所有大零售商都如法炮制、亦步亦趋，唯独K超市自视高明，继续沉湎于以往陈旧的经营模式，开展多元化经营。1984年，K超市开办了餐厅、书店、药房等，后又因经营不善相继卖出。直到1988年，K超市才步W超市的后尘，开始进入仓储领域，但为时已晚。最后的结果是，K超市失去了自己的市场份额。

（2）降价不是灵丹妙药，降低费用才至关重要。多年来，在与W超市等竞争对手的激烈竞争中，K超市一味将降价作为促销手段，而忽略了为消费者提供有更多附加值的服务。商品价格降下去了，但公司的管理费用却没降。1994年，K超市的日常行政开支接近总收入的23.4%，W超市的日常行政开支却只占总收入的16.1%。K超市的管理费用上升到销售成本的29%，而其竞争对手W超市的管理费用只占总收入的16%，这致使K超市销售利润率出现逐年下降的趋势。1976年，K超市的销售利润率为3.1%；1980年下降到了1.3%；到2000年，更是下降到了1%。W超市和K超市单个雇员的销售额对比如图11-1所示。

单个雇员的销售额（单位：千美元）

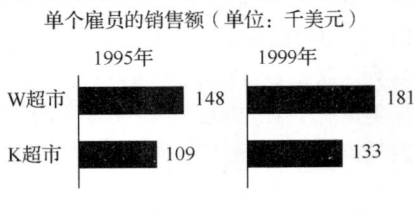

图11-1　单个雇员的销售额对比

（3）大型连锁零售商店必须掌握对物流的控制权。在供货商队伍的培养和配送中心的建设上，K超市也远远输给了其竞争对手W超市。与W超市自建强大的配送中心相比，K超市选择把大部分物流作业外包出去。从短期来看，K超市这样做

似乎降低了公司的运营成本，但从长期来看，却丧失了对物流的控制，使总成本大幅提高。统计显示，每 1 美元商品销售额中，K 超市在配货方面要花费 5 美分，而 W 超市只需花费 1 美分左右。

11.1.2　W 超市的制胜策略

创立于 1962 年的 W 超市是当今世界上最大的零售企业，2022 年销售额超过 6 114 亿美元。W 超市的制胜策略有两个：一是品牌商品，天天平价；二是饱和式扩张。饱和式扩张具有极强的侵占排外性，W 超市所有门店距离其配送中心均在一天路程之内，从最外围开始开店，再向内蚕食，就像下围棋，以点连圈、以圈连片，打下一片又一片江山。

1. W 超市的核心竞争力

W 超市中商品充实，库存成本却比对手都低。该竞争力源于 W 超市在配送系统及运作信息系统上的投入、经验及能力（见表 11-1）。W 超市自设卫星通信网络及管理信息系统，对每家店的各部门，甚至各部门中各商品的销售数据进行实时收集、分析、总结和分享，为决策提供支持。

表 11-1　W 超市管理信息系统的发展历程

年份	供应管理	订单管理
1985	地区分销中心开始采用 EDI	集中采购
1986	每周的订货和送货周期交叉使用账台	
1988	全面推广 EDI 无线扫描枪	多层次采购
1989	72 小时订货到达时间	
1990		IT 供应商通过互联网进行销售分析
1992	如果要求，可以每天/当天送货	
1995	减少店员	加快供应链运转速度
1995	实时销售和库存数据	
1998		用于小型/当地供应商自动化供应链
2000	一年时间，网站的访问量增长了 570%	感恩节当天取得了 11 亿美元的历史上最大单日销售额
2001	10 月 31 日，重新启动了经过改造的网站	在网站改进搜索引擎后，消费者能够很容易地找到 50 万种商品中的任意一种

2. W 超市的"十尺态度"

W 超市的管理系统沿袭创始人的管理宗旨，崇尚不断为消费者服务、降低成本及提高利润，并运用与此相辅相成的员工激励机制。超市的创始人开创了"十尺态度"，即在离消费者十尺（约 3m）之内时，都必须目不斜视并致意，询问消费者是否需要帮助。

3. W 超市面临的挑战

W 超市在创立 60 多年的时间里业绩骄人，基本策略简洁明了，公司的资源、设施、管理系统、能力与基本竞争策略配合得天衣无缝，其在世界零售业中的地位如日中天。但对 W 超市来说，世界零售霸主的地位并没有使它高枕无忧。美国乃至世界其他地区的消费环境正发生着革命性的变化，面对消费者需求多样化的发展趋势，W 超市"一锤子定乾坤"的零售方式相形见绌。

> ### 案例 11-1
>
> #### 跨国零售巨头败走中国
>
> 　　我国是全球最大的消费品市场之一，很多外资零售巨头想在中国市场中分一杯羹。在过去的 20 多年里，零售巨头纷纷进入我国，其中比较知名的 5 家企业，分别是美国的沃尔玛、百思买，英国的乐购，法国的家乐福和德国的麦德龙。
>
> 　　当时我国的现代商业还不成熟，零售业以百货商店、杂货店、批发市场为主，这些零售巨头的进入，给我国带来了全新的"大卖场"模式。
>
> 　　不幸的是，最近几年它们在我国的业务全部陷入了"泥潭"，截至 2022 年已经有 4 家企业退出了中国市场，只剩下沃尔玛孤军奋战。其中，2019 年，家乐福（中国）被苏宁易购收购，麦德龙（中国）被物美集团收购。

11.2　零售战略与企业成长

　　当今社会环境比以往任何时候都复杂多变，面对不断变化的经营环境，企业要做到变中求变、变中求新。

11.2.1　战略的概念

　　战略源于军事领域。英语中的 Strategy 一词来源于希腊语中的 Strategos，意为将军、地方行政长官；希腊语中的 Strategos 是动词，意思是"对资源的有效使用加以规划，以此打败敌人"。《孙子兵法》中写道："用兵之道，以计为首……计先定于内，而后兵出境。"这里的"计"指的就是谋划和战略。

　　在企业竞争日益激烈的情况下，人们深刻地体会到"商场如战场"；相应地，军事战略的思想体系被广泛应用到企业中。战场上，双方直接拼杀，一方的胜利以另一方的失败为前提；商场上，一方的胜利却不以对方的倒闭为前提，竞争的目的是双赢。企业制定战略的核心是创造企业价值和为消费者创造价值。

　　从运营和业务的角度看，战略就是创造一种独特、有利的定位，涉及各种不同的运营活动。"竞争战略之父"迈克尔·波特（Michael Porter）教授在其战略观中阐述了以下观点：战略必须代表一种与众不同的价值主张；战略的实质是在运营活动中选择不同于竞争对手的运营活动，或者不同于竞争对手的活动实施方式；正确的战略应从树立正确的目标开始。

11.2.2　零售战略

　　零售战略也可称为零售发展战略，是指零售商或零售企业在变化的环境中为了求得生存和发展，有效利用企业资源，而建立的长期发展目标，以及实现目标的行动纲领。对于零售战略的定义，我们应该从以下几个方面来理解：第一，战略是一种计划，是指导未来行动的纲领；第二，战略是在对企业环境进行分析的基础上制定的，制定的战略必须适应环境；第三，战略是长期的行动模式，而不是当前的战术；第四，企业制定零售战略的目的是建立零售竞争优势。

11.2.3 零售企业成长的路径与方式

1. 成长路径

（1）店铺连锁化。连锁经营不是一种业态的选择，而是商业制度的全面更新，是世界性的经济现象。如果说 20 世纪 90 年代中国连锁商业的发展过程仅仅是一个探索过程，是一个导入过程，那么从 2001 年开始，中国连锁商业开始进入发展期；预计到 2030 年，中国连锁商业会进入成熟期，连锁经营的销售额将占社会商品零售额的 50%以上。商业连锁化是企业研究和制订战略规划时必须考虑的发展趋势。

西方发达国家的零售业经过多年的发展与变革，传统的百货零售方式正面临着越来越严峻的挑战，跨国连锁经营正以高速增长的态势成为现代零售业的主导经营方式。在当今世界零售业中位居前列的零售商，如美国的沃尔玛、法国的家乐福、德国的麦德龙、日本的伊藤洋华堂等，无一例外都是靠连锁经营的方式迅速发展壮大的。走连锁经营发展道路的大型零售企业主要依靠自身的独特品牌优势和先进的管理方式，吸收中小型零售企业加盟，实现商业资源的快速整合与重组，以增强企业的竞争力和抵御风险的能力。

（2）业态多元化。多元化扩张是指零售商进入一个全新的领域，试图在这一领域再一次成功。零售商实施多元化扩张时，一种选择是向商品供应链前一环节扩张，从而进入企业供货领域；另一种选择是投资到完全新的、与原有业务不相关的商品和服务领域。因此，多元化包括关联业务的多元化和非关联业务的多元化。

① 关联业务的多元化。当前区域零售企业的发展战略已从围绕传统的商品销售获利模式，向关联业务的多元化方向发展。这主要有五大表现：第一，区域零售企业在传统商超和百货业态的基础上，开始涉足大型商业综合体和社区商业中心等商业地产领域。第二，针对不同区域市场消费者的特点，实行细分自有多品牌发展策略，在高端市场和折扣店领域表现突出。第三，加快建立电子商务与实体店相结合的销售模式，其有望成为未来利润新的增长点。第四，供应链管理向上游延伸，大型物流配送中心建设、原产基地采购、改善供应商合作模式等，将更加巩固主业核心竞争力。第五，区域零售企业间并购将成为热点，未来还会涉足金融领域。

② 非关联业务的多元化。非关联业务的多元化是指进入有确定财务收益的新行业和新业务领域，这些新的业务与企业现有业务之间既无经营层面的相关性，又无企业层面的相关性。非关联业务多元化的积极作用表现在：第一，经营风险在不同行业中分散，通过投资有着最佳利润前景的行业可以使企业的财力资源发挥最大作用。第二，企业的获利能力可以更加稳定。第三，当企业的经理们非常聪明地发现具有利润上升潜力的廉价企业时，就可以增加股东的财富。

2. 成长方式

企业的成长有两种方式，一种方式是利用内部资源的内部成长方式，另一种方式是利用外部资源的外部成长方式（包括战略联盟）。从内生资本积累式发展走向外生资本扩张式并购，是产业发展到一定阶段的必然选择。

（1）内部成长方式。内部成长是指通过自己投资，建立新的零售门店，并使其逐步发展壮大。这种成长方式可以使新门店一开始就能按企业的统一标准运行，有利于企业实施一体化管理，也可使原先的经营理念和模式得到充分检验。但这种方式的前期投入大，且零售商对新区域的市场有一个了解、认识和把握的过程，当地消费者需要时间了解、接受新进入者。

（2）外部成长方式。外部成长即收购兼并，是指采用资本运营方式，将现有的零售企业收购、兼并过来，再进行整合，使兼并企业与母体企业融为一体。这使企业比较容易进入一个新市场，然而，兼并过来的企业本身的组织结构、管理制度及企业文化与母体企业相差较大，需要对其按母体企业的标准进行改造，有一个磨合阵痛期，这同样需要成本。

一般来说，实现企业多元化经营常常采用兼并和收购两种方式。兼并（Merger）是企业之间的交易行为，是指两家企业同意在基本相同的基础上将它们的运营整合在一起，因为资源和能力合在一起可以创造更大的竞争优势。收购（Acquisition）是一家企业购买另一家企业的交易行为，收购企业相信将被收购企业并入经营组合，可以更好地利用被收购企业的核心能力。

兼并一般分为横向兼并、纵向兼并和混合兼并三种。当兼并企业与被兼并企业处于同一行业，产品面向同一市场时，这种兼并称为横向兼并。企业的纵向兼并是指兼并企业处在产业链的不同阶段，企业的商品间存在着一定的关联性。企业的混合兼并是指兼并企业与被兼并企业归属于不同的产业部门，有不同的商品市场和差异化的目标消费群体，并且这些产业部门的商品间没有替代关系，兼并企业双方也没有产业关联。

美国著名经济学家斯蒂格勒（Stigler）在考察美国企业成长路径时指出："没有一家美国大公司不是通过某种程度、某种形式的兼并收购成长起来的，几乎没有一家大公司主要是靠内部扩张成长起来的。"即使是商业零售业的巨头们，如美国沃尔玛公司等，也是通过兼并重组发展壮大的。

与世界上一些巨型零售企业相比，我国企业规模不够大。但是，企业规模的扩大不是依靠"一窝蜂"式的大合并，也不能将舢板简单地捆绑起来当作航空母舰。企业规模扩大的内涵包括三个方面。首先，是大型商业企业间的兼并，通过巨人的强强联合，做到优势互补，催生一个更大、更强的大型企业。其次，是大型企业收购中型企业。最后，是促进中小型企业自愿连锁。提高企业组织化程度是商业现代化的客观要求。

从企业成长的角度来看，与企业内部资本积累相比，企业并购可以给企业带来多重绩效。第一，并购能合并相关的企业，产生规模经济效应。这主要体现在以下两个方面。一是企业的生产规模经济效应。企业可以通过并购对企业的资产进行补充和调整，达到最佳经济规模，降低企业的生产成本；并购也能使企业在保持整体产品结构的前提下，集中在一个工厂中进行单一品种生产，达到专业化水平。二是企业的经营规模经济效应。企业通过并购可以针对不同的消费者或市场进行专门的生产和服务，满足不同消费者的需求；可集合足够的经费用于研究、设计、开发和生产工艺改进等，来迅速推出新产品；采用新技术扩大企业规模，使企业的融资相对容易等。第二，并购能给企业带来市场权力效应。企业的纵向并购可以通过对大量关键原材料和销售渠道的控制，有力地控制竞争对手的活动，提高企业所在领域的进入壁垒，增加企业的差异化优势；企业通过横向并购活动，可以提高市场占有率，通过减少竞争对手来增加对市场的控制力。第三，并购能节约企业的交易费用。一方面，企业通过研究和开发的投入获得知识，在信息不对称的情况下，知识的市场价值难以实现；即使得以实现，也需要付出高昂的谈判成本。此时，如果通过并购使知识在同一企业内使用，就可达到节约交易费用的目的。另一方面，企业的商标、商誉作为无形资产，其运用也会遇到外部性的问题。因为某一商标使用者降低其产品质量，可以获得成本下降的大部分好处，商誉损失则由所有商标使用者共同承担。解决这一问题的方法有两种：一是加大监督力度，但这会使监督成本大大增加。二是通过并购将商标使用者变为企业内部成员。作为内部成员，降低质量只会承受损失，而得不到利益，从而消除了机会主义动机。

案例 11-2

我国家电连锁企业的高速成长机制

家电连锁企业凭借其专业性，以及连锁经营所产生的规模经济效应，以低价策略在我国家电零售市场上取得了领导地位。

一、我国家电连锁企业早期高速成长的外部原因

第一，生产领域的变化。20 世纪 90 年代中后期，随着我国本土家电企业的崛起，本土品牌的家电产品逐渐取代了"洋品牌"家电产品的领导地位。同时，在家电技术不断进步的大背景下，家电产品的生命周期越来越短，出现了生产过剩的现象，价格战成为本土家电厂商获取市场份额的重要手段，新型家电销售渠道呼之欲出。

第二，消费者行为的变化。首先，20 世纪末，在居民消费水平不断提高的背景下，人们对耐用消费品的需求不断变化。其次，在本土家电产品质量不断提高和价格相对便宜的背景下，消费者开始逐渐接受本土家电产品。最后，我国消费者喜欢货比三家，一站式购物成为一种购物潮流，家电专业店比单一品牌的家电专卖店更受消费者青睐。上述消费者行为的变化为我国家电专业店的高速发展创造了条件。

第三，商业地产的发展。改革开放为我国商业地产的发展创造了无限商机，城市化和城市现代化步伐的加快、城市消费人口的剧增以及市民物质生活水平的逐步提高，又在很大程度上刺激了商业地产市场的发展。大量商业设施的开发为包括国美电器在内的零售商提供了店铺选址资源，从而促进了店铺扩张。

二、我国家电连锁企业早期高速成长的商业模式

我国家电连锁企业采取的经营组织形式是总部统一采购，销售部门开展同一业态的多店铺经营。国美电器采取的连锁类型是门店均由总部全资开设，并在某一地区集中建店，形成分部；各分部在总部的直接领导下实行统一管理，各门店的经营管理由所辖分部具体实施；各门店按不同的品牌（厂商）进行招租，以专柜的形式进行经营，并由国美电器进行统一管理。

如图 11-2 所示，我国家电连锁企业的低价优势是建立在其积累的规模效应所获得的议价能力之上的，这使其可以以最低的价格获得商品，收取进场费，然后在保证自身利润的前提下把商品以超低的价格推向市场，与竞争商家形成较大的价格落差，以薄利多销的方式获得规模效益。

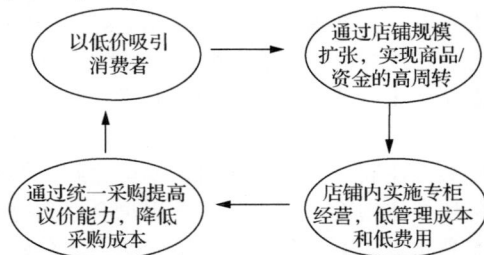

图 11-2 我国家电连锁企业早期高速成长的商业模式

高速成长背后的资源互补机理：我国家电连锁企业要高速发展必须拥有的资源是店铺开发的资金和人力资源。除了利用商品账期所产生的短期资金，我国家电连锁企业还向供应商收取进场费、促销费、管理费等，确保了利润的重要来源。某企业的利润主要由两大块构成：一是商品的进销差价（主营业务利润）；二是其他非主营业务收入，包括安装维修业务利润，促销活动、展示活动、代理活动产生的利润，以及广告费、加盟费等。

从上述分析中可以看出，我国家电连锁企业高速成长除了依靠专业店和连锁经营的模式，巧妙地利用外部资源也是关键要素之一。

三、我国家电连锁企业早期高速成长背后的困境与应对策略

近年来，我国家电连锁企业店铺规模的迅速增加导致单位面积销售额持续下降、租金持续上升，也导致店铺运营能力持续下降。探索如何高质量增长（利润等）是我国家电连锁企业实现可持续发展的重要课题。

同时，我国家电连锁企业采用的低价策略是建立在不断压低厂家出货价格以及收取进场费基础上的，偏离了作为零售企业通过差价实现利润的本来角色，从长远来看不具有可持续性。我国家电连锁企业今后的生存困境在于如何在经营模式（包括进场费的取舍问题）、内部管理以及物流技术等方面进行创新，以取得内生性的持久竞争优势。另外，在互联网、电子商务发展的背景下，随着京东等新竞争对手的出现，我国家电连锁企业会面临全新的挑战。

11.3 我国零售业面临的困境和创新思维

11.3.1 我国零售业面临的困境

1. 零售业正处于一个"知识恐慌"的年代

当前，我国正处在变革时期，互联网等新技术使我国企业产生了强烈的市场竞争的危机感。因此，大部分企业患上了严重的知识饥渴症，期望通过学习新的管理理论提高企业的竞争力。与此同时，企业创新理论层出不穷，令企业应接不暇，人们将这种现象称为"知识恐慌"。

2．零售业界战略的趋同倾向

激烈的竞争已使这些零售商店在管理方式、商品种类、定价机制、店堂布置、服务态度等方面的传统标准变得越来越模糊。各类零售商店在经营战略上出现了趋同倾向，这主要表现在百货商店超市化、超级市场百货化、零售商店连锁化、购物商场郊区化和传统商店网络化等方面。

3．中国零售企业的应有取向

在"知识恐慌"中，企业一定要做到"以我为主，博采众长"，根据企业现状、我国现状进行变革，不要轻信权威，要知道合适才是最好的。只有将先进的管理理论融入我国文化，才有可能成为中国企业变革的制胜法宝。

变革的关键是要形成一种变革文化，塑造一种支持变革的价值观。变革的关键在于变心，没有一颗变革之心，就不会有成效。企业要先拥有变革之心，然后才能开展变革行动。

11.3.2　我国零售业的创新思维

改革开放以来，我国零售业演绎了独特的发展轨迹。在与国外零售企业的碰撞和交汇中，伴随着新的理念和业态的引入和推广，我国零售业完成了一次又一次的创新。

零售业是一个瞬息万变的行业。在消费者需求多样化、竞争越来越激烈的年代，零售企业必须增强创新意识，在改革创新中不断寻求发展。创新是零售企业不断满足消费者增长的需求、打破"千店一面"的局面、不断提高经营能力的助推器。唯有创新，才能使零售企业在竞争中出类拔萃并立于不败之地。

零售业是根植本地的产业。在改革创新的浪潮中，零售企业只有对本地市场进行进一步挖掘，并保证基本的日常运营能力，才有可能在竞争中处于优势地位。零售业与人们的生活息息相关，其创新不需要惊天动地，而在于细节；只有把细节作为着眼点，才能深化企业的内涵，实现企业利润区的突围，不断寻找到新的增长点。因此，创新既需要实时把握消费者的需求和购物行为的变化，对现有购物体验设计进行不断修正，以更好地适应当地市场的需求，又离不开基本运营能力的保证和提高。

零售业需要做好以下七件事。一是明确定位，做好关心消费者的第一步工作。二是不要一味追求店铺数量的增长，要适当注意有质量的增长。三是培育探索消费者需求的能力。根据消费者需要，积极调整商品结构，同时优化卖场布局，强化餐饮等非商品的服务功能。四是做好 VIP 客户的跟踪和售后服务。五是注重整合效应，积极探讨资本合作的可能性，从而提高行业的集中度。六是构建与百货商店相适应的食品超市业态，加大百货商店的聚客能力。七是鼓励有能力的企业积极开发自有品牌，逐步探讨部分回归自营的道路。

【本章小结】

（1）在市场竞争中，好的企业战略能让企业掌握自己的命运，主动塑造企业未来。

（2）企业的成长有两种方式，一种是利用内部资源的内部成长方式，另一种是利用外部资源的外部成长方式（包括战略联盟）。

（3）在消费者需求多样化、竞争越来越激烈的年代，零售企业应增强创新意识，在改革创新中不断寻求发展。

【重要概念】

战略　　零售战略　　竞争战略　　创新思维

【思考与练习】

（1）为什么我国本土零售业需要注重战略？

（2）我国家电连锁企业实现高速发展的原因是什么？

（3）为什么有的跨国零售巨头败走中国？

（4）何为零售战略？

【拓展阅读】

百联 RISO 杀入新零售战局的战略

RISO 是百联构建"线下场景化+体验化+产业生态链+高效供应链"的新型零售探索样本。2017 年 6 月 26 日，百联麾下的 RISO 首店在上海正式开业。该店主打"餐饮+生鲜+书店"融合模式，是百联对新零售业态的率先探索。近年来，永辉的超级物种、阿里系的盒马鲜生等相继推出，传统的商业购物空间变成休闲娱乐的社交空间，线上和线下全渠道融合，这会是新零售的未来方向吗？

一、门店布局突出场景化

不同于百联目前旗下的联华超市、东方商厦、第一八佰伴等，RISO 融合了超市、餐饮、书籍和音乐等元素，整体模式类似于"大店套小店"，定位为"快捷、时尚的美食饮品生鲜精品生活市集"。店内片区划分清晰，突出布局场景化。百联的首家 RISO 店有两层，合计面积为 3 200 平方米。体验区的面积非常大，能给予消费者比较轻松的环境。一层基本是生鲜食品，消费者可以请大厨现场加工，也可半加工带走；二层结合了餐饮店和书店。

RISO 设有早餐、午餐、下午茶和深夜食堂，目标消费者为 25～45 岁、中上等收入、追求个人乐趣和舒适的人群。所以，核心客群是有较高消费能力的白领阶层。这种以中高端商品为主的组合结构，既顺应了消费升级的趋势，又能有效提高门店客单价。此外，店内还为个性独立的白领推出了一人餐"如宴"，理念为"就算孤单一人，无论成功挫败，也要用如宴的仪式感来犒劳自己"。

商品的分类大概是：50%餐饮、25%生鲜、20%食品饮料以及 5%日用品。全店 60%的商品为进口的中高档商品。这不仅跟上海普通商超卖场拉大了差距，而且跟 city'super、Ole'等高端超市的定位也大不相同。RISO 的优势在于，将来可以根据各类别商品、服务的受欢迎程度、业绩来分别进行评估，在今后开的门店里进行微调，应用大数据做到"千店千面"。RISO 犹如百联的一块"试验田"，为今后全渠道新零售的模式探路。

二、"融"字成为概念店的最大特点

RISO 意在还原生活的本来味道，在意大利语中是"米"的意思。这个概念店最大的特点是"融"，表现为轻食与品质的融合、空间与场景的融合、线上与线下的全渠道融合。

（1）轻食与品质的融合。餐饮是 RISO 的一大特色，RISO 的所有餐饮档口和团队均为自建自营。餐饮自建的核心在于把握开发商品的能力，RISO 会考虑按照不同节气进行相应的菜品研发，围绕消费者的口味不断做出调整，不断强化自身菜品的开发能力。

（2）空间与场景的融合。门店减少货架，增加体验区的面积。消费者进入店内后，看到的不是传统商超货架、走廊式的设计，而是一个个的片区，如进门后是一个卖花的摊位，生鲜、果汁吧、烘焙坊各居一隅，楼上还有书吧和专门的餐厅、下午茶区域。

（3）线上与线下的全渠道融合。与门店开业同步，RISO 上线了独立的 App，RISO 门店内的所有餐饮档口都可以提供外送服务；消费者可以从 RISO 的 App 上下单，享受 1 小时速达或定时送达以及代加工服务。在体验上，RISO 的很多线下活动，都能通过跨业组合营销，实现线上分流分享，如设有拍照互动、二楼的"漂流书吧"等活动。另外，RISO 还开发了内容驱动的社群 App，同时与"i 百联"实现会员通、支付通、营销通；其会员既可以是有品鉴能力的资深"吃货"，又可以成为 RISO 的"民星厨师"，能因其他会员打赏而获得更多的会员权益。

三、新零售转型在于重塑零售价值

由于电商不断冲击，经营成本高，传统零售业态的发展遭遇瓶颈，百联也不例外。百联对其麾下第一百货、东方商厦等部分项目进行调整，进行整体新零售变革。2016 年，"i 百联"全渠道平台正式上线，下属多家旗舰门店也相继完成转型。这一系列新零售领域的重大举措，被业界解读为百联正在通过互联网大数据的开发应用进行整合创新，开启新型智慧场景的消费体验。

RISO 首家店面由百联旗下永安珠宝变身而来，这也是百联正在进行的业态整体转型的一步，是百联在新零售发展中探索的阶段性成果。发展到一定程度后，RISO 还会衍生出社区店和便利店，将融入艺术、文化等更多业态进行扩张。

思考题：请思考新零售转型与战略的关系。

第 12 章

零售组织与企业文化建设

> 早在多年前，山姆·沃尔顿就指出我们成功的秘诀之一就是尊重个人。做到了这一点，我们就有可能做到一切。
>
> ——沃尔玛原 CEO 李·科特

【主要内容】

（1）零售企业的组织管理
（2）组织内部沟通
（3）零售企业的企业文化建设

案例导读

Y 超市的企业文化

Y 超市于 1920 年创立，是日本知名的零售企业，总部位于东京。Y 超市企业文化的核心是以服务为本，高水准的服务意识和服务质量体现在 Y 超市工作的各个方面。

Y 超市所倡导的服务原则是始终站在消费者的立场考虑问题，一切工作的出发点和落脚点是消费者的需求。Y 超市管理者认为，只有不断适应市场的变化、满足消费者的要求，超市才能发展，这也是零售业的立业之本。在思想上，其将消费者的惠顾看作超市发展和自身生存之本。高水准的服务意识体现在一些细微之处。例如，Y 超市的各个店铺内都备有轮椅和婴儿手推车，这是其特意为残疾人和带儿童的消费者准备的。消费者经常能在这些小地方体会到 Y 超市为他们服务的热情。

近年来，Y 超市的一些日本店铺门前出现了为消费者专设的冷藏柜，这是考虑消费者购买冷冻食品时可能出现的不便而增设的。由于不必担心冷冻食品出现问题，一些消费者延长了在店内的逗留时间，潜在的商机由此产生。以服务为本的意识是 Y 超市所有经营管理特色的核心，正是以这种意识为保障和基础，其他思想才得以产生，其他技术手段才得以实现。

思考题：企业文化与员工形象、服务态度之间有何关系？

12.1　零售企业的组织管理

12.1.1　人与组织的概念

1. 人

企业的成败在于人，这句话意味着企业成长的原动力是在该企业工作的人。不管个人的力量多么强大，创建、支撑企业发展的终究是许多的人；如果企业里有一批能灵活、有效地运用经营管理知识和富有创新精神的人才，则企业必定越来越强。

S 便利店在用人时非常看重一个人观察事物、及时处理各种问题的能力。例如，S 便利店招聘临时店员时，非常注意观察应聘者能否看到地板上的垃圾并把垃圾拾起丢进垃圾桶。对 S 便利店来讲，这不是一个主动捡垃圾的问题，而是在考查这个人是否有及时发现问题、解决问题的能力。如果一个人没有这种习惯，那么到后来可能使小问题发展成大问题，那时再解决要投入的精力、花费的成本都比当初大得多，而且往往使很多问题积重难返。

2. 组织

将 3～5 人组织起来比较简单，把很多人组织起来就比较困难。因为每个人的社会背景不同，修养与见解各异。若要使许多人步调一致、同心协力，向着一个目标迈进，就必须先使目标清晰而固定。

组织是人们为了达成一些目的而组成的团体，企业的组织可以说是企业为了达成企业的目的而组成的团体。组织设计的成果是"组织结构"或"组织形态"。美国管理学之父德鲁克说过这样一句名言："组织的目的只有一个，就是使平凡的人能够做出不平凡的事。"

一个能发挥效能的组织能使每个人都秉持达成共同目标的愿望，并能集合群力朝共同的方向努力；组织内的每个人都具有协调合作的意愿与精神；组织内每个人的意见、想法都享有正确传达与受尊重的权利。

3. 人与组织

在组织行为学中，人是组织中重要的因素。西蒙认为，管理良好的组织，对于达到重要的社会目标而言是有力的工具；它不束缚成员，不是把组织看作非人化的官僚组织。经典理论很重视组织中的秩序，而忽视人的情感；我国企业很重视人的情感，推崇"情理法"，而不是"法理情"，忽视组织中的秩序。

人的工作动机，归根结底是追求经济利益，人为经济利益的最大化而努力工作。每个人都只是组织的一个构成要素，只能受制于组织，并按组织的命令行事。任何人离开了组织的约束与激励，都不可能有效地采取行动并产生积极的影响。人的情感本质上不具有合理性，人们往往受感情因素的影响，不能合理地估量个人的经济利益。因此，组织必须排除感情因素的干扰，绝不允许组织目标与个人目标对立，必须使两者一致。

人与组织之间的信息不对称是造成人力资源出现问题的根源。这种信息包括目标的一致、价值观的一致、组织行为和个体行为的一致。

因此，人与组织间的矛盾需要从三个层面进行解决。

（1）实现人与组织的协同。人与组织需要在组织认同和理念目标上达成一致。判断一个人是否适应这个组织，要看其是否具有全员素质（理念与目标的认同）。

（2）专业能力、专业素养。这跟流程的业务模式有关，组织需要考量这个人是不是符合这个组织中某类工作的人力要求，具备相应的专业能力和专业素养。

（3）岗位适应能力。组织一定要关注人，同时人也要关注组织发生的变化和岗位提出的要求。

12.1.2　零售组织的结构

1. 组织结构的概念

组织结构（Organization Structure）是描述组织的框架体系。组织结构具有三种属性：复杂化、正规化和集权化。复杂化（Complexity）指的是组织分化的程度；正规化（Formalization）是指组织依靠规则和程序引导员工行为的程度；集权化（Centralization）是指决策权的集中程度。在一些组织中，决策是高度集中的；而在另外一些组织中，决策权被授予下层人员，这被称作分权化（Decentralization）。

组织的结构可以用于解释和预测员工的行为。也就是说，除了个体和群体因素，员工所属组织的结构对员工的态度和行为也具有重要影响。组织结构有助于减少不确定性，明确工作内容，澄清员工关心的问题，解决他们提出的"我应该做什么""怎样做""我向谁汇报工作""如果我有问题，去找谁来帮我"等问题，就能对员工的态度产生影响，并激励他们提高工作效率。

当然，组织结构在某种程度上也限制着员工的所作所为。例如，如果组织的正规化、专门化程度很高，命令链很牢固，授权程度较低，员工的自主性就较弱，这种组织控制严格，员工行为的变化范围很小；相反，如果组织的正规化、专门化程度较低，能给员工提供较大的活动自由，员工的活动内容就会丰富得多。策略、规模、技术、环境决定着组织的结构类型。

组织结构需要与企业的零售战略相匹配。以价格反应敏感的消费者为目标消费者的零售企业，非常重视建立竞争性成本优势，以保持其商品的低价位。这种成本优势是通过将决策权集中于企业总部的少数人手中，从而使企业保持最低限度的中央集权式组织结构来实现的。组织结构会随着企业类型和规模的不同而变化。

2. 零售组织结构的类型

（1）小商店的组织结构模式。许多小商店采用简单的组织结构，如图 12-1 所示。其所有者可能就构成了该商店的整个组织结构，或者其只有两三个人事层次（所有者与员工），由所有者亲自管理业务，监督员工。由于人员数量有限，小商店业主很少对其员工进行专业分工，商店的每一名员工都从事范围很广的活动，业主则负责所有的管理业务，而且没有分支机构。随着业务的不断扩充和销售额的不断增加，业主开始雇用管理人员，这时管理分工就产生了。

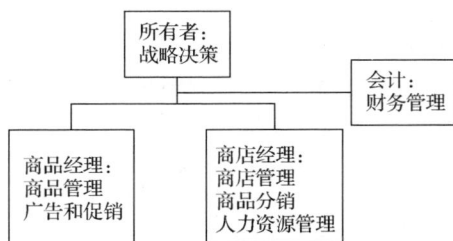

图 12-1　小商店的组织结构

（2）单体大中型商店的组织结构模式。目前，许多大中型百货公司仍在沿用梅热结构（Mazur plan）的修正形式作为自身的组织结构。梅热结构于 1927 年出现，其把整个零售活动分为四个职能部门：商品销售、公关宣传、商店管理及财会与控制。四个职能部门分别负责相应的部门任务，如表 12-1 所示。

表 12-1　职能部门的任务

职能部门	部门任务
商品销售	采购、销售、库存计划与控制、设计促销活动
公关宣传	橱窗设计和店内陈列、广告、设计和实施促销活动（与商品销售经理合作）、广告调研、公共关系
商店管理	商品保管、顾客服务（如服务台）、购买商店自用品和设备、商店保洁、运营活动（如商品入库、检查、贴标签、送货以及看管库房）、商店和商品保护（如保险和保卫）、员工培训和报酬、工作场地管理等
财会与控制	信用和信用审查、开支预算和控制、库存计划和控制、记录保存

随着分店的增多，梅热结构产生了三种衍生形式。①母子型分店组织：由总部人员对分店进行监督和经营。②独立型商店组织：由各分店负责采购。③平等型商店组织：采购集中化，各分店是地位平等的销售单位，如图 12-2 所示。

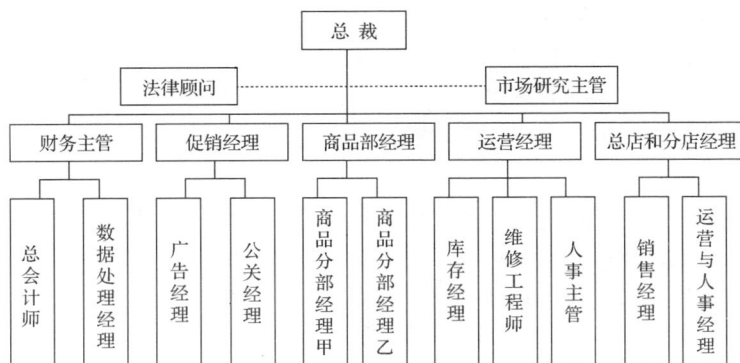

图 12-2　平等型商店组织结构

（3）连锁店（集团）的组织结构模式。连锁店组织分为多个职能部门，如促销、商品管理、配送、商店运营、不动产、人事和信息系统。权责高度集中，各分店经理负责销售，运营标准化（固定设备、商店布置、建筑设计、商品系列、信用政策和商店服务）。完善的控制系统使管理保持一致；一定程度的分权使分店能更好地适应当地情况，并增强商店经理的责任感。

（4）网络零售商的组织结构模式。网络零售是在信息技术的支持下产生的新型零售模式。一个结构完整的 B2C 电子商务团队一般可分为五个部门：客服部、技术部、市场部、采购及物流部、网站运营部。其中，客服部的职能主要是进行客户服务、客户咨询、客服培训和客服考核等，通过各种方式提高客户满意度、订单转化率和平均订单金额；技术部负责网站、呼叫中心（Call Center）和电子商务系统的建设，以及采购系统、仓储系统、客户关系管理系统和各种系统之间的对接等；市场部负责互联网和其他媒体推广、品牌宣传和公关、网站合作、支付合作、网站策划、CRM 营销（会员制分级、会员合作营销、数据挖掘等）；采购及物流部负责根据采购名单进行招标和采购、网站仓储在全国的布局和设计、制定仓储标准和物流配送标准、设计仓储管理系统、选择物流配送合作伙伴、设计产品配送包装、根据订单信息进行配送、根据销售状况调节产品在不同仓储之间的库存等；网站运营部负责产品定价、设计产品文案、拍摄并处理产品图片、分析各类型产品、制订采购名单、优化购物流程、优化客户的购物体验，并根据销售状况制订促销方案，配合市场部完成对外推广的促销宣传。

12.1.3　大型零售企业的组织结构

作为一个零售商，无论是全球性的，还是全国性的、区域性的，甚至只是一个零售单店，其主要工作任务均大体如下：①经营和发展战略规划；②采购、运输和接收商品；③进货核对、价格制定及贴价格标签；④存货管理及库存控制；⑤商品的店内管理，如货架摆放、陈列管理等；⑥零售设备管理；⑦零售营销组合的制订以及运用；⑧商品数据采集和分析、销售预测和计划制订；⑨消费者投诉的处理；⑩人员管理；⑪售后服务；⑫财务管理以及财务运营指标监督；⑬一般性管理工作；等等。对这些任务进行分解和归类组合，便形成了零售商的组织结构。事实上，大型零售商的总部管理机构和门店管理机构是很不同的，因为管理的重点和任务几乎完全不同。所以，在认识零售企业组织结构的时候，必须分成两部分来描述：总部结构和门店结构。本书只讨论大型零售企业的典型组织结构，对其他非典型组织结构以及小型零售企业组织结构不再赘述。

1. 总部结构

这里主要介绍三种典型的大型零售企业的总部结构。一是职能型组织结构。该结构有明显的优缺点：优点是可以实现专业化管理，纵向指挥容易，横向事权划分清楚；缺点是容易形成多头管理，没有特定部门承担最终经营责任，有时部门只顾自己的利益，往往缺乏创新。职能型组织结构的权责划分如图 12-3 所示。

二是事业部型组织结构。如图 12-4 所示，总部一般负责战略管理、资源规划、财务和法律事务管理，为各事业部提供营运支持；各事业部拥有相对独立的运营权利，接受损益指标考核，而且每个事业部都有独立的职能部门。它最大的缺点有两个：①职能部门重复配置，管理成本上升；②总部对经营的控制力有所减弱。

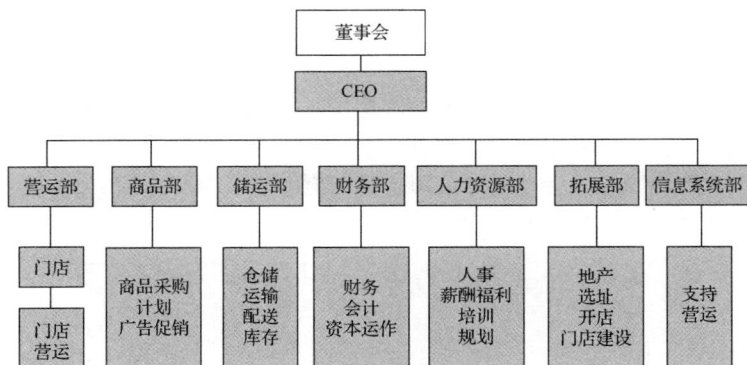

图 12-3　职能型组织结构的权责划分

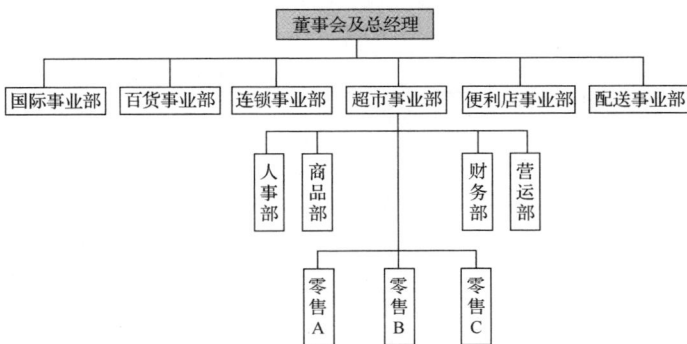

图 12-4　事业部型组织结构

三是多元化零售商组织结构。随着大型零售集团逐渐向多元化方向发展，第三种典型的大型零售企业的总部结构——多元化零售商组织结构应运而生，如图 12-5 所示。

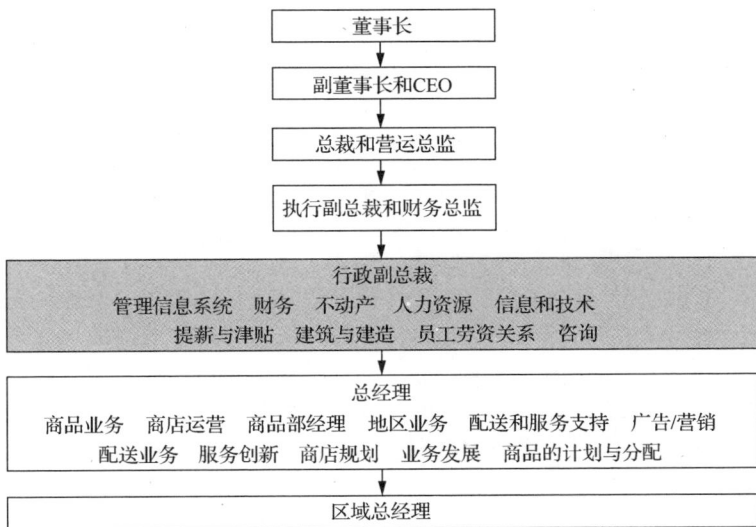

图 12-5　多元化零售商组织结构

2. 门店结构

本书主要介绍两种门店结构形式。一种门店结构是矩阵型结构，如图 12-6 所示：门店采用矩阵型结构，可以在管理职能和业务项目两个层面做到专业化运作，同时，每个业务项目部又能够获得相同职能部门的支持和指导；这种结构容易造成混乱，干扰统一指挥的原则。另一种门店结构是职能型结构，如图 12-7 所示。

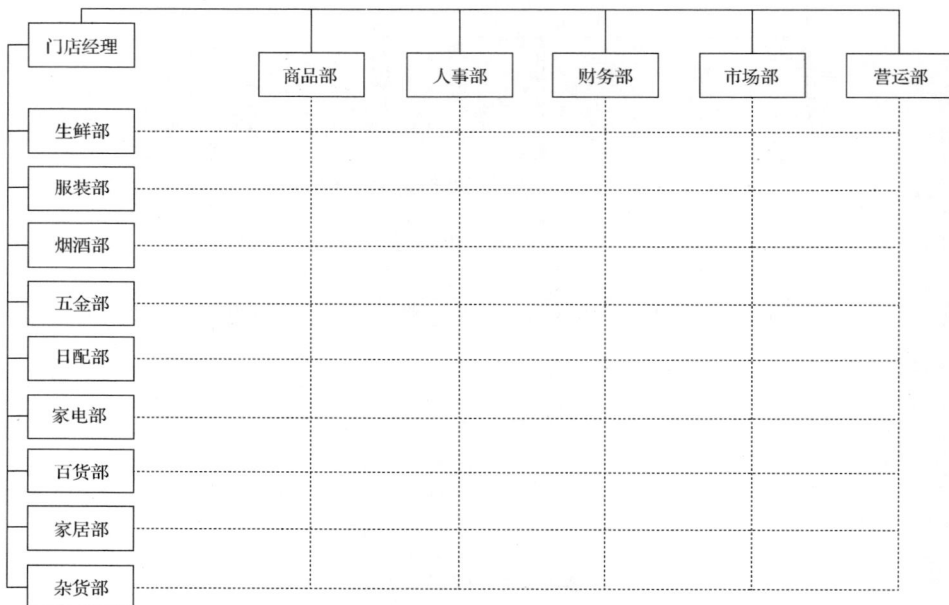

图 12-6　矩阵型结构

3. 总部营运和门店营运

从完整的意义上讲，营运应该分为两个部分：一是总部完成的总部营运，二是门店结构支持的门店营运。

（1）零售商的总部营运。总部营运的中心内容在于制定零售经营和发展战略。这里既包括短期战略，又包括中长期战略，内容包括：本零售企业的经营目标，

图 12-7　职能型结构

未来应该成为什么样的零售企业，为什么样的消费者提供服务，怎样达成战略目标和财务目标等；各门店目标如何与总目标一致并成为总目标的组成部分；财务管理相关事宜；商品采购和品类的统一规划；总部及各门店营运规则的设计和管理；人力资源规划、开发、培训等；新产品的开发；零售商自有品牌的发展；零售商的整体形象定位、设计、传播和管理；零售营销组合方案的制订和实施；零售业态的规划；新门店的开发；等等。

上述任务主要是靠董事会、CEO 及其领导的商品部、财务部、人力资源部、营运部、管理信息系统部、物流部几个关键部门整体协调运作来完成的。

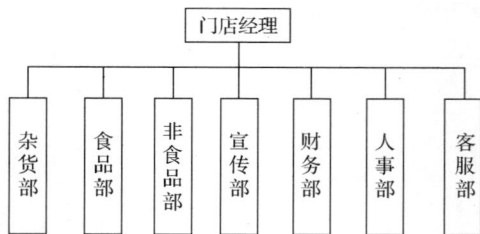

战略制定和执行是总部的关键职能之一，零售商总部一般会明确定位企业为消费者提供的产品和服务组合，确定企业的成长策略，并考虑如何在竞争激烈的零售市场上建立竞争优势，根据这些设计总部的组织结构、运作流程和管理规则。

财务管理是零售商营运管理的中心。总部财务部门将精力集中在现金流量管理、销售目标和利润目标的确定、预算和资产管理等方面，在涉及资本运营时还要提出具体的关于收购、兼并或者重组的建议和专业的运作方法。

商品的采购和计划是零售商营运的核心，直接反映了零售商的竞争策略，也是实现零售商战略和财务目标的基本保证。

人力资源的管理和运作，尤其是合格的高层人员和中层人员的储备和培养，是零售商业务稳定发展以及扩张的基础。

零售商在扩张过程中经常需要开发新的门店。总部还需要做好零售门店的选址工作，主要从人口、便利性、竞争以及成本四个方面来考虑。总部的营运部是非常重要的，它负责协调和管理各个门店的运作并提供支援。

总之，零售商的总部是整个企业的大脑，综合协调指挥，指明方向，通过各个不同职能部门的有效运转发挥作用。

（2）零售门店营运。门店营运的主要内容有：门店开业，门店日常管理，门店购物环境的设计、布局、展示，门店商品配置，订单处理和接收产品，价格管理，店内运输，库存管理，促销管理，消费者服务管理，现金管理，损耗管理，等等。评价门店营运效果应用关键业绩衡量指标，主要的衡量指标如表 12-2 所示。了解门店的营运内容以及衡量门店的营运效果对零售管理有重要意义。

表 12-2　门店营运效果衡量指标

衡量指标	内容
门店销售额	主要考虑竞争状况和成长要求
商品加价率	门店对加价率的追求是永恒的，这是实现毛利的关键工作
人员成本	用生产率来衡量，即每位员工实现的销售额
货架效率	每平方米营业面积产出的销售额
门店损耗	正确的营运方法和有效管理可以使损耗降到最低
与消费者关系	每个门店都为一定半径内的消费者服务，留住消费者、提高消费者对门店的忠诚度是获取盈利的重要保证

12.2　组织内部沟通

12.2.1　沟通的定义

沟通是指主体将某一信息（或观念）传递给客体或对象，以使客体做出所期望反应的过程。它包含以下内容。

1. 沟通是一种互动行为

沟通包括人与人、人与机、机与机之间的沟通。其中，人与人之间的沟通是组织内部沟通的主要内容。人与人沟通时不仅进行信息交流，而且进行情感、思想、态度、观点交流。由于人的知识、经历、职业、观念等不同，其对同一信息可能会有不同的看法与理解，因而人与人之间的沟通有其特殊性。

2．沟通是一个过程

沟通主要包括以下几个方面：①沟通主体，即信息的发出者或来源。②编码，指主体采取某种形式来传递信息。③媒体，即沟通渠道。④译码，即客体对接收到的信息进行解释、理解。⑤客体，即信息的接收者。⑥做出反应，即沟通的效果。⑦反馈，即信息的接收者向信息的发出者或来源传递信息。

12.2.2　组织内部沟通的定义

组织内部沟通是指组织内部信息的交流，即信息在传送者和接收者之间交换的过程，是人与人之间传达思想、感情和交流情报信息的过程。

沟通之于组织，就好比资金流通之于经济命脉。资金流通能为国家经济提供强大的生命力，没有有效流通的资金，经济就会萎靡不振，难以繁荣发展。沟通可确保组织内的各部门、个人获得工作所需的各种信息，并增进相互间的了解和合作。任何决策的执行、任何目标的实现都有赖于合理、及时的信息流动与交换。缺乏必要的沟通，组织内各部门、个人的工作将会紊乱，这样整个组织就犹如一盘散沙，难以有效运转。

每个人自出生起就生活在各种不同的组织和群体中，因工作和生活的需要，人必定要与其他人和组织、群体进行各种形式的交流。对每个群体而言，为了完成群体的工作任务、满足成员的需要，成员间需要不断地交换信息；在一个组织中，各部门和个人在分工协作、达成组织共同目标的过程中，也需要不断地进行信息沟通。将组织中的各种行动协调一致是沟通的首要目标；要达到这一点，组织内必须共享信息和表达感情，因为其对协调行动起支持作用。共享信息主要是为了让各部门和各成员了解组织的目标、工作任务、工作结果及组织决策等各方面的信息；共享是为了使人们达成共识，理解并执行组织的决定，以便统一思想、统一行动，最终实现组织目标，塑造优秀的组织文化。表达感情是沟通中不可缺少的部分，是组织成员间增进了解、相互沟通的前提。

12.2.3　组织内部沟通的重要性

组织内部沟通在管理人员的工作中占有非常重要的地位，对于领导工作具有特别重要的意义。组织内部沟通是人力资源管理中最为基础和核心的环节，关系到组织目标的实现和组织文化的塑造。不能进行有效沟通的人，是很难成为优秀的领导者和管理者的。组织内部沟通与工作效率之间存在紧密的联系，主要表现在以下两个方面。

1．组织内部沟通与组织成员工作效率的关系

在一个沟通顺畅，人与人之间相互尊重、有着较深厚的感情、相互交往频繁、

关系融洽、气氛和谐的组织中，组织成员能够在相互认同的基础上协调一致地行动，有着较强的凝聚力，能够同甘共苦，如此组织内部整体工作效率就较高；相反，在一个个体与个体、部门与部门之间相互敌对、排斥，个体行为不协调一致，人际关系糟糕的组织中，其信息不能充分共享流动，个体间的情感需要得不到满足，组织成员必定没有安全感、归属感，自身价值得不到认同和尊重，最终必将导致组织成员情绪低落、行为消极、工作没有热情，组织整体工作效率低下。总之，组织内部工作效率的高低与组织内部是否有效沟通有着紧密的联系。

2. 组织内部沟通与管理效率的关系

一个组织的领导往往是该组织成员行为的典范；不同的领导风格，会导致组织成员不同的态度和行为。一般来说，组织领导采用兼顾成员利益和情感需要的民主管理方式时，组织内部人际关系融洽，组织内部通常能够进行准确、有效的沟通。这说明领导的管理效率高，组织绩效高。除此之外，组织内部领导的沟通管理能力、沟通语言和沟通手段能否合理搭配，也往往与其管理效率成正比。当领导注重良好的沟通技能时，其管理效率高；当领导在沟通过程中不注重员工的感情，不善于采用合理的沟通方式、沟通语言和沟通渠道时，就会导致管理效率低下。

12.2.4 组织内部沟通的作用

1. 传递组织信息，增进员工对组织的了解

由于每个员工都有自己的岗位，只从事一项或有限的几项工作，因此，他们虽然在企业中工作，但大多数人对企业情况的了解很不全面。了解本组织的情况是员工的权利，内部沟通则是实现这一权利的基本手段。通过沟通，员工可随时了解组织的新政策、新变化，了解发生在组织中的、与他们切身利益有关的部门大事、小事。维护他们的知情权，是组织内部公共关系部门必须做好的工作。其做好了这项工作，就会让员工感到自己对组织是了解的，自己在组织中是重要的。这对调动员工的积极性和主动性具有特别重要的意义。

2. 减少摩擦，化解冲突

在公共关系工作中，由于组织与员工处于不同地位，存在着利益上的差异和矛盾，再加上管理机构和管理人员的行为不可能做到十全十美，因此，员工和组织、员工和管理层之间经常会发生这样或那样的摩擦和冲突。摩擦是小的冲突，冲突是大的摩擦。这些摩擦和冲突会分散员工的精力，导致员工不满，进而削弱组织的凝聚力和战斗力。因此，组织的公共关系部门必须充分运用公共关系的艺术性和技巧性，努力协调好各种摩擦和冲突，以形成和谐的人际关系和良好的组织氛围。

加强沟通，增进联络，促进理解，相互配合，这是解决组织内部摩擦和冲突的有效办法之一。为此，组织首先应健全内部沟通机制，完善内部沟通渠道，做到上情下达、下情上呈；其次，组织要建立公平、合理的利益分配制度，理顺各种利益关系；最后，应在组织中提倡相互理解、相互信任的组织文化，提倡一种能通过协商、合作来解决问题的价值观念。

3. 培育员工的价值观

根据中外组织成功的经验,组织要想成功,应具备七个基本要素,即"7S"——组织结构(Structure)、经营战略(Strategy)、组织系统(System)、员工(Staff)、组织作风(Style)、实务技能(Skills)与员工的共同价值观念(Shared Values)。其中,员工的共同价值观念是核心要素。组织在内部开展公共关系活动时,其首要任务是造就和培养共同的员工价值观念,以达到团结广大员工、使员工思想和行动协调一致的目的。

12.2.5 提高组织内部沟通效率的方法

面对日益复杂多变的市场竞争环境,顺畅的沟通是组织保持活力的有效保障。提高组织沟通效率既需要使用外部力量,如商学院的教育、职业化的人力资源供给等,又需要企业从组织内部改善沟通环境及机制。

1. 建立沟通标准

任何沟通只有在有了标准的情况下才有意义,那么企业内部的沟通标准何在?作为营利性组织,企业以经营业绩为核心。衡量任何沟通活动的意义时,都会最终追溯到业绩目标。领导的话可以被下属揣摩,但这种揣摩应该是为了达成经营目标,而不是为了领会领导的好恶。从这个方面来看,企业必须首先构建自身的业绩管理体系,通过设置明确、科学的业绩目标,指导企业行为(包括沟通行为)。

2. 强化内部培训

强化内部培训是为了在企业内部构建统一的沟通风格和行为模式,减少因沟通形式不一而产生的摩擦。企业通过培训可以将一些概念性的东西固定下来,形成大家一说出口就能被理解的企业话语。此外,内部培训可以统一大家的意识和管理理念,为企业内部的有效沟通与执行奠定良好的基础。

3. 转换领导意识

企业经过前期的快速发展已经变得越来越复杂,管理的难度也在不断增加。这对于企业的创始人来说既是挑战,又是不得不经历的历程。企业高层首先必须转变过去的思维模式、行为模式,不能让所有员工都围着自己的想法转。企业高层必须让企业各级管理者根据企业总体战略目标的要求担负起责任、各司其职,清晰地知道自己该向谁负责、对什么负责。

总之,良好的沟通能够给企业带来的不仅是信息的顺畅流动,还能为组织的决策与执行力提供基本的保障。

12.2.6 连锁组织的沟通

1. 连锁组织的沟通制度

连锁组织的一个主要特征是采购和销售分离。这种分离基于这样一个事实:采购人员经常在总部,销售人员则分散在全国各地的零售店里。因此,采购人员与销售人员最好能保持紧密联系,这样采购人员就能了解每天面对消费者的销售人员的想法，销售人员也能知晓采购人员所购物品的质量。因此，连锁组织最好能够建立三个层面的沟通制度。一是总经理与中层经理的沟通制度。W 超市每周都设有总经理接待日，中层经理或员工都可以在这个时间直接与总经理对话。二是中层经理之间的沟通制度。Y 超市每周召开一次店长会议，让总部各部门经理与各店长、店长与店长之间沟通，消除各种各样的关系障碍。三是中层经理与下属的沟通制度。每周至少召开一次例会，经理与下属之间进行交流；每季度开展一次郊游或联欢活动，增强组织的凝聚力。培训也是沟通的一项重要内容，有效的培训能使大家具有相似的理解水平和经营理念，更容易相互理解与信任。

2．经理是教师和顾问

管理销售额和库存的任务由总部授权给商店经理，并通过他们为员工授权。商店经理把自己看作教师和顾问，而不是决策者。例如，他们让一个兼职员工负责监控销售额和订货、陈列并管理一定数量的库存。这种方式可以让各商店的一线人员全面地了解消费者的需求及当地的竞争状况，并有针对性地开展工作。

12.2.7　组织激励

1．惩罚与赏识

现代管理学认为，人的进取意识和创新精神需要进行不断强化。强化的手段有两种：一种是消极强化，即惩罚；另一种是积极强化，即赏识。

每位员工都有强烈的自我意识和独立意识，自尊心和自主性都很强，希望别人尤其是店长能尊重自己的劳动和人格。

如果店长能注意每位员工并对其赋予积极的期望，使其能充分感受到被尊重和成功，就能最大限度地调动员工的积极性和创造性。而要做到这些，店长就必须学会赏识员工。

2．激励机制

管理工作中十分重要的一部分管理工作是对人的管理，人力资源管理主要通过激励来实现。所谓激励，是指管理者遵循人的行为规律，运用多种有效的方法和手段，最大限度地激发下属的积极性、主动性和创造性，以保证组织目标的实现。由此可见，激励机制运用得好坏是决定企业兴衰的一个重要因素，如何运用好激励机制成为各个企业面临的一个重要问题。

激励机制主要包含四个因素：一是分享和交流，即让员工明白企业改革的出发点、目标、策略及工作程序；二是言出必行；三是善于倾听员工的意见；四是信任员工，并让员工清楚地知道他们受到信任。

案例 12-1

成为店长的重要条件

一、赏识员工的能力

赏识员工绝非轻而易举的事。赏识与表扬不同，表扬是一种行为，是在一定场合对员工某一成绩的肯定和颂扬，它并不完全取决于情感；赏识是一种心态，是从内心深处对员工某些个性特征的赞赏。因此，店长要想做到赏识员工，必须具备良好的自身修养。

一是店长要有较高的思想境界。店长只有从企业整体利益角度出发，才能从善如流，挖掘和珍惜每位员工的点滴之长；相反，如果心胸狭窄，自然会"横挑鼻子竖挑眼"，使得员工人人自危。

二是店长要博学多识。店长只有做到博中有专、专博相济，具有广泛的兴趣爱好和深厚的知识储备，才能更多地从员工身上找到与自己的共同点，从而形成赏识心态。

三是店长要具有思维的广阔性和深刻性。店长要善于变换思维角度，进行换位思考。店长只有善于换位思考，多从员工的角度去体验、去揣摩，才能发现员工潜在的优势和特长。

四是店长要具有良好的心态。店长在各种场合、面对各种情况，都应有较强的自我控制和自我调节能力，注意把握分寸和态度。

二、门店管理能力

一个优秀的店长，仅能赏识员工是不够的，如果缺少图 12-8 所示的四种管理能力，最终将使门店经营不善。就其中一项能力"具有高瞻远瞩的眼光，了解行业发展趋势，明确门店定位"来说，如果店长不具备此项能力，将不能有效地开展门店布局、商品陈列、促销管理等多项具体活动（见图 12-9）。

图 12-8　店长的门店管理能力

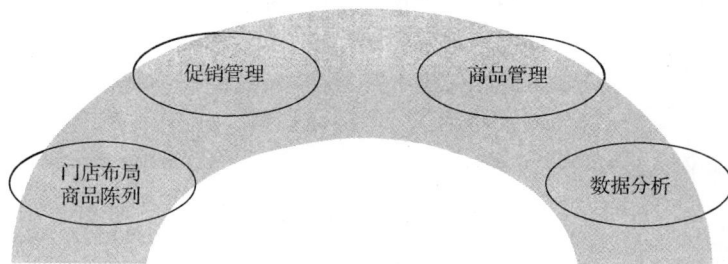

图 12-9　了解行业发展趋势及明确门店定位的能力

零售企业的企业文化建设

12.3.1　什么是企业文化

企业文化是指一系列指导企业成员行为的价值观念、传统习惯、理解能力和思维方式。企业文化是在一定的社会历史文化背景中兴起并发展起来的，往往与企业创始人的品格、创业意识、经营思想、工作作风有直接关系。企业文化需要很长的时间才能形成，一旦形成后，它又趋向于稳定。强有力的企业文化由于得到员工的普遍认同，要改变是很困难的。因此，当一种既定的企业文化随着时间的推移而不再适合企业发展或成为企业发展的障碍时，则需要一定的时间才能改变。

12.3.2　文化与战略的关系

企业文化是一个企业独有的价值观、理念、传统、经营风格和内部工作环境的体现，企业文化要和企业战略愿景及战略相一致。例如，以成本、创新、客户导向、卓越服务、变革等为主体的文化要和相应的战略相匹配。符合战略的文化可以为战略的实施提供一种非正式的规则制度和周围监督的压力，也可以促使员工采取有效地实施战略的方式开展工作。结果和绩效导向的文化会成就卓越的战略实施，成功的战略实施和文化变革需要高层领导者身体力行。企业文化建设的流程如图 12-10 所示。

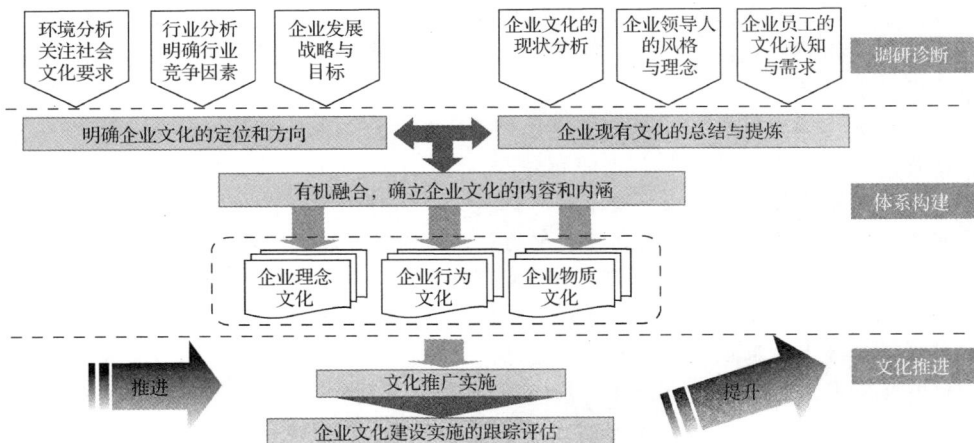

图 12-10　企业文化建设的流程

12.3.3　成功零售企业的企业文化

许多成功零售企业拥有自己强有力的企业文化，并用它来指导员工，使员工明确自己应当在工作中做什么，以及怎样做才能与企业的战略相一致。成功的企业倡导的价值观、制定的行为标准，常常激励着全体员工，使企业具有文化特色，并成为对外界的一种精神象征。例如，W 超市的企业文化集中于降低经营成本，以达到为消费者提供优质服务的目的。

W 超市使用一些标记和标志性行为，强化企业重视控制成本和与消费者保持密切联系的形象。标记是一种有效地与员工沟通的方式，因为员工很容易记住标记所代表的含义。在 W 超市总部，复印机上都放有杯子，为的是让员工在复印个人资料时交费。

W 超市的 CEO 称："在 W 超市，没有超级明星。我们是一个由实现超过预期目标的普通人组成的公司。" W 超市的供应商对这些合伙人的评价是："W 超市是由极其忠诚的一群人管理的一个廉洁的公司，只要能与这些人接近，不论在哪里，都是一件令人激动的事。他们活着就是为 W 超市的荣誉工作。这可能听起来像胡说八道，但这是真的，每一个访问 W 超市的人都对这一点感到难以置信。"

企业文化建设不是一朝一夕的事情，需要在实践中不断摸索、总结完善。企业积极、有效地推进企业文化建设，除了需要考虑企业的定位、行业属性以及业务范围，还必须鼓励员工积极投身其中。

案例 12-2

W 超市的企业文化

（1）消费者是"老板"。员工整天为"老板"服务，那么谁来服务员工呢？在 W 超市，领导服务员工。员工的工资不是从总经理那儿获得的，而是来自他们的"老板"——消费者。只有把"老板""伺候"好了，员工的口袋里才会有更多的钞票。员工作为直接与"老板"接触的人，其工作状态至关重要。因此，领导的工作就是指导、支持、关心、服务员工。员工心情舒畅，有了自豪感，就会更好地服务消费者。

（2）员工是合伙人。W 超市通过平等地对待员工来赢得员工对企业的忠诚。把员工当作合伙人，正是 W 超市留住人、发展人、吸引人的直接体现。零售业是一个非常重视细节的行业，要求每一位员工在工作中都能充分体现主人翁精神，因为没有主人翁精神，要做到细节化的管理根本不可能。所以，W 超市强调员工就是合伙人，强调 W 超市是所有员工的 W 超市。

（3）信息共享。信息就是力量。从股东会议到极其简单的电话交谈，W 超市通过各种方式与员工沟通。其把有关信息共享方面的管理看作新的力量源泉，当仅有几家商店时就这么做，让商店经理和部门主管分享有关数据资料。这也是形成 W 超市管理者和员工合作伙伴关系的重要内容。

W 超市的成功发展实践再次证明，企业文化是企业生存和发展的精神支柱。不管企业的力量是强是弱，文化的运用在整个企业中都产生着深刻的影响，影响着企业的每一件事、决定着企业的成败。

【本章小结】

（1）组织是人们为了达成一些目的而形成的团体，企业组织可以说是企业为了达成企业的目的而形成的团体。

（2）组织结构是描述组织的框架体系。

（3）零售组织有不同的结构类型。大型零售商的总部管理机构和门店的管理机构是很不同的，因为管理的重点和任务几乎完全不同。所以，在认识零售企业组织结构的时候，必须分成两部分来描述：总部结构和门店结构。

【重要概念】

组织创新　　组织内部沟通　　企业文化

【思考与练习】

（1）应如何理解零售企业的企业文化建设？

（2）对一些有代表性的零售企业的企业文化进行调查和比较。

【拓展阅读】

H 超市的企业文化

H 超市是一家全球著名的零售集团。H 超市的使命是：①我们对顾客承诺真诚与守信；②我们对股东、生意伙伴和所在社区承诺真诚与合作；③我们对员工承诺真诚与尊重。

H 超市之所以能取得成功，关键在于能将先进的经营理念落实到每个细节当中。H 超市始终把让顾客满意作为整个战略的起点和基础，总是站在顾客的立场上进行待客服务。

H 超市企业文化的核心是以服务为本的意识，高水准的服务意识和质量体现在 H 超市工作的各个方面。H 超市所倡导的服务原则是始终站在顾客的立场上考虑问题，一切工作的出发点和落脚点都应围绕顾客的需求开展。

H 超市认为，只有不断适应市场的变化、满足顾客的需求，企业才能发展。H 超市早会上，总有诵读"服务六大用语"和"回报顾客三大精神"的声音。总经理每次向员工发放奖金时，总不忘提醒"这是顾客发给大家的。只有顾客愿意到我们这里购物，我们才能有收入，因此在内心里要始终怀着感激的心情面对每一位顾客"。

应当说，以服务为本的意识是 H 超市所有经营管理特色中核心的部分，正是依靠这种意识作保障和基础，其他的经营创新思想才得以产生，其他的技术手段才得以实现。此外，H 超市还有重要的特色，就是既强调向最贴近顾客的员工进行授权，又强调通过不断优化创新进行经营改革。

思考题： H 超市成功的关键因素是什么？

参考文献

[1] 肖怡. 信息时代商业企业管理变革与创新[M]. 广州：广东人民出版社，2002.

[2] 李飞. 零售革命[M]. 北京：经济管理出版社，2003.

[3] 迈克尔·波特. 竞争战略[M]. 陈小悦，译. 北京：华夏出版社，2005.

[4] 陈海权. 制约广东大型流通企业集团的发展主要因素分析[J]. 商讯，2005（1）：7-11.

[5] 吴小丁. 零售业态发展规律与城市商业网点规划[J]. 商业时代（理论版），2005（23）：10-11，13.

[6] 陈海权. 生态位理论的本质及其在我国零售企业应用的战略意义[J]. 商业经济与管理，2005（12）：6.

[7] 樊飞飞，肖怡. 信息时代零售企业的生存空间与管理创新[J]. 北京工商大学学报（社会科学），2006，21（4）：4.

[8] 罗伯特·史伯格特，帕特里克·麦克卡锡. 就这样赢得客户的心[M]. 王红，译. 哈尔滨：哈尔滨出版社，2006.

[9] 胡松评. 向沃尔玛学供应链管理[M]. 北京：北京大学出版社，2006.

[10] 荆林波，黄国雄. 现代零售战略与管理[M]. 北京：中国物资出版社，2007.

[11] Gronroos C. From marketing mix to relationship marketing: toward a paradigm shift in marketing[J]. Management Decision，1994，32（2）：4-20.

[12] Cases A S. Perceived Risk and Risk Reduction Strategies in Internet Shopping [J]. International Review of Retail, Distribution and Consumer Research，2002，12（4）：375-394.

[13] Rigby D. The future of shopping[J]. Harvard Business Review，2011（12）：64-75.

[14] 曾鸣. C2B是新的商业生态[J]. IT经理世界，2012（13）：88-89.

[15] 张波. O2O移动互联网时代的商业革命[M]. 北京：机械工业出版社，2013.

[16] 李飞. 全渠道零售的含义、成因及对策——再论迎接中国多渠道零售革命风暴[J]. 北京工商大学学报（社会科学版），2013（2）：11.

[17] 王国顺，何芳菲. 实体零售与网络零售的协同形态及演进[J]. 北京工商大学学报（社会科学版），2013，28（6）：7.

[18] 刘向东. 移动零售下的全渠道商业模式选择[J]. 北京工商大学学报（社会科学版），2014，29（3）：5.

[19] 王晓锋，张永强，吴笑一. 零售4.0时代[M]. 北京：中信出版社，2015.

[20] 游五洋. C2B——互联网时代的商业范式[R]. 阿里研究院，2016.

[21] 刘煜，汤定娜，刘遗志. 零售企业实现全渠道战略的路径图[J]. 商业经济研究，2015，000（003）：20-23.

[22] 陈海权. 数据化时代下电商新模式与全渠道变革[M]. 北京：社会科学文献出版社，2018.

[23] 陈海权，张镒，郭文茜. 直播平台中网红特质对粉丝购买意愿的影响[J]. 中国流通经济，2020（10）：28-37.

[24] 张镒，刘人怀，陈海权. 商业生态系统中的平台领导力影响因素——基于扎根理论的探索性研究[J]. 南开管理评论，2020，23（3）：28-38，131.